MUJERES DE ROSAS

ILUSTRACION DE TAPA:
Boudoir federal,
Descalzi, 1845.

MARIA SAENZ QUESADA

MUJERES DE ROSAS

PLANETA
Mujeres Argentinas

Colección: Mujeres Argentinas

Director: Félix Luna

Investigación y edición fotográfica:
Marisel Flores
Graciela García Romero
Felicitas Luna
Reproducciones: Filiberto Mugnani

Diseño de cubierta: Mario Blanco
Diseño de interiores: Fabiana Riancho
Composición: GrafikArt

Tercera edición: setiembre de 1991

© 1991, María Sáenz Quesada

Derechos exclusivos de edición en castellano
reservados para todo el mundo:
© 1991, Editorial Planeta Argentina S.A.I.C.
Viamonte 1451, Buenos Aires
© 1991, Grupo Editorial Planeta
ISBN 950-742-049-5
Hecho el depósito que prevé la ley 11.723
Impreso en la Argentina

Advertencia

Las mujeres de Rosas ha sido el pretexto para reconstruir algunas biografías femeninas del siglo XIX sobre la base del material relativamente abundante que existe en lo que se refiere a la época de Rosas. Como era habitual en ese tiempo, estas señoras escribieron muchas cartas —parte de las cuales permanece inédita— y como eran personas estrechamente vinculadas con el dictador, sus historias interesaron a mucha gente. Por otra parte, en los archivos de sucesiones, se guardan algunos de sus secretos. Todo esto permite recuperar a través de la historia de un hombre prominente y de su círculo el peso de las mujeres en la historia social del poder.

Sería presuntuoso pretender que Agustina, Encarnación, Manuela, Eugenia y Josefa, las protagonistas de los cinco capítulos de este libro, puedan servir de prototipos femeninos. Fueron solamente seres particulares y únicos, pero además condicionadas por el medio en que nacieron y se educaron. Ricas o pobres, luchadoras, ganadoras o sometidas, sus vidas merecen ser reconstruidas con el respeto que se debe a quienes amaron, sufrieron y murieron antes que nosotros, pero con algo del humor y de la ironía que forma parte inseparable de la narración histórica.

La biografía tiene un encanto indudable, especialmente cuando se ocupa de esa parte olvidada de la gran historia, las mujeres, en este caso las más próximas a Juan Manuel de Rosas. Ellas han sido mi compañía intelectual en el curso de un año en el que las realidades políticas y económicas azotaron de manera implacable al país que en otro tiempo fue el suyo, esta tierra nuestra en la que entonces y ahora se viven desventuras y esperanzas.

Debo agradecer a los muchos amigos que colaboraron con estas páginas, especialmente a los que dieron generosamente documentos o pistas historiográficas logradas con años de trabajo y de búsqueda: Juan Isidro Quesada, Juan M. Méndez Avellaneda y Enrique Mayochi. A José M. Massini Ezcurra, descendiente de esas familias patricias. A María Esther de Miguel y a Juan Ruibal, que leyeron los originales. A Marta Pérez Estrach, que aportó su valiosa biblioteca. Al director del Archivo de Tribunales. Y a los infatigables empleados del Archivo General de la Nación que, escaleras mediante, superaron con buena voluntad las deficiencias técnicas.

I. La madre

"No pasa día sin que me acuerde de madre", escribe Rosas desde el exilio en Southampton en 1868. Habían trascurrido veinte años de la muerte de Agustina López y la memoria de esta mujer singular no se había desvanecido en el recuerdo del hijo mayor, que en su intensa vida política había acumulado tantísimas historias y acontecimientos relevantes que se presentarían una y otra vez como fantasmas del pasado en la inacción forzosa del destierro.

Pero el historiador puede hacerse esta pregunta: ¿qué hubiera sido del recuerdo de Agustina López de Osornio (1769-1845) de no haber sido la madre de Juan Manuel de Rosas, el gobernante más poderoso de la Confederación Argentina a mediados del siglo XIX, el "magnánimo Rosas" para sus fieles federales, "el odioso tirano" para la oposición liberal? Seguramente sólo tendríamos de esta señora una mención al pasar en los libros que nos hablan del Buenos Aires antiguo, un discreto homenaje a su belleza, su alcurnia y sus caudales. Pero poco más que eso.

La circunstancia de que Agustina fuera la madre de Rosas hace que su biografía participe del indiscutible atractivo que la personalidad del dictador porteño ha ejercido y ejerce sobre la historiografía argentina. Ella nos sirve a manera de hilo conductor para internarnos en el laberinto de la sociedad de Buenos Aires en épocas que van de la colonia a la independencia y de allí al período de las guerras civiles. Dicha historia nos muestra indirectamente que, al cortarse los lazos que unían al Río de la Plata con la metrópoli, los clanes familiares ocuparon el sitio que dejaba libre el monarca y sus altos funcionarios y que dentro del nuevo esquema de poder había un espacio importante para las mujeres. Ese lugar derivaba, además, del que tuvieron las mujeres españolas de linaje en las sociedades provenientes de la Conquista. Por todo esto, Agustina López ha merecido muchas páginas de historia, desde la noticia cronológica que insertó la *Gaceta Mercantil* de Buenos Aires con motivo de su fallecimiento (1845), a los capítulos que le dedicó su nieto, Lucio V. Mansilla, en las distintas obras en que se ocupó de su tío, Juan Manuel, y a la versión novelada de estos mismos hechos que nos ofrece Eduardo Gutiérrez. Misia Agustina escapa milagrosamente incólume de las invectivas de José Rivera Indarte que en las *Tablas de sangre* dice de ella: "señora respetable de costumbres patriarcales" y se complace en subrayar las diferencias que tenía con su hijo más que en atribuirle las culpas genéticas que en la formación del futuro dictador argentino le endilga José María Ramos Mejía en dos ensayos notables: *Las neurosis de los hombres célebres* y *Rosas y su tiempo*. [1]

Detengámonos en este último autor, el médico y sociólogo Ramos Mejía, vástago de una familia destacada dentro de los sectores más unitarios de la provincia porteña. Ramos considera a misia Agustina responsable de la herencia genética de Juan Manuel. Su neurosis, patente en numerosas anécdotas que circulaban por el Buenos Aires finisecular —y que Mansilla reconoce en sus libros [2]— se agudizaría en el varón primogénito trocándose en aberraciones de la conducta. Dentro de las mujeres de la familia —dice— la madre de Rosas "fue el tipo de más color y acentuación; la más viva expresión de esa fuerza dominadora en sus formas femeniles y domésticas, ya que por su muerte no pudo serlo en otras más trascendentes. No sólo manda, eso sería poco, sino que tiraniza, lógica con su abolengo de violencia y caprichoso imperio".[3]

Agustina desempeñaba un papel en su hogar que supera al que tradicionalmente correspondía a la madre en la educación de los hijos. Ella asumía el rol del padre autoritario de la legislación española, mientras su marido, León Ortiz de Rozas, permanecía en un plano secundario. Pero no era el suyo un caso excepcional en la historia de las familias coloniales, como lo corrobora la biografía de otro gran argentino de ese tiempo, Domingo Faustino Sarmiento, hijo también de una mujer fuerte que llevaba las riendas de la casa.

Juan Manuel, el mayor de los hijos varones de los Ortiz de Rozas, aprendería de esa madre imperiosa a valorar la herencia hispánica: el orden y la sumisión impuestos a cualquier costo, el ideal de la armonía social, la defensa a ultranza de los intereses patrimoniales (los particulares primero, los del Estado después), el respeto debido por las clases viles a las clases superiores y las obligaciones de patronazgo y protección de los más fuertes hacia los más débiles.

Todo esto dentro de un esquema tan riguroso como inmodificable. Ese antiguo orden empezaría a tambalear cuando la Revolución de Mayo desató un proceso anárquico en el que estuvieron a punto de naufragar los valores de la sociedad colonial, asentados en el curso de tres siglos en suelo americano. Juan Manuel asumió entonces la defensa del orden tradicional que había conocido y respetado a través del ejemplo de su madre, esa Agustina amada y temida a un tiempo, la mujer fuerte a la que debió enfrentar en su adolescencia, y cuyo recuerdo, embellecido por el paso de los años, lo acompañaría hasta la muerte.

Pero importa aquí rescatar al personaje mismo, a aquella Agustina Teresa López Rubio, nacida el 28 de agosto de 1769 en Buenos Aires, hija del matrimonio formado por don Clemente López de Osornio, militar y hacendado de mucho prestigio, y de doña Manuela Rubio y Díaz, su segunda esposa, ambos pertenecientes al grupo de familias más encumbrado de la ciudad que aún no había alcanzado la jerarquía de cabeza del virreinato.

Clemente López (1726-1783), nacido en Buenos Aires, había alcanzado el grado de sargento mayor luchando contra los indios; comandante general de la campaña, y jefe de la expedición contra los guaraníes en 1767, se destacó como poblador de campos de frontera y llegó a ser cabeza del gremio de los hacendados de los que fue durante muchos años representante ante las autoridades coloniales. En sitio expuesto a los malones, pobló la estancia del Rincón del Salado, ubicada en lugar estratégico, entre ese río y el Océano Atlántico. Fue allí donde lo sorprendió el ataque de los indios pampas: el veterano militar luchó vigorosamente junto a su hijo Andrés, sus peones y sus esclavos, pero fue lanceado y degollado por los atacantes en episodio que ha sido calificado como una suerte de *vendetta* contra quien no había tenido piedad para el vencido en la guerra que salvajes y cristianos sostenían por el control del suelo y de sus riquezas. [4]

Su viuda, Manuela Rubio, cuyo nombre haría célebre su biznieta, la señora de Terrero, quedó como albacea de la sucesión y tutora de los hijos menores de la pareja, Agustina Teresa, Silverio y Petrona Josefa.

Del primer matrimonio de don Clemente había una hija, Catalina, porque Andrés, el varón, había muerto junto a su padre. Los arreglos que hizo la viuda para disponer de dinero metálico mediante la venta del ganado vacuno, tanto orejano como herrado, que se hallaba del otro lado del Salado y que corría peligro de perderse debido a los robos que eran el mal endémico en la frontera, disgustaron a Catalina, que puso pleito a la sucesión. Pero la viuda no tuvo tiempo para ocuparse de estas cuestiones porque en 1785 fallecía, dejando como albaceas y tutores de sus tres hijos menores a don Cecilio Sánchez de Velazco —el padre de Mariquita Sánchez— y a don Felipe Arguibel, abuelo de Encarnación Ezcurra.

Sánchez de Velazco, que era uno de los hombres más acaudalados de la ciudad, se tomó muy a pecho su tutoría y se empeñó en responder a los pedidos de los capataces que manejaban el establecimiento del Rincón y solicitaban vestuarios para los seis esclavos del establecimiento. Era preciso pagar los gastos de la administración: yerba para los peones, sal para aquerenciar la hacienda chúcara, estacas para levantar corrales, dinero para los conchabos de los peones que trabajaban en la doma y en la yerra. En cuanto a los huérfanos, también debían ser atendidos, pero bien pronto Agustina, la mayor, demostraría su capacidad para ocuparse del gobierno doméstico: a los 16 años de edad estaba en condiciones de manejar el dinero que le daba el tutor para los gastos de la casa, la ropa de sus hermanos y del servicio, las compras de alimentos. De este modo, a medida que crecían sus responsabilidades, ella se acostumbraba a hacer su voluntad y al mismo tiempo a recibir el reconocimiento de su medio: "la sociedad le dio un distinguido lugar entre las señoritas de más virtud y distinción y mérito", afirma su nota necrológica publicada en *La Gaceta Mercantil* en 1845. [5]

La muchacha tenía una fortuna regular y era muy bonita, a tal punto que la crónica mundana la coloca a la cabeza de tres generaciones de beldades argentinas. "Fue —afirma O. Battolla— la más bella dama de principios de siglo, belleza que heredaron todos sus hijos." Pero el drama vivido en la estancia del Salado, su orfandad, ensombrecía la juventud de Agustina: "Tan linda, tan linda y vestida de fraile", exclamó el virrey Pedro Melo de Portugal cuando la muchacha le fue presentada vistiendo, en señal de luto, el hábito de la cofradía de La Merced, prenda similar a la que había amortajado a su madre. [6] Vestir hábito, y enterrarse con él, eran signos de piedad muy apreciados por esa sociedad barroca, que tenía siempre presentes la expiación de los pecados y la muerte.

En cuanto al tipo de Agustina, su nieto, Lucio V. Mansilla, señaló que, sin ser alta, realzaba su estatura el modo como erguía el cuello, forma peculiar que heredarían su hija Agustinita y su nieta, Manuela Rosas. No han llegado hasta nosotros retratos de Agustina en su juventud; existe un buen dibujo a lápiz que hizo de ella Carlos Enrique Pellegrini cuando ya era anciana. La muestra vestida con un abrigo de guarda floreada, pensativa, reconcentrada en sí misma, pero hay mucha vivacidad en ese rostro enérgico, de fuerte nariz. A juzgar por este retrato, Juan Manuel no era muy parecido a su madre; tenía más en común con don León, que era rubio como él, pero de semblante plácido y labios gruesos y sensuales mientras el hijo tenía la mirada fuerte y la boca fina y apretada. [7]

Cuando había cumplido veinte años, Agustina fue pedida en matrimonio por León Ortiz de Rozas, teniente de infantería del regimiento fijo de la ciudad. En cuanto a blasones, este joven oficial, que había nacido en Buenos Aires en 1760 y era hijo único de Domingo Ortiz de Rozas y Rodillo y de Catalina de la Cuadra, podía equipararse con su futura esposa. El linaje provenía de militares y de funcionarios de la Península, y un tío, también llamado Domingo, había sido agraciado con el título de Conde de Poblaciones por los servicios hechos a la Corona en Chile y en Buenos Aires. Pero la familia vivía modestamente, escribe Ibarguren, en casa pobre, sin servidumbre ni agregados, en la calle nueva cerca del río y próxima a la ranchería de los esclavos de La Merced. [8]

"Cuando contraje matrimonio —dirá Agustina en su testamento— mi esposo sólo llevó a él su sueldo militar y decencia personal, y yo llevé como diez mil pesos plata metálica, poco más o menos, herencia de mis dichos padres que recibió mi esposo".[9] Sin dinero, pero con sangre sin mezclas, buena presencia y disposición para amar a su esposa, León era dueño de una corta pero importante experiencia en su vida de soldado que posiblemente deslumbró a Agustinita, que recordaba las hazañas de su padre, el militar estanciero, en tierra de indios.

El joven oficial del Fijo de Buenos Aires se había alistado en la expedición comandada por el piloto Juan de la Piedra que partió en 1785 a consolidar la fundación del Carmen de Patagones sobre el Río Negro. Luego de muchas vicisitudes, estas fuerzas se internaron en dirección a la Sierra de la Ventana con el propósito de limpiar de tolderías la región. Pero los indios, exacerbados por la violencia que De la Piedra había ejercido contra ellos, cayeron sobre los cristianos, los derrotaron, mataron a muchos y guardaron a otros, entre ellos a Ortiz de Rozas, en calidad de prisioneros. Luego entablaron negociaciones con las autoridades del virreinato que culminaron con un tratado de paz de resultas del cual los rehenes volvieron a Buenos Aires.[10]

León regresó cargado con la experiencia del cautiverio; había dejado amigos en las tolderías y su conocimiento del desierto y de sus habitantes sería de utilidad para su hijo Juan Manuel cuando, primero como estanciero, y luego como gobernante, se preocupara por los problemas de la frontera. Por su buena actuación, Ortiz de Rozas fue ascendido a teniente en el año 1789, el mismo en que pidió autorización para casarse con la hija de López de Osornio. A partir de su boda, su situación mejoró: en lo militar, obtuvo un cargo cómodo y bien rentado: administrador de las llamadas estancias del Rey, que proveían de caballadas al ejército. En lo familiar, empezó a disfrutar de la alta posición que ocupaba su joven esposa en la sociedad local.[11]

Dueña de muchas influencias y relaciones en Buenos Aires, Agustina, por gusto y por vocación, sería el verdadero jefe del hogar de los Ortiz de Rozas. La pareja resultó muy armoniosa, pues sus virtudes y defectos se compensaban admirablemente: ella prefería la acción y amaba el campo con la misma pasión que sus ancestros López de Osornio. Cuando partían a las estancias que formaban parte de su herencia se encargaba de tratar con los capataces, parar rodeo y demás tareas propias del hacendado. El marido en cambio, a medida que pasaban los años, se desligaba de las responsabilidades; prefería quedarse en casa, jugando a las cartas, haciendo versos sencillos o conversando con sus amistades. Era bondadoso y pacífico, "pero en el hogar, en la familia, en la administración de los cuantiosos bienes de la comunidad, no tenía ni voz ni mando", asegura su nieto, Lucio V. Mansilla. [12]

La pareja tuvo su primer hogar en la casa de los López de Osornio, y éste es un indicio más de la suerte de matriarcado que existía en Buenos Aires. Allí vinieron al mundo los primeros hijos: "Juan Manuel de Rosas nació en el solar que habitaba su abuelo materno, don Clemente López, situado en la calle de Santa Lucía (así llamada desde 1774), luego Mansilla (1807), después Cuyo (1822) y posteriormente Sarmiento (1911)" —escribe Fermín Chávez— en la acera que mira al norte, esto es, de los números pares, a mitad de cuadra entre las actuales calles de San Martín y Florida (espacio actualmente ocupado por el Banco de Avellaneda). Era un caserón con dos cuartos de alquiler a la calle —como era habitual en las viviendas de la gente acomodada—, puerta grande con zaguán, una sala con aposento al norte, otras habitaciones, corredor grande, cocina, dos cuartos para criados, otro de coser, el común (letrina) y pozo de balde; terreno, en suma, de 35 2/3 varas de frente por 70 de fondo, cercado por una pared de adobes cocidos. [13] Estaba situado en el barrio de La Merced que ocupaban las familias de la clase *decente* de la ciudad aunque fuera el de Santo Domingo el favorito de la mejor sociedad.

Signo de la buena posición económica de los Ortiz de Rozas era la posesión de coche, distinción especial a la que sólo accedían unas pocas familias en la época del virreinato, treinta a lo sumo, estima Battolla en *La sociedad de antaño*. Entonces se usaban mulas para tirar de esos pesados armatostes, explica, porque alguna ley suntuaria prohibía el uso de caballos en los coches particulares y sólo los autorizaba en los del virrey: "La primera familia que los ató después a su carruaje fue la de Ortiz de Rozas, ejemplo que no tardó en ser imitado por los más pudientes". [14] Ella era así la avanzada del reemplazo de la autoridad colonial por las grandes casas locales.

Año a año un nuevo hijo se incorporaba al hogar. Primero fue una niña, Gregoria; después un varón, Juan Manuel (1793); luego vendrían Andrea, Prudencio (1800); Gervasio (1801); María Dominga (Mariquita), Manuela, Mercedes (1810), Agustina (1816) y Juana. Veinte partos tuvo en total Agustina López de los que diez hijos llegaron a la edad adulta, otros murieron al nacer y otros más en la infancia. La buena relación afectiva y sexual del matrimonio Ortiz de Rozas poníase de manifiesto cada año, dando lugar a un ritual casi invariable: la pareja que pasaba parte de la primavera y del verano en el campo, en el otoño, cuando se aproximaba la fecha del parto, volvía a la ciudad. Las actividades de la robusta doña Agustina no se veían entorpecidas por estos nacimientos constantes ni por la crianza que implicaban.

"Nuestros abuelos fabricaban unos hijos de padre y señor mío, no hay más que ver qué nenes hicieron la Independencia, la guerra civil", escribe Mansilla y se pregunta: "¿Sería que vivían frugalmente, que no tragaban ni bebían como nosotros, tantas sustancias adulteradas; que se acostaban y se levantaban más temprano que nosotros; que si tenían sus quebraderos de cabeza (eran hombres); no eran tan libertinos como nosotros; y, finalmente, sería que el tributo matrimonial no era para ellos contribución extraordinaria, no entendiendo de dos camas, de dormitorios separados y otros usos modernos de esos a los que Balzac se refiere en la *Physidlogie du mariage ?*".

En otro de sus libros, el mismo autor agrega más datos acerca de la vida de sus abuelos: el matrimonio dormía en habitaciones separadas, explica; criando ella casi siempre, no quería que su marido fuera turbado en su sueño. [15] De este modo, la señora protegía a su esposo y conservaba plena libertad de acción en sus dominios. En cuanto a la crianza de los hijos, merece destacarse el hecho de que no recurriera al servicio de la nodriza, el ama de leche que formó parte principal en el servicio doméstico de las familias criollas y que era indígena, negra o mestiza.

Precisamente a esa primera relación con el carácter impuro de la tierra americana han atribuido algunos ensayistas —al estilo de Juan Agustín García, en *La ciudad indiana*— la endeblez y los vicios de la alta clase criolla. Pues bien, estos rasgos no los tuvieron los Rosas: Juan Manuel mamó leche sin tachas de esclavos ni de siervos. Pero además Mansilla nos pone al tanto de otro hecho curioso: "todos los Rozas tomaron leche del seno de una Lavalle, fecundísima como su amiga predilecta Agustina, y todos los Lavalle, leche del seno de ésta". Este ejemplo muestra hasta qué punto eran estrechos los lazos entre las familias principales de la ciudad colonial y cuántas tragedias se desencadenaron a partir de 1810 envolviendo en una guerra a muerte a quienes, como los Rozas y los Lavalle, habían sido amigos íntimos. Ni uno ni otro se odiaron jamás, asegura, lo que prueba que "la sangre era caliente pero no maligna. Distinguimos así entre sangre de origen español y la que después ha dado el producto *criollo mestizo*". En la interpretación racista del autor de *Una excursión a los indios ranqueles,* un linaje verdaderamente principal no debía tener la más mínima sospecha de poseer las mezclas que caracterizaban a las clases supuestamente inferiores de la sociedad. [16]

Y sólo la madre podía trasmitir esa pureza prístina porque ella era en las familias espurias el elemento contaminante por excelencia desde que el primer español pisó tierra americana. De ahí el sitio elevado que ocupaban en la sociedad las matronas que reunían tales condiciones, más aún cuando a sus virtudes domésticas se agregaban bienes materiales, daban muestras de estar plenamente convencidas de su superioridad social y tenían ánimo para cumplir con los deberes que se les demandaban.

Entre estos deberes se contaban, en primer término, los que exigía la Iglesia: fidelidad matrimonial, fecundidad, cuidado en la educación de la prole, asistencia a las funciones religiosas y gestos caritativos hacia la clientela de la familia. Agustina López cumpliría puntualmente tales requisitos y esto contribuiría a hacerla tan orgullosa y segura de sí. Sentíase respaldada por su intachable conducta y sabía que esto no era lo corriente en un medio en que, al amparo de la nueva riqueza y de los contactos con el exterior que había permitido la habilitación del puerto de Buenos Aires (1778), proliferaban en la juventud porteña de la alta clase de los comerciantes las uniones irregulares y el ansia por divertirse. [17]

Las disputas del matrimonio giraban a veces en torno a los respectivos ancestros; naturalmente, Agustina estimaba que su alcurnia era la más ilustre, aunque esto no fuera así: "Y tú quién eres —solía decirle a su marido—. Un aventurero ennoblecido por otro que tal (se refería a don Gonzalo de Córdoba, del cual fue soldado el primer Ortiz, diremos), mientras que yo desciendo de los duques de Normandía; y mira, Rozas, si me apuras mucho, he de probarte que soy pariente de María Santísima". [18]

Alguna vez el pacífico don León, ducho en el arte de mantenerse al margen de la querella hogareña, procuró darse su lugar del modo y la forma como podía entenderlo su cónyuge. La anécdota ocurrió durante una de esas largas temporadas en la estancia del Salado que se iniciaban puntualmente el 1º de noviembre, cuando Agustina se presentaba en el escritorio del marido y le decía: "Dame el brazo", salían, subían a la galera que demoraba tres o cuatro días en llevarlos a la estancia donde León volvía a encerrarse en el escritorio, o tomaba el fresco en la galería, mientras su mujer se ocupaba de administrar el establecimiento.

Pero en esta oportunidad, relata Mansilla, León invitó a su esposa imprevistamente a visitar la huerta. Llegados a un poyo de granito se detiene y pregunta: "¿No es cierto Agustinita que yo te quiero mucho?". Doña Agustina, que como todos nuestros abuelos hacía el amor como si fuera un pontificado a horas fijas, viendo aquellos modos inusitados, en verano, bajo los árboles, repuso apartándose: "Rozas, ¿por qué me faltas al respeto de esa manera?". "No es eso. No", responde. Y sacando de la faltriquera unas cuerdas, le dijo: "¿Ves esto? Pues es para probarte que el hombre es el hombre, que si te dejo gobernar no es por debilidad, sino por el inmenso amor que te tengo, porque te creo fiel"; y dicho y hecho, la trincó y le aplicó suavemente unos cuantos chaguarazos, más simulados que fuertes, en cierta parte. [19]

El castigo físico aunque casi simbólico, como forma de imponer la autoridad mediante el dolor y la humillación, aparece con frecuencia en la historia de los Rozas. Mansilla recuerda que su madre lo castigaba con fuerza, mientras su padre, el general, no lo hacía jamás. En cuanto a Juan Manuel, se complacía en propinar palizas, medio en broma, medio en serio, a Nicanora, la preferida entre sus hijos naturales cuando vivía en Palermo y era gobernador. Porque el castigo frecuente, en la casa o en la escuela, se utilizaba sistemáticamente en el Buenos Aires virreinal, y sólo empezó a ser cuestionado en la época de la Independencia, aunque se mantuvo en las familias más tradicionales. [20]

La preocupación dominante del matrimonio Ortiz de

Rozas era educar bien a su prole y procurarse los medios para mantener y mejorar el puesto que ocupaban en la sociedad. Esta preocupación era entonces estrictamente económica y para nada política y no sería modificada por los importantes acontecimientos que tuvieron lugar en la capital del virreinato de 1806 en adelante.

Mucho se ha discutido si Juan Manuel de Rosas, siendo adolescente, participó o no en las invasiones inglesas defendiendo a la ciudad. Su presencia en el cuerpo de Migueletes —donde servía su tío, Silverio López de Osornio— formado por hijos de los estancieros porteños, y sus afirmaciones, formuladas en cartas desde el exilio a la señora Josefa Gómez, sugieren que sí lo hizo, al menos, en la primera invasión. [21] Pero en 1807, poco antes de que la segunda desembarcara en Buenos Aires, se ausentó de la ciudad para dirigirse a la campaña junto a su familia.

Explica el historiador Ernesto Celesia que en 1806 León Ortiz de Rozas estaba todavía a cargo de la estancia del Rey que debía proveer de carne y cueros al ejército. Esta había sido una actividad cómoda hasta que la aventura militar de Béresford y Popham puso en peligro la seguridad del virreinato del Río de la Plata y al mismo tiempo, a prueba la voluntad de servicio de don León. Sobre el comportamiento de este militar, escribía el virrey Rafael de Sobremonte a Santiago de Liniers diciendo que "Ortiz de Rozas fue moroso e indolente en su encargo, que manteniéndose en su estancia, a pesar de los avisos que le hice dar para la venida de ella, la retardó, y tenía bien averiguado la preferencia que da a sus intereses en estancia propia como del abandono en que se trataba este artículo. Hace muchos años que está ausente de su regimiento con esta comisión (conseguir caballadas para el ejército) y en la retirada del virrey (Sobremonte) fue el primero que se ausentó sin licencia abandonando su encargo y tuvo la indecencia de juramentarse (presentarse a prestar juramento de fidelidad a

SMB Jorge III, tal como se exigió a los funcionarios coloniales)". [22]

Debido a su conducta, León Ortiz de Rozas sería exonerado del cargo —renunció a su empleo para dedicarse a la vida privada, prefiere decir el historiador Bilbao, casado con una nieta de don León—, pero lo cierto es que la dedicación preferencial de la pareja a sus intereses económicos estaba rindiendo buenos beneficios. En efecto, hacia 1810 la ganadería competía con el comercio en materia de rendimientos y ganancias. El cuero de los ganados rioplatenses y la carne con la nueva industria del tasajo se habían convertido en un negocio excelente gracias a la apertura de los puertos de Montevideo y Buenos Aires al comercio con las naciones neutrales. Un aporte sustancial de misia Agustina a su matrimonio habían sido las estancias fundadas por su padre en la línea del Salado. Esto le daba derecho para reclamar la posesión definitiva del sitio después de haberlo "limpiado de indios y de alimañas". Así lo hizo León Ortiz de Rozas presentándose en febrero de 1811 a reclamar la compra de esos terrenos que la familia ocupaba desde la década de 1760. Poco tiempo después obtenía la propiedad definitiva, achicada respecto de la extensión original de la histórica estancia que se conoce aún como "El Rincón de López".

Cuando estos sucesos tenían lugar, ya se había producido la Revolución de Mayo. Pero los Rozas se habían mantenido indiferentes a los acontecimientos que conmovieron a sus contemporáneos. Su presencia no se registra en el Cabildo Abierto del 22 de mayo ni en la explosión patriótica que atravesó la sociedad de la época dividiendo a los godos o realistas de los revolucionarios.

"Los padres de Juan Manuel eran esencialmente realistas y participaban de las costumbres e ideas trasmitidas por la España" afirma Bilbao. "La Revolución de la Independencia les fue extraña y más bien la miraban con aversión que con amor." [23] Rosas, en desacuerdo con esta afirmación, sostendría que "ninguno de mis padres, ni yo, ni alguno de mis hermanos y hermanas, hemos sido contrarios a la causa de la Independencia Americana". Pondría como ejemplo de esa adhesión su participación en el rechazo de las dos invasiones británicas y las comisiones oficiales que desempeñó en 1819 cuando se preparaba una invasión española. [24] Pero en 1869, cuando el ex dictador hacía esa rectificación, la Revolución de Mayo era un hecho incuestionable. Resulta muy posible que en los días culminantes del año 10, cuando se dividieron las aguas dentro de la sociedad argentina, los Ortiz de Rozas hayan optado por un discreto segundo plano aprovechando sus largas estadías en la campaña. De habérselos tachado de *godos*, no hubieran obtenido la propiedad de los campos del Salado en 1811, en plena euforia revolucionaria. Pero de haber participado plenamente en la Revolución, su presencia no hubiera pasado inadvertida.

Sobre el éxito de los negocios familiares escribe Bilbao: "Don León consiguió en poco tiempo hacerse de entradas suficientes para dejar la campaña, estableciendo un saladero, beneficiando los cueros, el sebo y la lana, expendiendo tropas de mulas para el Perú y haciendo cosechas abundantes de granos". Su regreso a la capital ocurrió en el mismo año en que pudo legalizar las tierras del Salado dejando la administración de ésa y otras estancias a cargo del hijo mayor, Juan Manuel. [25]

Porque más allá del rendimiento económico de los campos, seguía siendo la ciudad la residencia favorita de las familias criollas pudientes. Por más que levantaran en esas soledades "casa cómoda", era preferible transitar por las sucias calles de Buenos Aires, barrosas o polvorientas según la estación, y arriesgarse a cruzar los terceros cuando las lluvias los convertían en un torrente, antes que quedar en el aislamiento y la soledad de la campaña bonaerense. Paulatinamente los Ortiz de Rozas seguirían el ejemplo de otros ricos hacendados de la época que trocaron sus campos por casas de renta cuyos alquileres eran fáciles de cobrar y por lo tanto resultaban inversiones controlables. Muy diferente era lidiar con los gauchos díscolos, los capataces ladinos, los esclavos indóciles, los indios al acecho, en fin, todas las dificultades de la campaña que la Revolución no había hecho sino agravar. Pero mientras la pareja mayor se desentendía de esas cuestiones, el encanto de la vida rural empezaba a atrapar a los hijos varones que con el tiempo serían a su vez grandes estancieros.

Entre tanto era preciso llevar una vida social activa a fin de que las niñas de la casa pudieran casarse dentro de su clase. Los festejos tenían lugar en la tertulia familiar en la que las muchachas tocaban la guitarra para deleite de los mozos, mientras la gente de más edad se entretenía con los juegos de mesa. Los lunes era el día de recibo de Agustina, pero la casa de los Rozas siempre estaba colmada de amigos y relaciones y hasta de huéspedes que pasaban largas temporadas en ella. A la señora le gustaba compensar así la falta de hoteles —sólo había una que otra fonda en Buenos Aires— y llegó a enfurecerse con un andaluz que vivió cinco años bajo su techo porque se iba de regreso a España: "Mi señora doña Agustina, repetía, queja de mí no pueden ustedes tener, que a nadie hice esperar, siendo siempre el primero a las horas de comer". [26]

La comida era efectivamente un rito abierto a parientes y amigos. Mesa sin adornos, salvo flores de vez en cuando, pulcritud en el mantel y en las fuentes y cubiertos de plata maciza; la dueña de casa se jactaba de que se sirvieran "pocos platos, pero sanos y el que quiera que repita". Desdeñaba las innovaciones a la europea, como las que ensayaba María Sánchez de Thompson, la hija de su antiguo tutor: "Déjame, hija, de comer en casa de Marica, que allí todo se vuelve tapas lustrosas y cuatro papas a la inglesa, siendo lo único abundante la amabilidad. La quiero mucho: pero más quiero el estómago de los Rozas". [27]

24

El gusto por los usos tradicionales se expresaba en el interior doméstico por esa abundancia sin sofisticación y por la negativa cerrada a aceptar modelos extranjeros que deslumbraban, en cambio, a las mujeres de temperamento romántico como era Mariquita. Incluso años después, cuando ya se estaban imponiendo los muebles ingleses o norteamericanos, los Rozas seguían aferrados a su mobiliario sólido, a la antigua usanza; comparados con ellos el juego de dormitorio de Mercedes Rozas de Rivera parecía una rareza: era estilo imperio y adornado con águilas doradas. [28]

Los Ortiz de Rozas tenían una larga lista de relaciones entre las familias más distinguidas de la ciudad. Agustina estaba más o menos emparentada con gente de fortuna que en la mayoría de los casos formaba parte de esos linajes venidos de España hacia 1760 que fundaron casas de comercio importantes y pronto iniciaron la ocupación de la pampa rioplatense, tal como hicieron los García de Zúñiga, Anchorena, Arana, Llavallol, Aguirre, Trápani, etc. Los Sáenz Valiente y los Pueyrredón eran íntimos de la madre de Rosas. Entre los contertulios de don León figuraba la crema del Buenos Aires político y social: Necochea, Guido, Alvear, Olaguer Feliú, Balcarce, Saavedra, Pinedo, López, Maza, Soler, Iriarte y Viamonte, entre otros. [29]

Con estas y otras familias la pareja casó a sus vástagos. Gregoria, la mayor, contrajo enlace con Felipe Ezcurra Arguibel (1782-1874), nieto de Felipe Arguibel, el albacea de la sucesión López de Osornio y durante largos años funcionario público. Juan Manuel eligió a su esposa Encarnación en la misma familia Ezcurra. Andrea se casó con Francisco Saguí (1794-1847) que había sido condiscípulo de Rosas en el Colegio de Francisco Argerich, y era hijo de un comerciante español y de una criolla (había contribuido al éxito de la Revolución de Mayo y era amigo de Bernardino Rivadavia, lo que le dio un perfil diferente al de su familia política).

Estos tres enlaces tuvieron lugar entre 1813 y 1814. Algunos años más tarde, Prudencio se uniría a Catalina Almada, "de una familia burguesa", escribe Mansilla, quien se casaría a su vez, años más tarde, con una hija de este matrimonio. María Dominga (Mariquita) desposó a Tristán Nuño Baldez, que era fabricante y hacendado, dueño de una calera en Ensenada, de una chacra modelo en Lomas de Zamora, de una estanzuela en Samborombón y con casa confortable en la ciudad. Todas estas bodas se habían concretado con gente de la sociedad tradicional, pero con otros enlaces se advierte que ni siquiera los Ortiz de Rozas permanecerían al margen de la apertura que experimentó la sociedad estamental de los tiempos coloniales luego de 1810.

En efecto, el matrimonio de Manuela con Enrique Bond, médico norteamericano que trabajaba en Buenos Aires en la década de 1820, fue un signo de los nuevos tiempos en que los extranjeros podían residir en el país y hasta nacionalizarse en contraste con las trabas que la legislación española oponía a su ingreso a las colonias. Estos casamientos entre personas de cultura distinta y hasta de religión diferente eran en la época de Rivadavia relativamente frecuentes. "El único inconveniente de entrar en esta sociedad (la criolla) es que podría decirse que se casa uno con toda la familia, pues es costumbre vivir en la misma casa", observaba *Un inglés* que vivió varios años en Buenos Aires y descubrió las costumbres y los prejuicios de los porteños. [30]

Agustinita, la bellísima hija de los Ortiz de Rozas, nacida en 1816, cuando ya la pareja tenía nietos, fue pedida en matrimonio a los 15 años de edad por el general Lucio Mansilla (1790-1871). Separado y viudo de su primera esposa, era abuelo cuando nacieran los hijos de su segunda cónyuge. No descendía de la rama legítima de los Mansilla, pero había seguido la carrera de honores de la Revolución, del sitio de Montevideo a la campaña de los Andes, de allí a la guerra civil en Entre Ríos, donde fue gobernador, y a la campaña con el Brasil; implicado en un negocio de tierras públicas, era rico cuando se casó con Agustina.

En cuanto a Mercedes, otra de las hijas menores, que era la intelectual de la familia porque desde muy joven escribía versos y novelas de amor, su boda en 1834 con Miguel Rivera (1792-1867) fue una suerte de *mésalliance:* el novio era hijo del platero y grabador Juan de Dios Rivera, altoperuano venido a Buenos Aires luego del fracaso de la rebelión de Tupac Amaru con quien estaba emparentado. Miguel, que era por consiguiente un mestizo, estudió medicina y viajó a Europa para especializarse en cirujía junto al célebre Dupuytrén; llegó a ser cirujano mayor del ejército y profesor de patología médica en la Universidad. [31]

Dos de los Ortiz de Rozas quedaron solteros: Gervasio, personaje muy original, que fue especialmente apreciado por los círculos sociales adversos al Restaurador, tuvo una larga y al parecer fructífera relación amorosa con una dama casada, que integraba el grupo de íntimos de misia Agustina [32]; y Juana, la benjamina, que padecía de "una enfermedad habitual, a todos los de mi familia" según reconoció la madre en el testamento: vivía, a mediados de la década de 1830, con su hermana Andrea en casa de los Saguí y no podía administrar sus bienes. [33]

No sabemos si Agustina López aprobó o desaprobó los casamientos de sus hijos, pues sólo se recuerda habitualmente su oposición al de Juan Manuel con Encarnación; E. Gutiérrez sostiene que también rechazó las pretensiones de Juan Manuel Bayá, conocido corredor de la Bolsa porteña, que se había enamorado de Manuela. La madre prefería a Bond, que era más rico y ciertamente muy bello y que terminó por casarse con la niña.

Porque la autoridad de "madre" y "padre" no podía cuestionarse. El que desobedecía debía irse, como haría Juan Manuel, según se verá más adelante. Las órdenes maternas incluían los actos de caridad: Agustina obligaba a sus hijas a participar de sus buenas acciones: los viernes hacía atar el coche grande, guiado por Francisco, el cochero mulato al que tanto apreciaba, y partía a los suburbios a distribuir limosna entre los menesterosos "y traerse a casa, donde había una sala hospital, alguna enferma de lo más asquerosa, que colocaba en el coche al lado mismo de una de sus hijas, la que estaba de turno, y a la cual incumbía el cuidado de la desgraciada hasta el momento en que sanaba o el cielo disponía otra cosa". [34]

Así criaron los Rozas hijos respetuosos y conformes. Desde su punto de vista habían obtenido resultados excelentes: "Quiero parecerme a mi madre hasta en sus defectos", proclamaba, cuando la señora vieja había muerto, su hija Agustina. Y ante una observación relativa al carácter de la dama, agregaba terminante: "Pues hasta en sus vicios". [35]

Pero ni el riguroso orden establecido en el hogar, ni las sanciones que afectaban a los hijos díscolos, pudieron someter al hijo mayor, Juan Manuel, quien desde muy joven enfrentaría en repetidas oportunidades a su madre, como si la necesidad de buscar su propio perfil, su identidad, lo llevara inexorablemente a disgustar hasta la ruptura a la mujer que le había dado, además de la vida, las normas y las pautas de conducta que seguiría para siempre.

Los historiadores que se han ocupado de la vida de Juan Manuel de Rosas relatan ciertas anécdotas de su juventud que hablan de sus rebeldías de adolescente y culminan con la modificación del apellido paterno, Ortiz de Rozas, simplificado en el de Rosas que le dio celebridad en la historia nacional. Político intuitivo, Juan Manuel no necesitó recurrir a los costosos estudios de imagen, que hoy se estilan, para saber que el acortamiento del nombre era desde el vamos un hallazgo para quien en algún momento de sus años jóvenes se propuso sobresalir por encima de sus compatriotas.

Eduardo Gutiérrez en una biografía folletinesca de la

vida de Juan Manuel de Rosas, para la que echó mano a su imaginación y su talento de narrador pero también recabó datos entre personas del antiguo Buenos Aires que habían conocido a los Ortiz de Rozas, describe a una Agustina joven embelesada con su hijo Juan Manuel, haciendo en su honor una fiesta de bautismo inolvidable en la que numerosos invitados, luego de admirar al recién nacido, bebieron chocolate y devoraron arroz con leche y pasteles de liebre. El chiquilín Juan Manuel fue desde entonces el ídolo de aquella casa, afirma; sus padres cifraron en él todas sus esperanzas y esos mimos desarrollaron sus instintos. En una oportunidad en que había hecho una travesura mayor, la madre lo encerró en una habitación: el niño, encolerizado, desenladrilló todo el piso del cuarto y empezó a tirar los ladrillos contra la puerta con gran alarma del vecindario hasta que lo sacaron de su encierro.

Don León comprendió entonces que era preciso educar a este hijo voluntarioso, y su esposa, a regañadientes, y sometiéndose por una vez a la autoridad del marido, admitió que lo enviasen a la escuela de don Francisco Argerich en calidad de pupilo. Allí aprendió a leer, escribir y contar, primera y única etapa de la educación formal de este vástago de familia rica que debía estudiar sólo lo indispensable a fin de inicarse en los negocios corrientes de la ciudad. [36] Cuando concluyó esos someros estudios, Juan Manuel fue colocado en una tienda para que aprendiese el oficio, etapa casi obligatoria en la juventud porteña y que demandaba aprender no sólo los rudimentos del oficio, sino también a tener paciencia y humildad en el trato con los patrones. El muchacho, que había saboreado en la escuela el goce de acaudillar a los demás alumnos, no tardó mucho en disgustar al tendero. Este se quejó a doña Agustina, la cual vanamente intentó que su altivo primogénito se hincara para pedir perdón al agraviado. "Ahí estarás a pan y agua hasta que me obedezcas", amenazó la señora al encerrarlo en un cuarto.

Pero Juan Manuel decidió escaparse de la casa paterna: "Dejo todo lo que es mío", escribió en el mensaje de despedida, luego se desnudó "y casi como Adán salió a la calle a casa de sus primos, los Anchorena, a vestirse y conchabarse". Este fue su primer acto de rebelión contra toda autoridad que no fuera la suya, concluye Mansilla al relatar este episodio de resultas del que el futuro dictador empezó a firmar Rosas en lugar de Ortiz de Rozas. [37]

El fracaso de Agustina en imponer su voluntad implicaría, en la anécdota recogida por la familia, la liberación del adolescente, su ingreso a una juventud independiente, al trabajo, a la administración de estancias, en resumen, el punto de partida de su larga vida pública. Pero este relato, como suele ocurrir con las historias familiares, no coincide con otras versiones, según las cuales la disputa con la madre ocurrió luego de su casamiento con Encarnación Ezcurra, que también había dado lugar a discusiones —tema de otro capítulo— y que no impidieron la realización del enlace.

Escribe Bilbao que la boda "avivó las desconfianzas que doña Agustina tenía ya en su hijo Juan Manuel, respecto a mala administración de las estancias (que ya estaba encargado de administrar). La señora creía que el hijo defraudaba los intereses que le habían confiado sus padres, sea poniéndoles la marca de su propiedad a las pariciones de las haciendas, sea mandando animales a los saladeros, sea de otros modos. De aquí provenían cuestiones odiosas en las que don León defendía al hijo y en las que el hijo amenazaba con la ruina de la familia el día que él se separase de la administración".

Tales situaciones son frecuentes en las familias donde un miembro se ocupa de los intereses del grupo, pero lo habitual en esos casos es que sea la madre la que defiende la gestión del hijo, y no a la inversa como ocurría aquí. "Una de estas discusiones —prosigue Bilbao— habida entre don León y doña Agustina, fue oída por Juan Manuel desde una habitación inmediata, en la cual la madre instaba porque se quitase la administración al hijo, dando razones desdorosas para el crédito de éste. Don Juan Manuel entregó en el acto el cargo que tenía y fue dado a su hermano Prudencio; y en seguida se quitó el poncho y la chaqueta que le había regalado su madre, los dejó tras la puerta de la pieza de la señora y abandonó el hogar paterno para no volver más a él." Don León buscó al hijo para que regresara, pero Juan Manuel aseguró que "no quería vivir en la casa donde se había dudado de su honra"; de allí partió a la Banda Oriental, donde intentó infructuosamente arrendar campos, volvió a Buenos Aires y asociado con Luis Dorrego inició el trabajo en los saladeros que haría su fortuna. [38]

Hay una tercera versión de este conflicto que se debe a la pluma —y a la imaginación— de Gutiérrez y que coincide con Bilbao en que el cese como administrador de las estancias familiares fue posterior a la boda de Juan Manuel. Menciona entre las razones de la disputa el despido de dos viejos capataces que habían servido a Clemente López: ellos vinieron a quejarse a doña Agustina que los quería con veneración por tratarse de dos servidores de su padre y que insistió para que se los repusiese. Por su parte Léon se negaba a desautorizar al hijo. La intriga doméstica siguió su curso mientras Juan Manuel estaba en el campo, entregado al trabajo y a los placeres, pues —según Gutiérrez— sabía halagar a los paisanos y a los caciques amigos y hasta a las mozas que le agradaban ofreciendo fiestas campestres en las que era el mejor bailarín y regalando cabezas de ganado a sus compadres cristianos o salvajes.

Los capataces despedidos pusieron en conocimiento de la patrona lo que estaba ocurriendo. Doña Agustina, que "era agarrada", no podía escuchar la relación de aquel despilfarro sin sentir una desesperación creciente; repetía insistentemente a su esposo si estaba dispuesto a dejar que "ese calavera" los arruinase. "No seas tan vehemente, hija mía, esperemos", era la respuesta del marido.

Precisamente en medio de una de esas discusiones, Rosas, que había bajado a la ciudad alertado por Encarnación, su esposa, sorprendió a sus padres. Que su señora madre pusiera en duda su honor le resultó inadmisible. Entonces, teatralmente, despojándose de los regalos más queridos, la camiseta que le había bordado Agustina y el rebenque que le diera don León, abandonó la casa paterna, marchó a los campos de Atalaya y del Rincón, a despedirse del personal, volvió a la ciudad, se alojó en lo de Ezcurra y mandó a buscar a su mujer y a su hijo. En vano el padre intentaría una reconciliación por intermedio de la nuera. La decisión del hijo era irreversible. En cuanto a doña Agustina "cuyo carácter fuerte y altivo conoce el lector, no le mandó decir ni media palabra". [39]

A partir de ese hecho el hogar de Juan Manuel se fijó en lo de Ezcurra, su familia política. Ese sería su apoyo y su refugio en los años en que lucharía por hacer una fortuna personal y luego por la conquista del poder. Mientras sus suegros y sus cuñados lo secundaban, sus parientes de sangre quedaban al margen de este proyecto.

Pero Rosas, siempre cuidadoso de su historia oficial, negaría de plano cualquier pelea o desacuerdo con sus padres. Luego de leer el libro de Bilbao —para el que su hermana Mercedes le había recabado información— afirma: "No es cierto que mi madre sospechase de mi conducta. Por el contrario, su confianza era sin límites. Tengo su trenza de pelo, que me envió con una carta agradecida". Cuando los padres quisieron obligarlo a recibir tierras y ganado en justa compensación de sus servicios, "contestaba suplicándoles me permitieran el placer de servir a mis padres, y ayudarles sin interés, cuanto me fuera posible. (...) Entregué las estancias a mis padres, cuando mi hermano Prudencio estuvo, por su edad y conducta, en estado capaz de administrarlas. (...) Lo que tengo lo debo puramente al trabajo de mi industria, y al crédito de mi honradez". [40]

Esto fue escrito en 1869 en carta a Josefa Gómez, cuando Rosas estaba empeñado en mejorar su imagen pública, tan despiadadamente castigada por la historiografía posterior a Caseros. Ya era viejo y recordaba con nostalgia su infancia y su juventud. Idealizaba la relación con la madre, que le había regalado su trenza, un símbolo de amor si se da voluntariamente o de agravio: cortarle la trenza a una china era insulto grave.

Pero otros testimonios corroboran la tesis de que hubo un distanciamiento serio entre Juan Manuel y sus padres y que éste se prolongó hasta 1819. Que con ese motivo Rosas buscó respaldo no sólo en su familia política, sino en amigos fieles como Luis Dorrego y Juan Nepomuceno Terrero y tuvo de consejero al astuto e inteligente doctor Manuel Vicente Maza (1790-1839) que "tomó por él paternal cariño, haciendo por él cuanto podría haber hecho un padre bueno y sensible; ora disculpándole sus errores juveniles, ora defendiéndolo como abogado y amigo en una causa que sus padres le habían promovido, ya enseñándole cuanto pudiera serle de utilidad, ya dirigiendo sus pasos y moderando su ambición", escribe Antonio Zinny en *Historia de los gobernadores*. [41]

Es precisamente Maza quien en 1819 se dirige a Rosas felicitándolo porque había sobrevivido a algún peligro y sugiere: "Entre tanto tu amigo te ruega escribas una cartita a tus padres; lo merecen; han mostrado que te aman; y en ello nada pierdes". Estas palabras indican que todavía continuaban tensas las relaciones entre los Ortiz de Rozas y su hijo que ya en 1819 se destacaba como uno de los más inteligentes y activos hacendados bonaerenses y había presentado al gobierno su punto de vista para impedir que la anarquía se apoderara del medio rural. Probablemente esa enemistad se mantenía más con la madre que con el padre, pues don León había colaborado en 1817 en la campaña llevada a cabo por hacendados, entre los que estaban Juan Manuel y sus socios, a fin de que no se cerraran los saladeros. [42]

Rosas demoró unos meses antes de enviar la carta de reconciliación. Lo hizo con motivo del cumpleaños de doña Agustina, el 28 de agosto. Decía: "Mi amada madre. De regreso del campo donde hace mucho tiempo me tenían mis quehaceres, he sentido la necesidad que todo hijo virtuoso tiene que es el ver a los autores de sus días. Mucho tiempo hace que no llevo a mis labios la mano de la que me dio el ser y esto amarga mi vida.

"Espero que Su Merced, echando un velo sobre el pasado, me permitirá que pase a pedirle la bendición. Irán conmigo mi fiel esposa y mis caros hijos, también mis padres políticos y toda la familia, y volverán a unirse dos casas que jamás han estado desunidas.

"Espera ansioso la contestación, éste, su amante hijo, que le pide su bendición". [43]

La carta que ponía en evidencia, precisamente, el distanciamiento ocurrido y que abarcaba a los Ezcurra, que eran asimismo padres políticos de la hija mayor de los Ortiz de Rozas, mereció una respuesta tajante de misia Agustina:

"Mi ingrato hijo Juan Manuel. He recibido tu carta con fecha 28 de agosto; este día tan celebrado en mi casa por mi marido, mis hijos y mis yernos, y sólo tú, mi hijo mayor, eres el que falta, el porqué, tú lo sabrás, tus padres lo ignoran.

"Me dices que eres virtuoso, dígote no lo eres. Un hijo virtuoso no se pasa tanto tiempo sin ver a los autores de sus días, sabiendo que su alejamiento ha hecho nacer en el corazón de su madre el luto y el dolor.

"Me dices que un velo cubra lo pasado y que te permita venir con tu fiel esposa, tus caros hijos, tus padres políticos y toda tu familia, y que vuelvan a unirse dos casas que jamás han estado desunidas.

"Te digo en contestación a estas palabras, que los brazos de tu madre estarán abiertos para estrecharte en ellos, tanto a ti, como a tu esposa, hijos y familia.

"Al concluir ésta te bendice tu amante madre". [44]

Agustina López de Osornio, la madre. Un rostro enérgico, un alma voluntariosa, el modelo femenino que Rosas admiró y enfrentó.

El Rincón de López, la estancia de frontera que misia Agustina administró.

ROSAS, NIÑO, EN TRAJE
DE GAUCHO
DONACION DEL Dº

Juan Manuel a los 13 años con la indumentaria de un hijo de familia rica y agauchada.

Mercedes Rosas de Rivera. Mujer independiente, aficionada a las letras.

Agustinita, la esposa del general Mansilla, casi adolescente, con su hijo Lucio Víctor.

Encarnación y su marido. Ella representó a la mujer política de la clase dirigente criolla.

Los Rosas y su hija presencian un festejo de la colectividad negra en Buenos Aires.

Caricatura que alude a la información que Rosas recibía de pardas y mulatas.

Josefa de Ezcurra, hábil instrumento de la política de su cuñado para el manejo de las masas federales.

*La quinta de
Palermo hacia 1850.
Escenario de una
vida familiar y
social divertida, libre
y sin muchos
prejuicios.*

*Manuelita Rosas,
una consumada
jinete. A la derecha,
el señorial retrato
que le hizo
Prilidiano
Pueyrredón.*

Juana Sosa, la alegre
Edecanita *de*
Manuela.

Estas cartas intercambiadas entre madre e hijo confirman opiniones de Mariquita Sánchez, en *Recuerdos de la vida virreinal*, acerca de las relaciones familiares del período colonial. Desde que los niños empezaban a crecer, los padres comenzaban a ocultar su cariño y solicitaban a los maestros y patrones que los trataran con rigor. Pero ni lo ceremonioso de las costumbres, ni los intereses contrapuestos ni las disputas más o menos recientes podían atenuar la relación apasionadamente fuerte entre esta madre y su hijo, autoritarios los dos, imbuidos de su propia perfección también ambos, y que, en duelo verbal, intercambiaban estos argumentos, para ver quién tenía razón en el entuerto.

A Bilbao, que publicó estas cartas en *Tradiciones y recuerdos de Buenos Aires*, se debe una descripción de la visita oficial de Juan Manuel y los suyos a la casa paterna, verdadera reconciliación entre dos clanes: salió a recibirlos don León, mientras doña Agustina aguardaba, imponente, de pie en la sala. Juan Manuel y Encarnación con todo respeto y la cabeza baja dicen: "muy buenos días tenga Su Merced, mi madre"; ella les tiende la mano, se la besan y luego se abrazan. Brilla alguna lágrima y la escena se remata con un almuerzo espléndido y obsequio de regalos: buenos quillangos y ponchos pampas traídos por el hijo pródigo desde los campos del sur, próximos a las tolderías. Según Bilbao, después de esta reconciliación, cuyos detalles debió conocer por Mercedes, su suegra, jamás nube alguna turbó la relaciones familiares y Juan Manuel, en todas las grandes ocasiones de su vida pública, nunca dejó de pasar por la casa paterna a pedir la bendición de acuerdo al antiguo uso que los Ortiz de Rozas se preciaban de respetar. [45]

Pero en esa familia en la que las posiciones no podían conciliarse, debieron ocurrir otros episodios enojosos. Por lo pronto, Agustina nunca aceptó de buen grado la actuación política del hijo, aunque eso no sería obstáculo para que lo defendiera ante los demás, principalmente si eran sus opositores. En ese sentido, resulta ilustrativa esta anécdota: ocurrió cuando Lavalle había dado un golpe de Estado contra el gobernador Dorrego (1828) y Rosas había marchado a la campaña para encabezar la resistencia. El gobierno ordenó a la policía que requisara las mulas y caballos del vecindario. Doña Agustina se negó a obedecer diciendo que si bien ella no tenía opinión, ni se metía en política, sabía que las bestias se usarían para combatir a su hijo y por lo tanto no las facilitaría. Drástica, como en todos sus actos, ante la insistencia de la policía dio la orden de degollar a los caballos y mulas que estaban en la caballeriza, en los fondos de la casa. "Mire, amigo —dijo al comisario— ahora mande usted sacar eso. Yo pagaré multa por tener esas inmundicias en mi casa; yo no lo haré." [46]

Pero esta solidaridad visceral no significaba que misia Agustina callase sus opiniones, más aún, seguía sin compartir las ambiciones políticas de su hijo, el Restaurador. Desconfiaba de la política y seguramente lamentaba que la guerra de facciones enfrentara en términos sangrientos a las familias decentes de la ciudad que otrora rivalizaban sólo en términos de ubicaciones en las funciones públicas, de alcurnia y limpieza de sangre o de intereses económicos.

Una carta enviada por don León a Juan Manuel en 1832, cuando éste finalizaba su primer gobierno y había sido reelecto para otro período más, pero sin facultades extraordinarias, pone de manifiesto ese disgusto: "es necesario que vayas a ver a tu madre —escribe— y procures por los medios que mejor te parezcan desimpresionarla de los efectos que han causado en su imaginación y que son trascendentales a la descompostura de su máquina, desde que tuvo noticia de tu reelección al gobierno, así que sus suspiros continuados me traspasan el alma". [47]

Para conmover a Juan Manuel, la orgullosa matrona utilizaba su mala salud, como cualquier frágil mujer. Pero en esta oportunidad el gobernador puedo complacer a sus padres: sin el uso de las facultades extraordinarias prefería alejarse del ejecutivo provincial y dejar el cargo en manos de su amigo, el general Balcarce. La campaña al desierto, que preparaba cuidadosamente, le daría el prestigio suficiente para volver al poder a continuar su tarea de ordenamiento de la sociedad.

En otra carta dirigida a su madre y que no lleva fecha dice:

"He leído madre mía la estimada de usted. La he leído y aun leyéndola, respetaba en ese acto los consejos variados. La sensibilidad empañaba mis ojos; el corazón anunciaba el placer, y la naturaleza se complacía en la esperanza venturosa. El delito lo constituye la voluntad de delinquir y sabe el cielo que la mía jamás lo amó.

"Un solo instante no he dejado de querer a mis padres. Esta soledad desde donde escribo es testigo de las emociones que contristaban mi alma y de las amarguras que animaban sus mejores deseos considerándose víctima desgraciada por la fatalidad de un destino injusto.

"Voy a la ocasión a marchar por segunda vez a campaña. Si en ella soy feliz o sobrevivo, he de aprovechar un instante para pedir la bendición a mis amantes padres, y abrazarlos tiernamente. Para esto y ante todo desea la vida Juan Manuel Ortiz de Rozas". [48]

Esta carta, de vago eco rousseauniano, la firmaba Rosas con su apellido completo. Siempre cuidadoso de los detalles buscaba complacer a su madre mientras seguía imperturbable su destino político.

Agustina debió dejar de lado los recelos y contemplar con entusiasmo el ascenso meteórico del hijo en el período 1833/1835 en que el Restaurador preparó con la ayuda de su mujer y de sus más íntimos su regreso al gobierno. "Tu madre está loca de contenta con los recados que le has mandado en mi carta y en la del señor Arana; a todos se lo anda contando", le escribe Encarnación oficiando de intermediaria entre su esposo y su suegra. [49] Por su parte, Vicente Maza, que había sido encargado por Rosas de pequeñas cortesías ante sus padres y estaba atento al comportamiento político de la familia del Restaurador, le contaba a fines de 1833, cuando el general Viamonte se había hecho cargo del gobierno: "Tu madre está en el día contra Viamonte, Guido y García, no sé por qué". En esta oportunidad, misia Agustina, lo mismo que su nuera, desconfiaba de los políticos tibios, conciliadores. [50]

La actividad política de Juan Manuel daba lugar a días de gloria, por ejemplo, cuando las tropas del ejército restaurador, que habían triunfado en los sucesos de octubre del 33, antes de retirarse de Buenos Aires, desfilaron frente a la casa de los Ortiz de Rozas para saludar a la madre de su Restaurador idolatrado. [51] Y cuando en 1835 se celebró un banquete patriótico para conmemorar que Rosas iniciaba su segundo gobierno, doña Agustina, junto a su nuera Encarnación y algunas de sus hijas, fue ovacionada por la concurrencia.

Pero no todo era fácil. Puede imaginarse que la ansiedad que la guerra de pasquines que en ese mismo período azotó con sus denuncias y su maledicencia a la sociedad porteña, embanderada con los federales netos, o con los cismáticos, afectaría a misia Agustina, cuyas propias hijas eran víctimas de dicha guerra. Más tarde, cuando Juan Manuel se convirtió en el todopoderoso gobernador, ella experimentaría de manera directa la intransigencia del hijo.

"Y hubo una vez —relata Mansilla— en que riñó por mucho tiempo con su hijo por negarse éste a poner en libertad a un perseguido del que ella decía: 'Ese señor (Almeida) no es unitario ni federal, no es nada, es un buen sujeto; y así es como Juan Manuel se hace de enemigos, porque no oye sino a los adulones'. El entredicho duró hasta que el dictador fue a pedir perdón a su madre de rodillas, anunciándole que el hombre en cuestión había recuperado su libertad." [52]

Por entonces la anciana se encontraba tullida y permanecía en la cama sin dejar por eso de ocuparse de todo, como lo había hecho siempre, y de manejar los asuntos domésticos de la familia, de los parientes, de las relaciones, de sus intereses, de la compra y venta de las casas, de reedificarlas, del préstamo de dinero —algo habitual en las señoras de la sociedad porteña—, de hacer obras de caridad además de amparar, de tanto en tanto, a los perseguidos por sus opiniones políticas.

Los Ortiz de Rozas habitaban en esos años la casa de la calle Reconquista —hoy Defensa— frente al paredón del convento de San Francisco, al llegar a Moreno, en pleno barrio de Santo Domingo, el más aristocrático de la ciudad. "Casa histórica, con altos a la calle, independientes y altos interiores, y tres patios, teatro de escenas que acentuaban el carácter de mi abuela." Casa con canceles, que era una pieza larga, entre el primer y el segundo patio, con tamaño suficiente para que allí durmiera mamá Cachonga, Encarnación, la huérfana preferida de doña Agustina. Con caballeriza en la parte trasera donde se guardaba el coche, símbolo del bienestar económico de la familia. [53]

Por las tardes, en el patio principal de la mansión, se reunían los nietos y los biznietos de la señora vieja; jugaban y correteaban por los espaciosos corredores, pero al toque de oración todos iban a la cama de la abuela, que estaba postrada, y le pedían la bendición con los brazos cruzados. Ella sacaba entonces de una bolsa de terciopelo dos reales de cobre y se los regalaba a cada nieto. Los muchachos salían silenciosamente de la casa pues les estaba prohibido hacer ruido a esa hora. [54]

La señora sentía predilección por sus nietos Bond, que habían quedado huérfanos de padre en 1831 y más tarde también perderían a Manuela, la madre, los dos víctimas de la turberculosis. Carolina, Enriqueta y Franklin Bond fueron expresamente favorecidos en el testamento redactado por Agustina en 1836 cuando los síntomas de su enfermedad se habían agravado. Era el suyo un testamento arbitrario, en el que se ponía de manifiesto la voluntad de proteger a los miembros más débiles de la familia. A Andrea y su esposo Saguí, les incumbía la responsabilidad de velar por los intereses de Juana, la hermana disminuida, que vivía con ellos. Además de mejorar a los Bond, Agustina dejaba un legado especial a su entenada, Encarnación Delgado (que ya estaba casada con un tendero correntino y era quien había criado a Carolina Bond); liberaba al esclavo pardo Francisco, el cochero que tan bien sabía atracar sobre el cordón de la vereda lo que probaba sus dotes de conductor; sumas pequeñas recibían una serie de protegidas —Victoria Uriarte, Cayetana Almada, Dolores Salas, Justa Cano, Anita Uriarte, Juana Lores—. [55] En cuanto a los hijos, la voluntad de misia Agustina resultaba tan arbitraria que el escribano que era amigo suyo le advirtió:

"Agustinita, eso que dispones no está bien".

Ella respondió:

"¡Que lo prohíbe la ley! ¡Ja! ¡ja!¡ ja! ¿Que yo no puedo hacer con lo mío, con lo que hemos ganado honradamente con mi marido, lo que se me antoja? Escribí no más, Montaña". Y a medida que dictaba su voluntad, afirmaba la señora: "Sé que lo que dispongo en los artículos tales y cuales es contrario a lo que mandan las leyes tales y cuales (…) Pero también sé que he criado hijos obedientes y subordinados que sabrán cumplir mi voluntad después de mis días: lo ordeno". [56]

Y ocurrió como ella había previsto pues al morir Agustina López, se abrió el testamento, y Gregoria, la hija mayor, envió a preguntar la opinión de Juan Manuel. Este, sin leerlo, dijo: "que se cumpla la voluntad de madre".

El testamento contenía una mención especial para don León, ese marido modelo que había traído poco dinero al matrimonio, pero mucho afecto: Agustina decía estar muy satisfecha de la obediencia, amor y respeto que le tenían todos sus hijos, pero les suplicaba que después de su fallecimiento siguieran tributándole los mismos respetos a su padre y no lo incomodasen en lo más mínimo. La protección de la señora hacia su cónyuge continuaría así desde el otro mundo. Pero no hubo oportunidad para esto: León Ortiz de Rozas murió antes que su mujer, en julio de 1839. Bilbao cuenta sus últimos momentos: Agustina, enferma en otra habitación, había encargado a Juan Manuel que preparara a su padre para recibir los sacramentos, última responsabilidad del cristiano. El anciano patriarca prefirió eludir este deber religioso y su negativa es un símbolo más de los cambios ocurridos en la sociedad después de la Revolución. Seguía incólume, sí, el amor por la mujer que lo había acompañado durante casi cincuenta años. Dijo entonces:

"Sólo siento que tu pobre madre, mi amada Agustina, esté postrada en el lecho y no pueda venir a que por última vez le apriete la mano y le dé las gracias por los 49 años que me ha hecho feliz. Te pido hijo que pases al cuarto de tu madre y le repitas esas palabras". Pocos días después de esta escena, fallecía don León. [57]

En agosto de 1839 el gobernador escribía a Agustina con motivo del primer cumpleaños que pasaba en su nueva condición de viuda. Le aseguraba que no cesaría jamás de acompañarla en su pena y le recomendaba las lágrimas como el mejor bálsamo contra el dolor. Ese Rosas más humanizado, distante de los gestos teatrales y de los giros literarios de las otras cartas que hemos citado, acababa de enviudar también (Encarnación murió en octubre de 1838), y atravesaba uno de los períodos más dramáticos de su gobierno: en efecto, el 27 de junio del 39 el doctor Maza, presidente de la Legislatura de Buenos Aires, había sido asesinado en su despacho mientras su hijo Ramón era fusilado por traidor. Rosas perdía así el apoyo de quien fuera su padre sustituto, en los años difíciles en que se apartó de su familia. Y para agravar las cosas, el enfrentamiento político dentro del propio partido federal afectaba a sus íntimos y a sus parientes cercanos.

Debieron ser éstos tiempos de zozobra para la anciana

Agustina López. Su hija Andrea y su yerno Saguí, no gozaban de la confianza política de Juan Manuel: cuando la asamblea de comerciantes designó por unanimidad a Saguí para integrar el Tribunal de Comercio, Rosas forzó a efectuar otro nombramiento por tratarse, dijo, de un enemigo de la Federación. Rosas tampoco confiaba en su otro cuñado, el médico Rivera: en 1836 lo dejó cesante en su cátedra de la Universidad. Pero más grave era la situación de Gervasio, el menor de los varones de la familia: estuvo comprometido con la rebelión de los Libres del Sur que estalló en octubre del 39 en los partidos de Dolores y Monsalvo en combinación con la escuadra francesa que sitiaba el Río de la Plata.

La rivalidad entre Juan Manuel y Gervasio venía de lejos y posiblemente había en ella rastros de celos por el afecto materno: Gervasio gozaba de plena confianza de su madre, que lo nombró su albacea (Juan Manuel diría que él no recibió esa responsabilidad porque estaba demasiado ocupado en asuntos políticos, y su madre no había querido cargarlo más aún). Pero lo cierto es que Gervasio tenía claro que si pudo eludir sin mayores peligros el riesgo de ser opositor a su hermano el dictador había sido gracias a la protección materna. El mismo narraba que en cierta oportunidad Rosas le envió los despachos de coronel de milicias, pero que los rechazó con un pretexto de salud. "Lo que quería era tenerme bajo sus órdenes como subalterno —diría—. No teniéndome, siendo sólo lo que éramos, hermanos, de miedo de madre no se habría atrevido a hacerme nada, sabiendo como sabía que yo no estaba del todo conforme con sus procederes."[58]

Otro grave episodio afectó en 1840 a los hermanos de Rosas: en septiembre fue embargada por el gobierno la hermosa chacra que Tristán Baldez poseía en Lomas de Zamora. Se acusó al propietario, que era cuñado del Restaurador, de tener trato con los unitarios. Como Tristán era viejo y casi no podía montar a caballo, su esposa,

Mariquita, se dirigió al campamento donde estaba el gobernador pero no logró hablar con él. Le escribió entonces para pedir que revisara la injusta medida:

"No puedo a lo menos dejar de decirte que ni mi marido ni yo te podemos haber ofendido pues todos saben que mi marido con sus achaques estaba reducido a salir muy poco de casa, sin más relaciones que la familia de mi compadre Félix (?) que está a cinco cuadras de nuestra casa y también está embargado. Si ésta es la causa, te confieso que no podíamos nosotros tenerlo por unitario a un hombre que lo mismo que mi marido contribuía con lo que podía para cualquier función que se hacía en honor tuyo (...) Nos vemos sin la chacra, el único recurso que nos ha quedado para vivir y con tanto rigor que ni un cordero, ni aun la leche para mis hijos permiten que se traiga, abandonada a un solo hombre y nosotros puestos en ésta sin recurso alguno y en estado de mendigar el sustento si no nos favoreciera nuestra buena madre la que nos auxilia en este lastimoso conflicto. Tu hermana que te ama". [59]

Puede imaginarse el revuelo que provocó este hecho en la familia Ortiz de Rozas, donde mamá Mariquita, como se la apodaba cariñosamente, era una institución debido a su bondad y a su disposición permanente a atiborrar con dulces y platos exquisitos a sus numerosos sobrinos, entre ellos los Mansilla, que en su casa soportaban las dietas que les imponían sus padres. Baldez, que había sido un rico comerciante, muy lector e instruido, estaba ahora arruinado, pero su chacra lo proveía de corderitos, quesos sabrosos y fruta. Rosas sabía castigar en donde más dolía a los díscolos; sólo cedió ante la presión de misia Agustina y no sin reprender a su cuñado por tratar a "federales a medias, más peligrosos que los unitarios" y ratificar que "era contrario a la soberanía, el honor y la dignidad de la patria relacionarse, servir, hospedar o abrigar salvajes unitarios".

De este modo, entre los sinsabores que provocaba la

agudización de los conflictos políticos, que no perdonaban siquiera a la familia del gobernador, trascurrieron los últimos años de Agustina López. Cuando se aproximaba su fin, la señora tuvo un rasgo último: marcar la diferencia rotunda que separaría a su entierro de las exequias de su nuera, Encarnación, honrada como si fuera un capitán general, llorada por el gobierno en pleno y por las masas federales como la Heroína de la Federación, y cuya muerte enlutó obligatoriamente a toda la provincia fuera cual fuese su simpatía política.

Doña Agustina fue terminante en cuanto al destino de sus restos: mandó que se la enterrase en el cementerio público, en el cajón más ínfimo que se encontrase y que sería conducido al templo de San Francisco por sus deudos y por los hermanos de San Benito, la cofradía a la que pertenecía a la vieja usanza colonial. Luego de la misa de cuerpo presente, para la que no habría cónvite, el cuerpo sería conducido en modesto carruaje, para ser sepultado en el depósito de los pobres. Con este gesto supremo de humildad, o de orgullo, como lo entendería la psicología actual, concluía la última voluntad de la madre de Rosas.

Murió en la mañana del 12 de diciembre de 1845, en su casona de la calle Reconquista. Las autoridades del Estado, que con gusto hubieran preparado ceremonias fastuosas, se sometieron a lo dispuesto en el testamento. El ministro Arana concurrió al entierro por la parte oficial, y el canónigo Miguel García por la eclesiástica. De modo que el grueso del cortejo lo formaron los varones de la familia —las mujeres en esos tiempos no iban al cementerio—. A caballo o en coche estuvieron presentes los hijos, Juan Manuel, Prudencio y Gervasio; los yernos, Ezcurra, Saguí, Rivera y Baldez; los nietos Juan Ortiz de Rozas, Carlos María de Ezcurra, Felipe María de Ezcurra, León Ortiz de Rozas, Lucio Mansilla (hijo), Tristán Baldez (hijo), Alejandro Baldez y Franklin Bond y Rozas. [60]

Concluía así la vida de una de esas mujeres fuertes, la

roca sólida sobre la que había podido construirse la sociedad colonial, la madre de Rosas, el dictador.

Juan Manuel no la olvidaría. Hizo rezar misas por su alma y ya en el exilio evocaba sus consejos. Lamentaba "no haberla podido acompañar tanto como eran mis constantes deseos, porque las ocupaciones públicas me lo impedían. Lloraba ella sin consuelo cuando las consideraba, diciéndome siempre, 'ya recibirás por premio, la más cruel ingratitud' ". [61]

Esta sabia reflexión materna, que no había atendido en los tiempos de la plenitud de la vida, cobraba un sentido diferente en las horas muertas del exilio, cuando el dictador derrocado se interrogaba una y otra vez acerca de las causas de su fracaso y las atribuía invariablemente a las ingratitudes de los hombres. Porque, lo mismo que su madre, no admitía considerar sus posibles errores ni dejarse invadir por la duda. Ya que, en definitiva, siempre había perseguido en su larga vida pública hacer efectivos en la díscola provincia porteña y en la Confederación las consignas y los valores mamados con la leche materna, esa sustancia pura y sin mezclas que le había dado su primer vigor.

NOTAS

1   *La Gaceta Mercantil*, Buenos Aires, 17 de diciembre de 1845; Lucio V. Mansilla, *Rozas.; ensayo histórico psicológico*, Buenos Aires, La Cultura Argentina, 1925, dedica el primer capítulo de la obra a la personalidad de doña Agustina, cuya vehemencia y autoritarismo destaca; en otro de sus libros, *Mis memorias*, Buenos Aires, Eudeba, 1966, intercala numerosas anécdotas y demás datos sobre la abuela, a la que compara con su madre, Agustinita, la esposa del general Mansilla. Es de interés el retrato de la madre del Restaurador que ofrece Eduardo Gutiérrez, novelista y cronista de la sociedad de su tiempo, en *Don Juan Manuel de Rosas. Dramas del terror*, Buenos Aires, Imprenta de La Patria Argentina, 1882; consultó para escribirlo a muchos contemporáneos de los Rosas y dio importancia a las mujeres en la historia de esa familia; José Rivera Indarte, *Tablas de sangre. Rosas y sus opositores*, Buenos Aires, Jackson, s/f/ tomo II, p. 42; José María Ramos Mejía, *Las neurosis de los hombres célebres en la historia argentina*, Buenos Aires, Sudamericana; *Rosas y su tiempo*, del mismo autor, se ocupa largamente de la neurosis de la madre de Rosas.

2   Lucio V. Mansilla, *Entre -Nos. Causeries de los jueves*, Buenos Aires,

Jackson, s/f/p. 26 afirma que Gervasio, su tío y padrino, era un poco maniático, viniéndole ese atavismo de la rama López de Osornio.

[3] Ramos Mejía, *Rosas y su tiempo*, vol. 1, pp. 121 y ss.

[4] La biografía de Clemente López de Osornio en el *Diccionario biográfico colonial argentino*, de Enrique Udaondo. Buenos Aires, Huarpes, CMXLV; una semblanza de este militar estanciero en Carlos Ibarguren, *Juan Manuel de Rosas; su vida, su drama, su tiempo*, Buenos Aires, Theoría, 1983, p. 8; información sobre la estancia del Rincón de López en Yuyú Guzmán, *El país de las estancias*, Tandil, 1983, p. 20; la idea de la *vendetta* la expone Eduardo A. Crivelli Montero, "El malón como guerra. El objetivo de las invasiones de 1780 y 1783 a la frontera de Buenos Aires". (En: *Todo es Historia*, enero de 1990.)

[5] Archivo General de la Nación (AGN), Tribunales. Legajo Nº 6726, Sucesión de Clemente López de Osornio; contiene el testamento de Manuela Rubio Díaz y las cuentas de gastos del albacea Sánchez de Velazco de 1797 a 1792 además del pleito entablado por Catalina López a la sucesión.

[6] Octavio C. Battolla, *La sociedad de antaño*, Buenos Aires, Moloney, 1907, p. 268; este autor trascribe textualmente y sin citarlo párrafos del *Rosas*, de Gutiérrez.

[7] *C.H. Pellegrini; su obra, su vida, su tiempo*; prólogo de Alejo B. González Garaño; notas biográficas de Elena Sansinena de Elizalde; epílogo de Carlos Ibarguren, Buenos Aires, Amigos del Arte, 1946, ha reproducido los retratos de León Ortiz de Rozas y de su esposa; la observación de Mansilla sobre la manera de erguir el cuello que tenía su abuela, en *Mis memorias*, Buenos Aires, Eudeba, 1966, p. 42.

[8] Ibarguren, *Juan Manuel de Rosas*, p. 9.

[9] Testamento de Agustina López de Osornio de Ortiz de Rozas. AGN Sucesiones, Legajo Nº 7280.

[10] Ibarguren, *Juan Manuel de Rosas*, p. 10.

[11] Véase, para el caso de la sociedad porteña, la opinión de R. de Lafuente Machain, *Buenos Aires en el siglo XVII*, Buenos Aires, Emecé, 1944, p. 113: gracias a la mujer, "la familia, con apellido renovado, continúa ocupando el mismo nivel que tuvo la madre dentro del grupo local. El padre, sin arraigo ni tradición en la ciudad, adopta las relaciones y parentela de su mujer, y hasta la ley se pone a su favor, pues le permite ejercer los derechos a que ella puede aspirar cuando se trata de una descendiente de conquistador o primer poblador".

[12] Mansilla, *Rozas*, p. 32.

[13] Fermín Chávez, *Dónde nació Rosas*.

[14] Battolla, op. cit., p. 53.

[15] Mansilla, *Mis memorias*, "nuestros abuelos fabricaban..."; p. 37, explica que el matrimonio dormía en camas separadas.

[16] Ibídem, p. 34.

[17] Un documento de la época, las "Memorias" (inéditas) de Ignacio Núñez, de las que Juan Isidro Quesada publicó algunos fragmentos en la revista *Todo es Historia*, noviembre de 1990, revela intimidades de esta sociedad de fines del período virreinal : era bastante menos pacata de lo que supone la imagen estática que se tiene generalmente sobre la vida en la época colonial.

18 Mansilla, *Rozas*, p. 32.

19 Ibídem, p. 37.

20 María Sáenz Quesada, "Mariquita Sánchez: testimonio de inteligencia femenina". (En: *Mujeres y escritura*, Buenos Aires, Puro Cuento, 1989, p. 44.)

21 Adolfo Saldías, *Historia de la Confederación Argentina. Rosas y sus campañas*, Buenos Aires, Editorial Americana, 1945, p. 13, acepta la versión de que Rosas peleó tanto en la primera invasión inglesa en agosto de 1806 como en la segunda, julio de 1807 y que fue elogiado por Liniers y por Alzaga, héroes máximos de estas dos jornadas.

22 Ernesto H. Celesia, *Rosas: aportes para su historia*, Buenos Aires, Goncourt, 1969, tomo 1, pp. 21 y ss; p. 43, reproduce el documento en que consta que Juan Manuel de Rosas se ausentó del servicio el 1º de julio de 1807; p. 38 se refiere a la participación de Rosas en los acontecimientos y supone que pudo haber actuado en la Reconquista aunque no ha aparecido la carta que supuestamente Liniers envió a sus padres, pese a la importancia histórica del documento.

23 Bilbao, *Historia de Rozas*, p. 116.

24 Juan Manuel de Rosas, *Cartas del exilio*. Selección, prólogo y notas de José Raed, Buenos Aires, Rodolfo Alonso, 1974, p. 117.

25 Bilbao, *Historia de Rozas*, p. 117.

26 Mansilla, *Mis memorias*, p. 101.

27 Mansilla, *Rozas*, p. 33.

28 Id., *Mis memorias*, p. 30.

29 Id., *Rozas*, pp. 38/39.

30 *Un inglés. Cinco años en Buenos Aires*, Buenos Aires, Solar, 1942, p. 64, menciona al médico Bond.

31 Las biografías de Saguí, Rivera y Mansilla, en el *Diccionario biográfico* de O. V. Cutolo. La observación sobre la rama ilegítima de los Mansilla en Mansilla, Lucio V., *Mis memorias*, p. 48.

32 Doña Juana Ituarte Pueyrredón de Sáenz Valiente. Su esposo, Casto, era hijo de Juana Pueyrredón, la íntima amiga de Agustina López. Gervasio, al morir sin descendencia, al menos sin hijos reconocidos, dejó su estancia del Rincón de López a este matrimonio. Agradezco a Juan Isidro Quesada las copias de las cartas intercambiadas por mujeres de esta familia entre sí y con Gervasio Rozas y León Ortiz de Rozas entre 1830 y 1850. Ellas muestran una gran amistad y hay alusiones frecuentes a misia Agustina, que incluso en 1843 figura visitando a su hijo Juan Manuel.

33 Véase el testamento de Agustina López, AGN, Legajo 7280.

34 Mansilla, *Rozas*, p. 36.

35 Id., *Mis memorias*.

36 Gutiérrez, op. cit., pp. 15 y ss.

37 Mansilla, *Rozas*, p. 48.

38 Bilbao, *Historia de Rozas*, p. 117.

39 Gutiérrez, op. cit., p. 63.

40 Rosas, *Cartas de exilio*, pp. 117/118.

41 Antonio Zinny, *Historia de los gobernadores de las provincias argentinas*, Buenos Aires, Vaccaro, 1920, p. 139. Zinny hace esta afirmación al trazar la semblanza de Maza, pero no aporta otras precisiones.

42 Carta de Manuel Vicente Maza a Rosas, del 23 de marzo de 1819. AGN Sala 7-3-3-1. Archivo Saldías/Farini; reproducida por Celesia, *Rosas*, tomo 1, p. 47 y comentada como prueba del distanciamiento de Rosas con sus padres.

43 Bilbao, *Tradiciones y recuerdos*, p. 497.

44 Ibídem, p. 498.

45 Ibídem, p. 499.

46 Mansilla, *Rozas*, p. 36.

47 *Papeles de Rosas*. Publicados con una introducción y notas de Adolfo Saldías, La Plata, 1904, tomo 1, p. 80.

48 Ibídem., p. 81.

49 M. Conde Montero, *Doña Encarnación Ezcurra de Rosas*. Separata de la *Revista de Ciencias Políticas*, año XIV, tomo XXVII, nº 149, p. 9.

50 Celesia, op., cit., tomo 2, p. 398.

51 Ibídem, p. 189.

52 Mansilla, *Rozas*, p. 40.

53 Id., *Mis memorias*, p. 34.

54 Battolla, op. cit., p. 23.

55 AGN, Tribunales, Sucesiones, Legajo 7280, testamento de León Ortiz de Rozas y de Agustina López de Osornio en el que se declaran los bienes habidos por el matrimonio: fincas, fondos públicos, billetes de lotería, moneda contante y dos cajas de oro. Lo más valioso es la casa donde falleció la señora, Reconquista nº 77, valuada en 287.634 pesos, pero hay quince casas más, cuya valuación va de los 126.060 pesos de la de la calle Potosí, a los 3.420 pesos en que se estima la de Estados Unidos 258. Los bienes gananciales de la pareja Ortiz de Rozas sumaban 1.088.033 pesos. En cuanto a los muebles y ajuar de la casa principal, se dividieron en seis lotes para las mujeres de la familia. Gervasio tuvo a su cargo esta sucesión en calidad de albacea. El principal problema fue la tutoría de Franklin Bond, responsabilidad a la que Gervasio renunció y finalmente pasó al general Mansilla. Se ve que el muchacho era ingobernable.

56 Mansilla, *Rozas*, p. 41.

57 Bilbao, *Tradiciones y recuerdos*, p. 502.

58 Mansilla, *Rozas*, p. 139.

59 Carta de Mariquita Rosas a Juan Manuel de Rosas, del 28 de setiembre de 1840. Borrador manuscrito, con la leyenda "¡Viva la Federación!", pero sin el aditamento "Mueran los salvajes unitarios". Hay otras cartas, entre ellas las de Tristán Baldez a su cuñado el gobernador y la orden del juez de paz de Quilmes por la que se levantó el embargo que estaba acompañada por una carta de Rosas a su madre lo que muestra que fue esta señora la que respaldó la protesta de sus hijos. AGN, Museo Histórico Nacional. Legajo 21, documentos nos 2332 y 2321.

Mansilla hace una larga evocación del matrimonio Baldez Rosas en *Entre-Nos. Causeries de los jueves*, Buenos Aires, Jackson, s/f p. 187.

60 *La Gaceta Mercantil*, Buenos Aires, 17 de diciembre de 1845.

61 Rosas, *Cartas del exilio*, p. 102. Carta del 20 de junio de 1868 a Josefa Gómez.

II. La esposa

El 16 de marzo de 1813 Juan Manuel Ortiz de Rozas, soltero, de veinte años de edad, aparroquiado en el curato de Monserrat, con residencia en el pueblo de Magdalena, contrajo enlace con Encarnación de Ezcurra Arguibel, también soltera, de casi dieciocho años, residente en el curato de la Catedral. En prueba de su consentimiento, firmaron el acta los padres de la contrayente, Juan José de Ezcurra y Teodora Arguibel. Bendijo la unión el presbítero José María Terrero, luego de leídas las proclamas en las tres ocasiones que estipula el ritual eclesiástico y sin que resultara impedimento alguno. Las bendiciones solemnes de la Iglesia se dejaron para más tarde. Era Cuaresma, tiempo de penitencia, no de regocijo, pero la boda se había apresurado debido al riesgo que corría el honor de la novia, presuntamente embarazada, y apremiada por lo tanto de aclarar su situación.[1]

La anécdota fue narrada por Bilbao y dice que Juan Manuel, que estaba en el campo administrando los bienes de la familia, y venía de tanto en tanto a la ciudad, se apasionó de la señorita Encarnación Ezcurra, hermana de Felipe que noviaba con Gregoria, la mayor de los Rozas. La poca edad del novio era un obstáculo para que los padres consintiesen el enlace, y para vencerlo los enamorados recurrieron a un ardid: doña Encarnación escribió una carta a su novio en que le exigía se apresurase a pedir su mano dando a entender que esa urgencia nacía de las relaciones privadas a que los había llevado su amor. La carta la dejó Juan Manuel sobre la cama de su dormitorio; fue vista y leída por doña Agustina, que de inmediato se comunicó con Teodora Arguibel, madre de la muchacha, y entre ambas acordaron casar a los amantes para evitar el escándalo.[2]

Así entraba en la historia, dando prueba de decisión y audacia, Encarnación Ezcurra (1795-1838), mujer que no ha merecido aún un estudio biográfico completo y a la que sólo se reconoce participación e influencia en la Revolución de los Restauradores (1833), en la que fue sin duda protagonista principal. Personalidad política femenina entre las más notables del siglo, poco sabemos de ella misma, de su intimidad; incluso en su actuación pública hay demasiados años oscuros de los que no nos ha llegado información. Pero los pocos documentos disponibles, sobre todo su correspondencia de 1833/34, permiten reconocerla como una mujer sobresaliente.

En cuanto a la historia del subterfugio, o tal vez el hecho cierto de sus relaciones prematrimoniales con Juan Manuel, merece compararse con la actitud de otra porteña del grupo social dominante: Mariquita Sánchez de Velazco, que en 1801 se negó a casarse con el novio que le habían elegido (un primo venido de España, mayor que ella y rico, pero que no era de su agrado), pleiteó contra sus padres y luego de cuatro años de engorrosos trámites obtuvo la licencia del virrey para contraer enlace con Martín Thompson, su enamorado.[3] Ella abría de este modo nuevos rumbos para la mujer rioplatense en materia de elección de su futuro, mientras que Encarnación, dispuesta también a hacer su voluntad, recurría a una artimaña clásica y de bien probada eficacia para acelerar la boda, pero que no marcaba cambios en las costumbres de la época. Dos caracteres, dos estilos, dos trayectorias pueden observarse en la historia de ambas mujeres, legalista una, pragmática la otra, fuertes las dos.

Curiosamente la vida de la pareja formada por Juan Manuel y Encarnación, de franca vocación pública, se inicia como la de dos jóvenes que están al margen de los sucesos que encendían a la juventud de su tiempo, cuya vanguardia asistía en marzo de 1813 a las reuniones del café de Malcos, escuchaba con fervor los discursos de Bernardo de Monteagudo, o guerreaba junto a Belgrano en la campaña del Perú. En la Asamblea Constituyente acababan de dictarse los decretos sobre extinción de la mita, la encomienda y el yanaconazgo que ponían punto final a las instituciones de la colonia y, en los mismos días en que se bendijo la boda, se trataba el caso del obispo de Salta, acusado de contrarrevolucionario, con estos criterios novedosos: "Todas las personas son iguales ante la ley, y si en el juicio del reverendo obispo se debiera atender su dignidad, sólo debería ser para aumentar el castigo que merezca".[4]

Pero esta política revolucionaria rupturista era ajena a las preocupaciones de los novios que habían hecho bendecir su unión contra la voluntad de los padres de Juan Manuel, mejor dicho, de la madre, que tal vez por mero capricho se oponía al enlace.

Porque, ¿qué madre está conforme con la mujer que elige el hijo preferido? Agustina no era una excepción a esa regla; ella quería para Juan Manuel lo mejor y no estimaba a Encarnación como la joven más bella, más rica y más distinguida de la ciudad.[5]

Sin embargo y pese a tales reservas, su joven nuera pertenecía a las familias de la clase decente porteña. Era la quinta hija del matrimonio formado por Juan Ignacio de Ezcurra (1750-1827), oriundo de Pamplona y venido al país hacia 1770 cuando Buenos Aires empezaba su despegue político y económico de fines del siglo XVIII, y Teodora de Arguibel y López de Cossio, hija de un rico comerciante, Felipe de Arguibel, nacido en San Juan de

Luz (Francia), avecindado en Buenos Aires y dueño de una importante fortuna de la que formaban parte el caserón de la calle Moreno y Bolívar (llamado de los Ezcurra), el terreno cercano al Fuerte donde hoy se levanta el Banco de la Nación y la estancia del Pino (Cañuelas). La madre de Teodora pertenecía a un linaje muy antiguo del Río de la Plata. [6]

Juan Ignacio de Ezcurra desempeñó los cargos honoríficos que estaban disponibles para los hidalgos recién venidos y bien casados dentro de la ciudad: ministro familiar del Santo Oficio de la Inquisición y miembro del Real Consulado, llegó a ser alcalde de segundo voto en 1804, pero su ocupación primordial era la de comerciante. Cuando en mayo de 1810 concurrió al cabildo abierto convocado para decidir la suerte del virrey Cisneros, se pronunció por los españolistas que no encontraban razones valederas para subrogar la autoridad del virrey. Se alineó por lo tanto con los godos y contra la opinión de los patriotas. [7]

Teodora, su esposa, fue casi tan prolífica como Agustina López, su consuegra. Fueron sus hijos Felipe (1782-1874); María Josefa (1785-1856); Margarita Josefa (1789-?); José María (1791-1861); María Encarnación (1795-1838); María Dolores (1797-?); Juana Paula (?-1889) y María de la O (1804-1892). Las familias de Ortiz de Rozas y de Ezcurra eran amigas y los padres de Encarnación veían con agrado los amores de su hija, lo mismo que los de Felipe con Gregoria Rozas. Por entonces la única casada de los hermanos Ezcurra era María Josefa, que a los 18 años contrajo enlace con un primo llegado de España, Juan Esteban de Ezcurra, también oriundo de Navarra, que venía con algunos capitales a ejercer el comercio en América. "Así, siendo del mismo apellido no se la llamaba sino de Ezcurra, sin duplicarlo como ahora se acostumbra", explica su sobrino nieto, Marcos de Ezcurra, en una noticia biográfica sobre esta señora.

"Ella vivió con su esposo muchos años, sin haber tenido hijos, en cambio hizo él una gran fortuna, ocupado en sus negocios de sedas, paños y otros géneros que enviaba al interior, a Bolivia y al Paraguay, donde tuvo casa y posesiones. Pero al fin, al afirmarse la Independencia, no estando conforme con el nuevo orden de cosas, regresó a España, donde llevó sus capitales y con ellos se estableció con casa de comercio en Cádiz siendo corresponsales suyos en Buenos Aires los señores Iturriaga. Allí murió después de algunos años; dejó en testamento heredera única a su esposa en señal de su estimación a pesar de no tener hijos."[8]

Hasta aquí el relato de la vida de la mayor de las Ezcurra hecho por su sobrino nieto, quien omite la actuación de María Josefa en los sucesos de octubre de 1833 y sólo reconoce que desempeñó una maternal tutela o superintendencia sobre Manuelita Rosas cuando ésta perdió a su madre en 1838. Pero otra versión que circula entre historiadores que conocen la intimidad de la sociedad criolla afirma que esta mujer, separada del marido y con veintisiete años de edad, se enamoró de Manuel Belgrano y lo siguió a Tucumán cuando éste fue nombrado en la jefatura del Ejército del Norte en 1812. El idilio habría sido breve, y la amante regresó embarazada a tener un hijo. Este sería el origen del coronel Pedro Rosas y Belgrano, nacido en Santa Fe en julio de 1813, hijo natural (o adulterino) del creador de la bandera y "una porteña de encumbrada estirpe". El niño era "rubio y blanco como su padre", informa Rafael Darío Capdevila en su biografía del coronel, en la que prefiere omitir el nombre de la madre de Pedro.[9]

Esto acontecía en los mismos meses en que Juan Manuel se casó con Encarnación y quizá fuera una de las causas por las que misia Agustina se oponía a los amores de su hijo. Pero los recién casados adoptarían al niño, que pasó sus primeros años en lo de Ezcurra, como propio. Rosas incluso le permitió usar su apellido (algo que ni siquiera autorizó a sus propios hijos naturales, como se verá en otro capítulo) y le dio rango comparable casi al de los hijos legítimos de la pareja que siempre lo trataron de hermano, mientras María Josefa, la auténtica madre, optaba por considerarlo "su sobrino". [10]

De este modo se formaban las grandes familias de la sociedad criolla, sobre la base de solidaridades muy profundas, de servicios y de ayuda mutua que marcaban para siempre a sus miembros, pero sin olvidar cuestiones sustanciales, como la de quiénes tendrían acceso o no a heredar el patrimonio. Esto explica, por ejemplo, la estrecha relación entre María Josefa y su cuñado, el futuro gobernador, que le había dado protección en los tiempos difíciles de su juventud, cuando era pobre y estaba enamorada. Tal esquema familiar permite inferir por qué Rosas autorizó al que no era hijo suyo a usar su apellido mientras sus verdaderos hijos quedaban privados de ese derecho. [11]

Volviendo a marzo de 1813 cuando se casaron Juan Manuel y Encarnación, con cierta premura para evitar el escándalo, la pareja tuvo que separarse a los pocos días de la ceremonia: el esposo marchó al campo a seguir con sus tareas de administración, mientras la recién casada permanecía en casa de sus suegros donde al año siguiente nacería su primer hijo, llamado Juan, lo mismo que su padre. Así, dentro de esa tradición de la familia extensa, pasó su primer año de casada, conviviendo con su suegra. La relación debió ser difícil porque ambas eran voluntariosas y pretendían el afecto exclusivo del mismo hombre: Juan Manuel.

Precisamente una fuente contemporánea atribuye la disputa de Rosas con sus padres a los roces entre las dos mujeres: "Su madre no sospechó de su honradez —dice—. Lo que hubo fue esto: apercibida la esposa de Rosas de que su suegra se quejaba de su habitación en la casa, lo comunicó a Rosas, quien mandó traer una carreta en el acto y dejó así la casa paterna para trasladarse a la de los padres de su mujer. [12]

No eran tiempos fáciles para la joven pareja. Una vez separado de la administración de los bienes familiares, por la razones que fuese, Juan Manuel debía labrarse su propia fortuna. De algún modo ése era el desafío implícito cuando Agustina se disgustó con él. Esto significaba un nuevo hogar, nuevos vínculos de familia, amigos y socios que reemplazaran a los parientes de sangre. Todo lo llevó a cabo Juan Manuel en forma exitosa, sea asociándose con Juan Nepomuceno Terrero y Luis Dorrego para fundar el saladero de Las Higueritas (1815), entrando así en la actividad más novedosa y más rentable de la década, sea ocupándose de la administración de sus ricos primos, los comerciantes Anchorena, que empezaban a orientar sus actividades hacia la ocupación de campos en la frontera sur de Buenos Aires. Gracias a su intensa actividad, los negocios en los que Rosas participaba prosperaron y en 1817 la firma que compartía con Terrero y Dorrego compró a Julián del Molino Torres la estancia de Los Cerrillos, sobre la costa del Salado y en jurisdicción de la Guardia del Monte.

No hay —que se sepa— testimonios directos de la vida de Encarnación en esos años. Pero a esta etapa pertenecen los nacimientos de sus hijos, Juan (1814), después una niña, María de la Encarnación (1816), bautizada de urgencia y amadrinada por una negra esclava de la familia, que falleció poco después, y en 1817 Manuela Robustiana. No se registran otros partos. Encarnación resultaba así mucho menos prolífica que su madre y que su suegra, tal vez como consecuencia de las prolongadas ausencias del marido o de su propia naturaleza.

Encarnación había ido sin dote al matrimonio. Al menos Rosas pondría un énfasis en recalcar esa circunstancia similar a la de su madre, Agustina, cuando se refería a su casamiento con don León: "Salí entonces a trabajar por mi cuenta, sin más capital que mi crédito e industria. Encarnación estaba en el mismo caso; nada tenía, ni sus Padres: ni recibió jamás herencia alguna"

(Bilbao le había atribuido una herencia, equivocadamente). Rosas guardaba, estando en el exilio, un documento autógrafo de su mujer en el que reconocía: "Nada introduje al matrimonio, porque nada tenía, ni he tenido herencia después. Todo, pues, cuanto me corresponda por la ley, después de mi muerte, será entregado a mi esposo Juan Manuel, a cuyo trabajo constante y honrado son debidas nuestras propiedades". [13]

Eduardo Gutiérrez es el único entre los biógrafos del Restaurador que reconoce que Rosas dio dinero a los Ezcurra para mantener a su mujer y a su hijo. [14] Con el tiempo y a medida que progresaban sus negocios y decaían los de su suegro, Juan Ignacio, se fue convirtiendo en el sostén económico de su familia política a tal punto que terminó por comprar la gran casa de los Ezcurra desde la cual gobernaría a la provincia hasta que convirtió a Palermo en su residencia favorita.

Los pormenores de este traspaso los da a conocer la propia Teodora Arguibel en un documento de 1838: "Conste que yo, Teodora Arguibel de Ezcurra, he vendido a mi hijo político, Juan Manuel de Rosas, la casa que habito, de mi propiedad, calle del Restaurador Rosas, lindando a su frente al norte con el edificio del Estado que sirve de Biblioteca (...); la cual he vendido en 74.110 pesos moneda corriente en que fue tasada en enero de 1833, a cuenta de cuya cantidad tengo recibido del mencionado mi hijo político 34.429 pesos que suman varias partidas que en diferentes monedas anticipó a mi marido y después de su fallecimiento a mí la vendedora, para pagar créditos y deudas, que debía mi referido esposo y yo". Rosas entregaba además de la suma que se menciona, 43.680 pesos más y doña Teodora estimaba que su yerno le condonaba "por pura generosidad otra cantidad con exceso mayor que la que me ha entregado y que procede de alimentos y subsistencia que ha prodigado a mi familia por muchos años, de cuyas partidas no se ha llevado cuenta". [15]

Rosas era, cuando su suegra redactó este documento, el todopoderoso gobernador de Buenos Aires, pero su familia política recordaría siempre estos servicios, incluso cuando se hallaba proscripto en Inglaterra. Todavía en la década de 1870, sus cuñadas, Margarita y Juanita de Ezcurra, colaboraban puntualmente enviándole el dinero con el que se habían comprometido ante Josefa Gómez para aliviar las penurias del exiliado, y otra de las hermanas, Petrona, casada con Urquiola, le escribía en estos términos: "Yo no he olvidado ni olvidaré jamás los inmensos servicios que a mí y a toda mi familia nos ha hecho usted" y le ratificaba su voluntad de enviarle 50 libras anuales por intermedio de misia Pepita. [16]

Dentro de este clan generoso y solidario trascurrieron los años juveniles del matrimonio de Juan Manuel y Encarnación. Si nos atenemos a los retratos de la mujer de Rosas que han llegado hasta nosotros, podría decirse que ella tenía un tipo físico vasco muy acentuado: tez blanca, facciones aguzadas, pelo castaño y ojos oscuros en los que se cifraba su principal atractivo, junto con su talento. Vestía sencillamente pero de acuerdo a su rango, nos informa Marcos Ezcurra, el cual agrega que había sido formada por doña Teodora en la lectura de obras pías, que su inteligencia era grande y cultivada y que llevaba la conducta de una madre virtuosa que la hacía acreedora al respeto de todos. [17]

En su biografía de Manuelita, Carlos Ibarguren ha hecho una pintura memorable del matrimonio Rosas: "El hogar paterno de Manuelita fue una mezcla extraña de cariño sin ternura y de unión sin delicadeza (...). Doña Encarnación era el otro 'yo' de su Juan Manuel, con quien no tenía, a pesar de su fervoroso compañerismo, esa intimidad ilimitada de las almas que se aman. Ella fue el cancerbero que vigila, lucha y se enfurece para arrancar y defender la presa necesaria a la acción de su marido. Tenía las cualidades que faltaban a su compañero: era ardorosa, entusiasta, franca, iba derecho al objetivo que perseguía, sabía 'dar la cara' en cualquier empresa que acometía, a diferencia de Rosas, cuyas características eran el procedimiento solapado, el disimulo, la frialdad y el cálculo minucioso."[18]

"Doña Encarnación —prosigue— no supo verter la dulzura inefable que entibia el regazo materno, ni adormecer a su hija con ternura al arrullo de una suave canción de cuna." Es decir, ella no respondía a la imagen tradicional de la mujer, dulce madre y amable esposa, que valoraba con exclusividad la sociedad del 900 en que se educó Ibarguren. Sobre la relación de pareja de sus tíos dice Lucio V. Mansilla: "A nadie quizás amó tanto Rozas como a su mujer, ni nadie creyó tanto en él como ella; de modo que llegó a ser su brazo derecho, con esa impunidad, habilidad, perspicacia y doble vista que es peculiar de la organización femenil".[19]

Encarnación pertenecía al tipo de mujeres que vuelcan el afecto más en el marido que en los hijos. No son muchas, pero las hay. Por otra parte, esto no significaba un abandono, pues los Rosas y sus hijos vivían en una gran casa donde había abuelos, tíos y tías, primos, esclavas y esclavillos y sirvientes fieles, además de agregados, y de hijos adoptivos. Entre esa parentela numerosa era fácil de encontrar el afecto que la madre retaceaba, según se advierte en media docena de cartas de Manuelita cuando era todavía una niña, y en la que no hay mención alguna a sus padres; sí en cambio a sus tíos y primos. Paralelamente, en la correspondencia entre Juan Manuel y su esposa que puede consultarse en los archivos, unas veinte cartas en total, las referencias a la vida familiar son mínimas y no se menciona a ninguno de los hijos por su nombre.

Estas ausencias, que no son lo común en los epistolarios de la época, aun entre políticos, muestran a Encarnación como el tipo femenino interesado exclusivamente en el vínculo con el hombre del que está enamorada; no quiere que nada lo separe de él, ni siquiera los hijos y mucho menos los amigos. Por eso firma toda sus cartas como "amiga y compañera". Esa forma de relación afectó sin duda a los hijos: Manuelita pudo superar la falta de ternura materna conquistando el cariño de otros miembros de la familia y luego el de su padre, pero Juan, el varón, testigo silencioso de las hazañas de su padre, madre y hermana, personalidad insegura y retraída, permaneció casi al margen de la historia familiar. Rosas lo educó con dureza para que se hiciera hombre de campo: "Déjelo, compadre, que se quede con los soldados y almuerce en la cocina de los peones. Es bueno que se vaya acostumbrando al trato y a la vida de los pobres", le dijo Rosas al dueño de casa en oportunidad en que visitó con su hijo la estancia de la familia del general Gelly. [20] Sin una madre que dulcificara este trato, y con un padre fuerte y exitoso, el primogénito de la familia resultó anulado por completo.

Más que en mimar a sus hijos, Encarnación estaba interesada en incrementar el patrimonio de los suyos y en demostrar a su bello y obsesivo esposo que ella era capaz de ayudarlo a consolidar su fortuna y hasta de suplantarlo en la parte administrativa de ser necesario. Aludiendo a estos talentos maternos diría Manuelita años más tarde: "Pobre Mamita si abriera sus ojos y viera a su esposo querido en la miseria, despojado con tanta infamia de los bienes que ella misma y por su virtuosa humildad y economía le ayudó a ganar y a sus hijos sufriendo la privación". [21]

El apoyo que dio a su marido en los primeros pasos de su vida pública fue reconocido por el propio Juan Manuel en la carta de despedida que dirigió a sus padres luego de los sucesos del 5 de octubre de 1820 en los que contribuyó con sus tropas de milicianos del Monte a restablecer el orden en la ciudad conculcado por el motín del coronel Pagola. Decía Rosas que debía alejarse llevando impresos en su corazón a su virtuosa compañera, tiernos hijos y amantes padres y que le faltaba valor para un adiós personal. Por eso encomendaba a "su primer amigo", Juan Nepomuceno Terrero, la misión de saludarlos en su nombre: "Nuestros hijos lo son de Terrero, es mi único amigo después de mi adorada Encarnación". [22]

Ya estaban establecidas las prioridades afectivas en esa etapa temprana de la vida política de Juan Manuel. En cuanto a su esposa, se hallaba sin duda satisfecha del rápido ascenso y del prestigio creciente de que gozaba su pareja. Ella defendería hasta el final de su vida el sitio de privilegio que tenía asignado en el corazón del marido: "Quiero ser tu primera colaboradora. Quiero servirte mejor que tus mejores amigos", expresa en 1833 en el momento culminante en la lucha en que está empeñado Rosas para recuperar plenamente el poder.

Decía en su nota necrológica *La Gaceta Mercantil* (1838) que la Heroína del Siglo, apodo con que se la había distinguido oficialmente, "en esa época pavorosa en que su ilustre marido se lanzó a empresas inmortales", tuvo actuación, aunque no precisa cuál: "Ella animó al débil, robusteció al fuerte, arrostró peligros, consagró sacrificios; y fue la digna compañera del joven ciudadano que en los escabrosos campos de la gloria recibía lozanos laureles y era saludado Libertador por el pueblo". [23]

Eran los días en que la sociedad más conservadora de Buenos Aires, aterrada ante los estragos provocados por la anarquía, la disolución del gobierno central, la sublevación de las provincias encabezadas por sus caudillos y el desgobierno dentro de la propia capital, recurrió a las milicias rurales para restablecer el orden. Allí ganó Rosas sus primeros laureles con el Quinto Regimiento de milicianos del Monte, los Colorados, que haciendo gala de disciplina impecable aseguraron que el general Martín Rodríguez recuperara el poder.

El hijo de misia Agustina logró en esas jornadas su ascenso a coronel de caballería y al mismo tiempo demostró su capacidad para que volvieran a reinar en la capital los valores tradicionales y jerárquicos menospreciados por los revoltosos. Cumplía así con la educación recibida, pero su madre no lo comprendió, y se enojó con él, pues para ella todo se reducía al cuidado de la fortuna familiar. Encarnación en cambio era más moderna y advertía la necesidad de postergar el cuidado exclusivo de las estancias y emprender una carrera política que le valdría a Rosas el reconocimiento de sus conciudadanos y, asimismo, plenos poderes en el manejo de las tierras de la frontera, el bien económico más codiciado de la época.

Luego del episodio de Pagola, Rosas convocó a los hacendados de la provincia para reunir 25.000 cabezas de ganado que se entregarían a la provincia de Santa Fe como forma de compensar los daños causados por la guerra que Buenos Aires había llevado contra ella. Pero pronto se disgustó con la política del gobernador Rodríguez, especialmente en el manejo de la cuestión indígena, abandonó el servicio y en febrero de 1821 estaba de vuelta en Los Cerrillos que entretanto había sido saqueada por los malones.

Pero el esfuerzo de Juan Manuel había valido la pena: como recompensa a sus servicios, el joven Cincinato, como lo apodaba la prensa porteña, recibió muchas leguas de campo en la provincia de Buenos Aires y en la de Santa Fe. Ya era socio de los Anchorena, con los que se había iniciado en los secretos de la buena administración, y sus negocios particulares continuaron con renovado impulso: en abril de 1822 la sociedad que integraba con Terrero y Dorrego compró la estancia del Pino, en el pago de La Matanza que había sido hasta 1805 propiedad del abuelo de su esposa, el comerciante bearnés Felipe de Arguibel, y luego había pasado a manos de los Saraza y del Pino. Era una hermosa propiedad, cercana a Buenos Aires, con buenos pastos y aguadas y que se convirtió en el lugar de veraneo favorito de los Rosas que la guardaron para sí cuando se disolvió la sociedad. [24]

"Esa era la posesión favorita de mi madre, donde ella

iba a cambiar de aire todos los años antes que tatita tuviera la desgracia de presidir Buenos Aires, y por consiguiente tengo recuerdos inolvidables de los felices momentos que pasé allí en mis primeros años", escribe Manuelita a una amiga en 1865 invadida por la nostalgia de la campaña bonaerense. [25]

De esas estadías en el campo queda la única mención a la intimidad sexual del matrimonio Rosas: relata Mansilla en sus *Memorias* que su tía lo llevó cuando apenas tenía cuatro años (hacia 1835, por lo tanto), a la estancia del Pino: "En una cama muy ancha entre ella y mi tío Juan Manuel dormía yo el sueño de la inocencia. Una noche sentí que me sacaban del medio". [26] Encarnación parece así bien dispuesta al amor, aunque fuera junto a este pequeño e indiscreto testigo; su suegra en cambio, cumplía con el ritual matrimonial dentro de cánones más rígidos.

El primer hito en la vida política de Juan Manuel de Rosas fue el año 1820; el segundo, el de 1827/28 cuando volvió al favor oficial y fue designado por el gobernador Dorrego comandante general de la campaña, cargo clave desde el cual manejaba la cuestión de las tierras de la frontera y podía beneficiar largamente a sus parientes y amigos. Ni en una ni en otra ocasión se sintió cómodo con el gobierno. Pensaba que las cosas no se hacían según su criterio y que no se le prestaba la consideración que merecía. Pero al ser Dorrego destituido por una rebelión militar, Rosas se puso al frente de la resistencia, buscó apoyo entre los caudillos amigos del interior, como el gobernador de Santa Fe, Estanislao López, y dio los pasos necesarios para derrotar a los decembristas que habían fusilado a Dorrego (1828). El prestigio que se había ganado en la campaña, sumado a la confianza que le tenían sectores poderosos de la capital, lo llevó rápidamente al poder: en diciembre de 1829 fue elegido gobernador por la Legislatura de Buenos Aires que le otorgó facultades extraordinarias, indispensables, suponíase, para restablecer el orden.

Cuando en la década de 1920 los historiadores polemizaban en torno al tema de Rosas, algunos se preguntaron sobre la injerencia de Encarnación en este período crucial. Todos estaban acordes en reconocerle un lugar primerísimo en la revolución de los Restauradores, ocurrida en 1833, pero, ¿qué había hecho ella hasta entonces? Los historiadores se dividieron.

Algunos rechazaron de plano los aspectos más urticantes, para un punto de vista architradicional, de la actividad política de la mujer de Rosas. Monseñor Ezcurra llegó a negar la autenticidad de las cartas de Encarnación que se guardan en el Museo Mitre; incluso negó que la familia de Rosas pasara temporadas en la estancia de Los Cerrillos, mucho más colorida y salvaje que la del Pino (luego rebautizada San Martín). Carlos Ibarguren sostuvo, en cambio, que las cartas eran auténticas y las usó con inteligencia para hacer la biografía de Juan Manuel y la de Manuelita. [27]

Pero quien aportó pruebas concretas anteriores a 1833 fue Carlos Correa Luna: sostuvo la opinión de que la mujer de Rosas había tomado parte activa en la política antes de que los acontecimientos del 33 revelaran sus condiciones extraordinarias para la movilización de las masas. "Por cierto, dice, si la enérgica señora —'compañera y amiga', mucho más que simple consorte del héroe de la Federación— pudiera oírlos (a los historiadores que negaban su actuación) nada igualaría en elementos pintorescos a la escena en que los obligaría a retractarse".

"Basta en efecto un mínimo conocimiento de la vida criolla para comprender que si en lo privado, desde 1814 (sic) año en que se celebró el matrimonio, fue irreprochable la unidad de la inmortal pareja, aún más grande, más apasionada y ardiente debió mostrase en lo público la identificación de la esposa con los ideales políticos de su incomparable marido." "¿Quién no ve a la férrea y orgullosa mujer consagrada con furia desde el primer instante, a la tarea de mantener encendida la llama del entusiasmo federal en el corazón de los correligionarios? Así su frenética exaltación de 1833 por conservar intacta la autoridad del Restaurador, es la misma de 1820 cuando contribuye con sus votos a la derrota de los amotinados del 1º de octubre, la misma de 1828 cuando propaga el horror a los despiadados verdugos de Dorrego, y la misma de 1829, de 1830, de 1831 y de 1832, cuando por fin, encumbrado el caudillo a la suprema grandeza, debe, sin embargo, seguir su formidable pugna con los 'parricidas', cismáticos, y demás endiablados opositores a la gloriosa causa de la Federación que él representa y dirige."

En apoyo de su tesis, Correa Luna publica una carta de Encarnación a Rosas, en julio de 1831, que dice: "Los unitarios se han vuelto a erguir con la demasiada condescendencia que hay con ellos; están insolentes. Dios quiera que no tengamos pronto que sentir por una caridad tan mal entendida; permíteme esta franqueza".

Luego de solicitar de este modo mayor dureza en el gobierno, lo pone al tanto de ciertos problemas doméstico/políticos: "No hay otra cosa sino que te vienes pronto, porque me ha parecido tiempo de decirte si habrá un medio de que no venga a casa esa soldadesca infernal que te sirve como de escolta. Todos están abusando de la buena hospitalidad de nuestra casa. Han cometido toda clase de crímenes sucios y escandalosos. Mi conciencia y el saber tu moral, lo que proteges las buenas costumbres, y últimamente mi deber me deciden a esto como madre de familia. Yo no creo un momento esto te parezca mal, mas aunque así fuera, yo no he hecho más que llenar mi deber, y me es bastante. A otra cosa: Juan Manuel, hasta la evidencia se sabe, en Buenos Aires, que don Vicente Lagosta, don Francisco Dechan, y el capataz de Irigoyen, don Manuel Tejeda, son los ladrones de tu fortuna y la de infinitos vecinos del partido. Con el mayor escándalo roban y es intolerable. Los cueros se traen a la ciudad por Santa Catalina. Hay personas que lo certifican: y se introducen también las barricas vacías de harina para los saladeros, trayéndolos frescos. Este, pues, Lagosta, es un malvado, descrédito de la autoridad. Si quieres te diré (como si no fuera bastante) lo que sé de él. Te he hablado demasiado. Así lo hago con vos y con documentos lo probará tu amiga y compañera. Encarnación Ezcurra". [28]

Así ponía la señora de Rosas límites a su marido. En primer lugar, en cuanto a la suerte de escolta que lo acompañaba en su casa (la mansión de los Ezcurra se había ampliado mediante la compra de casas vecinas). Elementos indeseables, adulones, violentos, puede imaginarse hasta qué punto incomodarían a la familia del gobernador, y por una vez al menos, Encarnación se coloca en el rol de madre de hijos adolescentes, Juan, de 16 años, y Manuela, de 14, que pueden ser perjudicados por estos malos ejemplos y pésimas compañías. Esa tendencia a rodearse de un círculo de confianza, típica de los hombres que están en el poder, mereció también el repudio de la madre de Rosas. Las dos mujeres más próximas al Restaurador conocían sus debilidades y lo prevenían justificadamente.

Encarnación demuestra en esta carta conocer a fondo la personalidad de su marido, quisquilloso y desconfiado y por eso al criticarle a sus colaboradores, tales como Lagosta, que era representante de Rosas para la compra de hacienda y otros negocios menores, lo hace con precisión y reservándose las pruebas. [29]

Pero además el cuadro que ofrece este documento es inesperado: tres años de gobierno absoluto han convertido a Juan Manuel, el celoso administrador de tantos establecimientos rurales, en un hacendado que tolera los mayores desórdenes en su círculo íntimo y hasta se deja robar hacienda, la peor de las debilidades en el criterio de un estanciero prudente. Pero este cuadro salido de la pluma de Encarnación, que si bien era sostén incondicional de su marido no era ciega ni tonta, deja flotando una duda. ¿No habrá sido siempre Rosas propenso a rodearse de amistades rústicas que bajo disfraces campechanos se aprovechaban del rico hacendado? Este parece un rasgo propio del gran señor rural, convertido en dueño de vidas y haciendas, con acceso fácil a cantidades de tierras y de ganados y que prefiere ganar amigos de este modo aun a costa de sus intereses particulares y de la tranquilidad de su familia.

No se conoce la respuesta de Rosas a la firme misiva de su esposa aunque es posible conjeturar que, a partir de ese y otros planteos domésticos, Encarnación lograra imponer su autoridad en el hogar, en forma tal de poder seleccionar los que eran sus amigos de confianza, al menos en su casa de la ciudad y en sus residencias campestres favoritas. No hay protestas similares en la correspondencia de 1833/34, lo que hace suponer que Encarnación estaría más conforme, o que supo discriminar entre los amigos políticos con los que podía mostrarse permisiva, y los corresponsables del manejo de sus bienes, que merecían otras exigencias. Por otra parte, el problema del círculo del Restaurador se agravaría a su muerte, cuando en Palermo faltó la persona de autoridad capaz de poner límites a esa necesidad, tan clásica de los políticos, de rodearse de adictos de dudosa catadura que siempre padeció Rosas.

En cuanto a la incidencia de lo estrictamente privado en las preocupaciones de la pareja, merece citarse una breve carta de mayo de 1831, enviada por Encarnación a "su querido compañero" y que dice: "Recién he recibido tu estimada del 24 pasado y te envío los mil y quinientos de caballería y quinientos de infantería, toda la milicia activa.

"Todos estamos bien: Madre y Pepa siguen en el campo. Bond concluyó sus días el dos del corriente.

"Memorias de todos los de casa y adiós de tu afectísima compañera y amiga". [30]

Las referencias son escuetas y precisas: han marchado las milicias, doña Teodora y María Josefa están en la estancia y Enrique Bond ha muerto dejando viuda a la hermana de Rosas, Manuela, y huérfanos a los tres hijos de la pareja, pero este duelo familiar no merece comentario alguno.

A fines de 1832 Rosas se aleja del gobierno descontento porque la Legislatura, que lo ha reelegido, no le renueva el uso de las facultades extraordinarias. Dispuesto a ganar nuevos laureles lejos de Buenos Aires, marcha al desierto en el otoño de 1833. Planea, además del avance sobre la frontera, una operación política original que pondría de manifiesto el especial manejo de la psicología de las masas de que hacía gala la fracción del partido federal que encabezaba Rosas. En este manejo, dos mujeres, Encarnación y María Josefa Ezcurra, desempeñarían un rol principalísimo.

Tulio Halperin, en *Revolución y guerra*, observa que fue en la década de 1820 cuando en Buenos Aires pudieron advertirse dos realidades: una, que "la disolución del estado central devuelve un inmenso poder a las grandes familias que han sabido atravesar la tormenta revolucionaria salvando el patrimonio de tierras y clientes acumulado en los tiempos coloniales"; la otra, que en las alternativas de la política urbana se destacan quienes, como lo ejemplificó Gregorio Tagle, el defensor de la tradición católica y enemigo acérrimo de Rivadavia, demostraron capacidad para formarse una clientela personal, "gentes del pueblo, con los que conserva relaciones por medio de sus agentes, del barbero y del peluquero, de sus comadres que son numerosas y le permiten recoger noticias para facilitar sus intrigas". [31] Los hombres de talento político, como Rosas, supieron advertir estos matices. Juan Manuel que sabía esperar y era ducho en el arte de conquistar a la gente humilde sobre la base de un ajustado equilibrio de rigor y de favores, recurrió muy especialmente a la colaboración de las mujeres de su familia para tejer la urdimbre de su poderío en el sector urbano y también en los pagos de la campaña.

Ramos Mejía, uno de los historiadores del 900 que mejor han comprendido los vericuetos de la historia social, dice a este respecto que "todas las mujeres de la familia de Rosas lo sirvieron con entusiasmo que trasciende al orgullo de raza, y algunas con fanatismo. Excepción hecha de las dos más *salvajonas* —a las que no menciona pero, suponemos, eran Andrea y Mariquita, o tal vez Gregoria— a todas puso fríamente a contribución. A unas les pidió su incomparable belleza para usar honesta y respetuosamente su influencia; a otras, su energía, sus relaciones, la constancia de su empecinamiento dócil a la presión de las necesidades políticas; muchas otras cosas a otras mujeres que vinculara de niño a su destino".

Está claro que la belleza incomparable es la de Agustinita, la esposa del general Mansilla, presencia infaltable en las tertulias de Rosas; mujer sin preocupaciones políticas, según la muestra su hijo, Lucio V., pero muy adicta al hermano mayor, al que denominaba tatita, y pedía la bendición, tanto era el respeto que le tenía profundizado por la diferencia de edad que había entre ambos. Con Mercedes, la novelista, autora de *María de Montiel* y de otros títulos, Rosas era más compinche, tenían la misma afición por las bromas pesadas que se prodigaban mutuamente y ella se reconocía como federal fervorosa, lo que le valdría las pullas de José Mármol en *Amalia* donde la hace recitar sus poesías en las grandes fiestas oficiales. Pero ellas no eran las verdaderas mujeres políticas de la familia.

Sí lo eran en cambio Josefa y Encarnación, lo mismo que otras madres y esposas de destacados hombres públicos de la época.

"En ese tiempo, y también en otros más remotos, cuando este país no tenía aún verdadera personalidad política, casi todas las mujeres de nuestros hombres públicos participaban con sus consejos y su instintiva acción de la vida pública del marido. La pasión colectiva arrastraba a todas en la vorágine", escribe Ramos Mejía. "Doña Bernarda Rocamora, doña María Buchardo y doña Trinidad Mantilla, esposas respectivamente de los generales, Marcos, Antonio y Juan Ramón Balcarce, fueron mujeres de ese temple. Las tres influyeron en el valiente espíritu de los guerreros que en diversas circunstancias tuvieron en sus manos el destino de la patria; y las tres, imperiosas y dramáticas, aunque sin salir fuera del radio de su amable hogar para buscar como doña Encarnación la luz pública del escenario." [32]

He aquí, en las palabras de Ramos, por qué el estilo de Encarnación provocaba tanto rechazo entre sus contemporáneos y también entre los historiadores que se ocuparon del tema: ella pretendía salir del ámbito doméstico para hacer política en la sociedad criolla. Eran los tiempos en que la tertulia familiar convocaba a los varones y mujeres de distintas edades en un mismo grupo y en que tales reuniones podían ampliarse a amigos y conocidos, incluso a los viajeros extranjeros que tantas páginas han escrito sobre ellas. En el 900, cuando escribía Ramos Mejía, los clubes exclusivos de hombres y los incipientes partidos políticos habían alejado a las mujeres de la clase pudiente de la cosa pública. Sólo las militantes socialistas o anarquistas se atrevían a ocuparse de temas que antaño apasionaban a las matronas criollas al estilo de la Medea Berrotarán satirizada por Lucio V. López en *La gran aldea*.

Pero la labor política de las hermanas Ezcurra fue debidamente reconocida por un contemporáneo de ellas. José Mármol, enemigo acérrimo de Rosas que hace sin duda un retrato grotesco de María Josefa, a la que, con cierto cinismo, enfrenta con Eduardo Belgrano, apellidado igual que el antiguo amante de la dama, pero más allá de estos mensajes entre líneas, destaca que "estas dos hermanas son verdaderos personajes políticos de nuestra historia, de los que no es posible prescindir, porque ellas mismas no han querido que se prescinda, y porque además las acciones que hacen relación con los sucesos públicos no tienen sexo (...). Los años 33 y 35 no puede ser explicados en nuestra historia sin el auxilio de la esposa de Juan Manuel, que sin ser malo su corazón, tenía, sin embargo, una grande actividad y valor de espíritu para la intriga política; y los años 39, 40 y 41 no se entenderían bien si faltase en la escena histórica la acción de María Josefa Ezcurra".

Mármol, que era un feminista intuitivo y sabía indagar en el alma de las mujeres, sostiene que ambas hermanas actuaban por pasión, sin cálculos mezquinos, y prefiere atribuir dichos cálculos a Juan Manuel, el varón que comandaba el clan familiar. [33] Por su parte, Mansilla es categórico al apreciar los servicios de Encarnación a la causa federal: "Sin ella quizá (Rosas) no vuelve al poder", dice, pero calla toda información referente a María Josefa con la que no lo unía, ciertamente, ningún parentesco. [34]

En cuanto a los historiadores de la corriente del revisionismo rosista, como Julio Irazusta, reducen el papel de Encarnación al de "uno de los mejores elementos de la política del caudillo" y considera errónea la interpretación de Ramos Mejía que pretende demostrar, a través de las cartas escritas en 1833, "que en la pareja política, la virago que era su mujer resultaba más varonil que su marido". [35]

Decía Ramos: "Allá por el año 1833 hubo un momento en que toda la política argentina estuvo en sus manos". [36] ¿Toda la política del país en manos de una frágil mujer? La afirmación resulta asombrosa, casi un escándalo. Pero veamos los testimonios de ese año crítico en que las facciones se enfrentaron por el poder: de un lado, los federales netos o apostólicos que reconocían a Rosas como a su jefe supremo; del otro los federales doctrinarios o cismáticos, contrarios a las facultades extraordinarias del gobernador, es decir, a la dictadura legal, y que respaldaban al gobernador Juan Ramón Balcarce que desde diciembre de 1832 había reemplazado a Rosas en la primera magistratura provincial.

Los clanes familiares echarían leña al conflicto político; cada bando disponía de mujeres aguerridas; pero el de los Rosas y Ezcurra llevaría la delantera, y mientras Juan Manuel cumplía las etapas de su campaña al sur, Encarnación manejaba con soltura los hilos de la política. No era la primera oportunidad en que ella quedaba al frente de los negocios de la familia, pero esta vez la ausencia del marido sería más prolongada y más graves los asuntos que tuvo que resolver sola y sin su consejo.

El 23 de marzo Rosas inicia su marcha al desierto. Todavía son buenas sus relaciones con Balcarce, según lo prueban los favores que el gobernador le pide, a solicitud de su esposa, Trinidad. Pero en abril la relación entre los elementos rosistas y el gobierno se deteriora con motivo de las elecciones para renovar la Legislatura de Buenos Aires en las que triunfa la lista federal cismática, apoyada por Balcarce y los generales Martínez y Olazábal. Los comicios complementarios de junio llevan la disputa al rojo vivo. Es ésa la ocasión en la que los cismáticos se ganan el mote de lomos negros, porque presentan su lista orlada de negro para competir con el color punzó de los federales netos, sus adversarios.

A partir de esa fecha, y hasta mediados del año siguiente, la lucha por el poder entre las dos facciones que aspiran a dominar el gobierno de Buenos Aires será ardua, despiadada, sin cuartel. En ella Encarnación Ezcurra tomará francamente el liderazgo. Ausente su esposo ella reunía las cualidades necesarias para las horas de riesgo, porque los federales "de categoría" o "de casaca" del círculo rosista —Anchorena, Guido, Arana, García de Zúñiga y hasta Prudencio Rosas y el general Mansilla— no tenían la simpatía de las masas que acaudillaban los comisarios de la ciudad y los jueces de paz de la campaña que sí estaban en excelentes términos con la mujer de Rosas.

La estrategia rosista había entendido bien que no podía reducirse al círculo o a la capilla, había que contar con apoyo popular y ésta era una premisa surgida después de la Revolución de Mayo. Los federales doctrinarios, opuestos al autoritarismo como sistema y más legalistas, no tenían una concepción tan sutil de la acción política. Planteada la cuestión en estos términos, una táctica hábil, liderada por mujeres de la clase pudiente, podía alcanzar resultados importantes.

Encarnación actuaría en las altas regiones de la política, explica Ramos Mejía, mientras María Josefa lo haría en los bajos fondos de las clases más humildes pero dóciles y por eso mismo sometidas al soborno generoso y a la amenaza. [37] En tiempos en que el Estado no cumplía un rol benefactor y en que la Iglesia, muy afectada por la Revolución de Mayo y la reforma rivadaviana, tampoco podía desempeñar su papel tradicional, sólo las grandes familias estaban en condiciones de ejercer el patronazgo de los pobres y naturalmente exigían como contrapartida de sus servicios el apoyo incondicional a su proyecto de poder.

La mujer de Rosas tenía 38 años de edad cuando tuvo la gran oportunidad de sobresalir en la lucha política. Su hermana Pepa, 48. Los hijos, como se ha visto, no le daban preocupaciones. Por otra parte, a ella no le interesaba la sociedad ociosa de que disfrutaban las mujeres de su clase ni las tertulias insípidas de que hablaron los viajeros; tampoco las manifestaciones de cultura, ni los libros de buenos autores europeos que deleitaban a las señoras románticas que se habían enrolado en el bando unitario. Prefería admitir en su círculo a los hombres de catadura dudosa, siempre que sirvieran a los intereses de Rosas. Su influencia se extendía a los pagos donde la pareja tenía sus estancias; tenía una relación estrecha con el juez de paz de San Miguel del Monte, Vicente González, figura clave en el control de la provincia para la causa apostólica y su acción abarcaba a los caudillos del interior como Quiroga, López y los Reynafé. Todos la conocían, la respetaban, la amaban o le temían.

"Los comisarios Chateyro, Parra, Cuitiño y Matías Robles constituían el grupo de tertulianos más asiduos, y los comandantes Martín Hidalgo, Benavente, Alarcón, Castillo y otros iban y venían con órdenes y consignas de todas partes. El general Pinedo, que era fiel ejecutor, veíase a diario con doña Encarnación, y al observarlo, hablando con ella, hubiérase dicho que escuchaba las órdenes del mismo Restaurador, a tal punto era marcial y respetuosa su apostura." [38]

Tomás de Iriarte, el militar que en sus *Memorias* ha dejado un cuadro irreverente de la sociedad de la época, y que integraba la facción de los cismáticos, dice de ella: "Mujer vulgar, sin educación ni costumbres, se puso en contacto con los hombres oscuros y degradados, con ofertas y promesas de grandes recompensas que les dispensaría Juan Manuel, reunió considerable número de prosélitos del más bajo jaez, pero de armas tomar: no desdeñó a los carniceros ni a los hombres más corrompidos e inmorales perseguidos por sus crímenes en épocas. (...) Tomando el nombre de Juan Manuel hizo varias adquisiciones de hombres con quienes contábamos y que las promesas de la mujer de Rosas decidieron a una infame defección".

Se trataba, pues, según confiesa entre líneas el mismo Iriarte, de una competencia por ganarse a los mismos hombres con procedimientos similares. En cuanto a la diferencia entre Encarnación y Trinidad Mantilla, la esposa de Balcarce, la destaca el mismo autor al narrar que en una oportunidad en que escuchaba las agresiones que soportaba el gobernador en su propio despacho recibió esta invitación de la esposa: "Balcarce está solo, esos hombres lo insultan, vayan ustedes a defender al gobernador, a su amigo". [39]

Encarnación no necesitaba proteger de ese modo a su marido. En cambio estaba en condiciones de dar aviso a

73

sus compadres preparándolos para los sucesos que se avecinaban: "La acción de una Logia encabezada por el ministro de guerra Enrique Martínez y el general Olazábal de acuerdo con el actual gobernador tratan de dar por tierra con el referido mi esposo (...) para cuyo efecto han tenido la perversidad de unirse a los unitarios más exaltados haciendo venir con el mismo objeto muchos de ellos de Montevideo. Espero que no se deje sorprender pues aquí estamos ya alerta para cualquier cosa y usted debe hacer lo mismo precaviéndose de las órdenes que pueda recibir de estos hombres mal agradecidos. Expresiones de toda la familia para la de usted, disponiendo del afecto de su servidora y muy amiga que espera le comunique la menor novedad que ocurra por ese punto". [40] Esta carta fue dirigida a González, el Carancho del Monte.

Encarnación tiene opinión formada acerca de por qué se perdieron las elecciones de abril: "Fueron ganadas por nuestros enemigos sin oposición, pues nada se trabajó para que no lo lograran. Esto los volvió altaneros y jactanciosos —le escribe a su marido a fines de junio— y públicamente hablaban de la caída de Rosas. Pero en los comicios últimos las cosas se revirtieron pues los paisanos empezaron a entender que era contra la federación y contra vos, se movieron y empezaron a trabajar, dándoles una lección práctica que ellos no se venden a los malvados".

Con prosa ágil, plagada de errores de ortografía, relata a continuación las alternativas de la jornada electoral del 16 de junio: como en la parroquia de la Merced decían los cismáticos que estaban ganando, "no te puedo ponderar el furor de los nuestros, todos se querían ir afuera a reunirse allí para imponerse, no hubo más agitación cuando se hicieron en tiempo de Lavalle", opina, refiriéndose a otras elecciones reñidas y sangrientas, las del año 1828, en que cada facción recurrió a los militares amigos para obtener el triunfo.

74

Continúa narrando que en esta oportunidad los federales netos estaban enardecidos y sólo se los contuvo diciéndoles que Rosas no aprobaría más violencia; pero hubo algún episodio de sangre: el sargento Bernardino Cabrera, estando en la parroquia de la "Conseción" (sic), vio que el oficial de justicia Fernández (cismático rabioso) daba una bofetada al comisario Parra (apostólico ferviente) y como represalia "sacó su espada y le hizo un arañito". [41]

La prensa liberal calificó el "arañito" de herida grave, compensó a Fernández con mil pesos y Cabrera fue a parar a un pontón con una barra de grillos. Todavía meses después se seguía informando sobre el estado de salud de Fernández. [42]

Encarnación incluía en esta carta expresiones muy sinceras, tal era su estilo, que hacen a la relación con el marido: "Todos me encargan te diga andes con precaución a este respecto. Esto se está poniendo malísimo, la debilidad de los nuestros y la osadía de los otros todo lo desquician. Dime algo, soy tu mejor amiga, los paisanos me quieren, tengo bastante resolución para ayudarte. Qué gloria sería para mí si algún día pudiera decir: más me sirvió mi mujer que mis amigos; yo no tengo miedo, creo que todas las cosas emanan de Dios y que estamos obligados, todas las clases, a trabajar por el bien general. En esta casa se agolpan los nuestros, yo no puedo menos que recibirlos, no teniendo ninguna instrucción tuya, por lo que ataca el *Iris* (periódico cismático) mi casa con palabras descomedidas".

Era sin duda la mejor amiga del Restaurador, pero éste mantenía su reserva y utilizaba con ella los mismos silencios con que manejaba a sus demás partidarios. Encarnación, con veinte años de casada, se empeña en mantener los espacios ganados en el favor de su esposo a fuerza de servicios inteligentes y de lealtad, pero más allá de estos coqueteos, como bien ha señalado Correa Luna al dar a conocer esta carta, "Hay algo innegable: este matrimonio

75

ejemplar pensaba con un solo cerebro, un cerebro político", y ésta era un arma formidable. [43]

En esta lucha los lomos negros pretendían mantener la ficción de que Juan Manuel era ajeno a lo que tramaban sus partidarios. [44] Pero buena parte de los ataques de la prensa cismática se dirigían a la familia de Rosas; acusaban a Juan Manuel de nepotismo porque durante su gobierno (1829/1832) había colocado a sus hermanos y a sus cuñados en cargos claves de la administración y denunciaban a la casa de los Ezcurra por su activismo federal neto: "Sabemos por conducto fidedigno, que de cierta *casa* de esta ciudad, que aún aspira a la dirección exclusiva de los negocios, se dirigen cartas a varios puntos de la campaña con el objeto de alarmar a algunos comandantes de milicias contra el gobierno legalmente constituido (...) Esta misma *casa* ha sido tachada en la guerra de la Independencia de *goda y antipatriota*, y en ella se protegía públicamente a los españoles despreciando a todos los patriotas, pero hoy, como por encanto, se ha vuelto a pretender ser la más liberal y afecta a los principios republicanos, aspirando a dar el tono a la política del país". [45]

Estaba vivo aún en Buenos Aires el recuerdo de la gran división ideológica que produjo la Revolución de Mayo. Pero *El Defensor de los Derechos del Pueblo*, que ha publicado esta denuncia, avanza más aún y a principios de agosto ataca ya directamente a la mujer de Rosas a la que tacha de "chupandina" (borracha) y denuncia que el coche de Encarnación ha atropellado a un desgraciado a la salida del teatro enviándolo al hospital y, lo que es más grave, "que una señora que pertenece a una casa que poco ha jugaba un gran rol en la política ha dicho que desde el señor gobernador hasta el último de los liberales están destinados a arrastrar una cadena de orden de los patronos de esa misma casa". En otras páginas se relatan todos los actos de ultraconservadurismo que marcaron a la primera administración de Rosas que van desde la autorización para vender esclavos recién traídos a la provincia, contrariando el espíritu de la legislación vigente, hasta el envío por la fuerza de mujeres comunes a la frontera con el pretexto de que son prostitutas. [46]

Encarnación, atenta a esta guerra de denuncias, ofrece 300 pesos por los originales de los comunicados con denuncias sobre el mal manejo de la tierra pública en tiempos de Rosas, contra Prudencio Rosas por el presunto robo de caballos en Córdoba "contra María Josefa, mi hermana, y otro contra esta casa que dice es la patrona de los godos". [47]

Pone al corriente a su marido de que se ha declarado una suerte de guerra entre las mujeres de los líderes políticos de la ciudad: "la mujer de Balcarce, el gobernador, anda de casa en casa hablando tempestades contra mí, lo mejor que dice es que he vivido en la disipación y los vicios, que vos me mirás con la mayor indiferencia, que por eso te he importado poco y nunca has tratado de contenerme; te elogia a vos, cuanto me degrada a mí, éste es el sistema porque a ellos les duele por sus intereses el perderte y porque nadie da la cara del modo que yo, pero nada se me da de sus maquinaciones, tengo bastante energía para contrarrestarlos, sólo me faltan tus órdenes en ciertas cosas, las que las suple mi razón y la opinión de tus amigos a quienes oigo y gradúo según lo que valen pues la mayoría de casaca tienen miedo y me hacen sólo el chúmbale". [48]

Encarnación revela aquí madurez para soportar los agravios y una comprensión impecable del carácter y de los riesgos de la lucha facciosa en la que es preciso saber dar y también recibir mandobles. Mientras su rival, la Mantilla, esposa de Balcarce, es la más fuerte dentro de la pareja, y hace variar las opiniones del marido según sus impulsos, la mujer de Rosas se revela tan fuerte como él, lo que no es poco, y en esta oportunidad es ella la más expuesta a los peligros. Teme, sí, por la vida de Juan Manuel, al cual le advierte en esos días la posibilidad de un atentado, a cargo de un mulato, muy unitario, que ha ido al ejército del sur, llevando de regalo un barril de aceitunas: "no las comas hasta que otro no las coma primero, no sea gancho". [49]

Hay otras mujeres destacadas en el grupo federal: además de Pepa Ezcurra, está la mujer de Garretón, "que vale un perú para trabajar contra los cismáticos", y la señora de Manuel Corvalán y toda su familia; Rosas, por su parte, elogia a la viuda del "benemérito paisano finado Martínez (...) Esa mujer ahí donde la ves, que parece no quiebra un plato, es una gaceta y muy buena picana para trabajar en la causa de los restauradores"; recomienda mucho también atraerse al clero.

Era preciso que estas señoras se empeñaran sin pausa para que los paisanos que acudían a ellas, en busca de protección y ayuda, no quedaran defraudados. Les hacían muchos favores y hasta atenciones de tipo personal. En lo de Ezcurra se protegía su salud, se les permitía jugar al billar y hasta se les prestaba el coche de la dueña de casa para que pasearan a sus comadres: de este modo los buenos federales participaban de las comodidades de la clase alta, inasequibles para los pobres.

Rosas alienta a su mujer en estos términos: "No repares en visitarlos, servirlos y gastar con ellos cuanto puedas. Lo mismo que con las pobres tías y pardas honradas, mujeres y madres de los que nos son y han sido fieles. No repares en visitarlas y llevarlas a tus paseos de campo aprovechando tu coche que para (eso) es y no para estarlo mirando". [50] Además de estas tareas, Encarnación tenía otras menos amables: hacer fijar pasquines injuriosos contra los enemigos, contratar a quien les diera una buena paliza, preparar atentados contra las viviendas de los opositores, enviar listas de los amigos y de los enemigos de la causa a todos los pueblos de la provincia. En esto tampoco trepidaba como lo demuestra algún pasquín que se agrega a las cartas que intercambian los Rosas. Está dirigido contra Gregorio Tagle que en agosto había asumido como ministro de gobierno y se había empeñado en intentar una conciliación. Dentro del bando apostólico, Guido, Mansilla, Tomás Anchorena y García de Zúñiga parecían dispuestos a aceptar ese giro, pero Encarnación se oponía a toda transacción y ante la propuesta de Tagle de tener una conferencia con ella expresó: "Más la deseo yo para calentarle las orejas porque ya es tiempo de dejarnos de pasteles". En cuanto al pasquín, decía así:

Señor don Gregorio Tagle
El tiempo se acerca ya
en que todos sus delitos
con su sangre va a pagar.
Prepárese, pues, con tiempo,
ya se puede confesar
mire que dentro de poco
el violón le van a tocar.
La noche que lo agarremos
Saliendo de "visitar"
la rubiecita su amiga;
fijo lo hemos de matar.
Alerta, señor ministro,
que nada le valdrá,
Su astucia ni sus intrigas
Es malvado y morirá. [51]

El terrorismo estaba pues a la orden del día. También la propaganda mediante impresos y retratos, que era muy bien utilizada por la facción federal neta: "Encarnación y María Josefa deben hacer que las madres de los libertos les escriban del mismo modo y que les manden impresos. A esta clase de gente les gustan los versos, y también les ha de agradar el Restaurador con el retrato. Sería muy conveniente que se hiciese muy parecido sin pararse en el costo", escribe Rosas a Felipe Arana desde su campamento en el Río Colorado el 28 de agosto y agrega "debe decírseles a las dichas madres que al regreso de la campaña les voy a dar de baja a todos ellos, para que vayan a atenderlas en su trabajo, bajo la seguridad que esto así lo he de hacer cuando se los quite el gobierno, pues que cuando él quiera oponerse ya ha de estar hecho".

Tales promesas se compaginaban mal con la idea de guardián del orden que Rosas procuraba dar a su imagen pública; pero en esos momentos estaba más empeñado en socavar al gobierno y utilizaba en su afán su conocimiento de las preocupaciones básicas y de los anhelos profundos de las mujeres de condición humilde. Percibía la importancia de su rol en la economía familiar y su interés por conseguir protección y trabajo. Tampoco escapaba a su percepción la presencia en Buenos Aires de un nuevo actor social, el liberto, que gracias a los decretos de la Asamblea del año XIII debía ser emancipado al alcanzar la mayoría de edad convirtiéndose así en un posible factor más del triunfo de los rosistas si se sabía atender a sus intereses.

Pero el Restaurador se mostraba asimismo atento a las opiniones de las mujeres de estratos sociales más elevados y recomendaba a Arana hacer observar a la señora del coronel Rodríguez, que estaba junto a él en el Colorado, lo mismo que a las de los demás jefes "pues ya se sabe que las opiniones de las mujeres son generalmente las de los maridos". [52]

Entretanto Encarnación prosigue infatigable su tarea de acción política. Escribe a todos; ningún posible amigo escapa a su solicitud, a su cortesía sencillista, tolerante, que conoce el arte sutil de poner la distancia necesaria sin que se advierta. Tiene motivos de satisfacción, pues su marido ha llevado a buen término su expedición al desierto, mientras se ha fortalecido en la provincia la causa de los apostólicos: "Las masas están cada día más bien dispuestas —le escribe— y lo estarían mejor si tu círculo no fuera tan cagado, pues hay quien tiene más miedo que vergüenza, pero yo les hago frente a todos y lo mismo peleo con los cismáticos que con los apostólicos débiles, pues los que me gustan son de hacha y tiza". [53]

Mientras cunde la apatía general, sólo ella ha conservado "el calor necesario entre las masas", reconoce Prudencio Rosas, su cuñado. Y otro federal neto, el diputado Mariano Lozano, corresponsal de Juan Manuel, le dice que Encarnación, "vale por mil mujeres" y que por su resolución y tesón hará el trabajo más grande para las próximas elecciones. [54]

La mujer de Rosas le escribe en esos días a Facundo Quiroga, que la ha designado su apoderada en Buenos Aires: "Nada molesto es para mí ocuparme de lo que usted considerase útil. Yo soy la favorecida en merecer la confianza con que usted ha distinguido a la esposa de su mejor amigo". Ella se encargará de cobrarle las dos letras por varios miles de pesos en onzas de oro, pero al mismo tiempo, manda copia de cada carta que le envía a Quiroga a su marido. También se dirige a Francisco Reynafé, hermano del gobernador de Córdoba, preparándolo, lo mismo que a Quiroga, para los acontecimientos que se aproximan: "Soy la esposa del general Rosas y nada más me cabe agregar sino el voto de gratitud que me obliga a tributar a usted el reconocimiento debido". [55]

Los acontecimientos se precipitan involucrando cada vez más a las grandes familias políticas de la ciudad. El 2 de octubre la prensa cismática publica un aviso en el que se solicitan materiales sobre la vida privada de los Anchorena, Zúñiga, Maza, Guido, Mansilla, Arana, doña Encarnación Ezcurra, doña Pilar Spano (de Guido), doña Agustina Rosas, doña Mercedes (Puelma) de Maza y de cualquier otra persona del "círculo indecente de los apostólicos". [56] Dichos materiales son para *Los cueritos al sol*, publicación de nombre pintoresco que próximamente saldrá a luz.

Encarnación escribe ese mismo día a su esposo: "Esta pobre ciudad no es ya sino un laberinto, todas las reputaciones son el juguete de estos facinerosos, por los adjuntos papeles verás cómo anda la reputación de tu mujer y mejores amigos; mas a mí nada me intimida, yo me sabré hacer superior a la perfidia de estos malvados y ellos pagarán bien caro sus crímenes (...) Todo, todo se lo lleva el diablo, ya no hay paciencia para sufrir a estos malvados, y estamos esperando cuando se maten a puñaladas los hombres por las calles (...) Dios nos dé paz y tranquilidad", concluye imprevistamente la aguerrida señora. [57]

En esas vísperas revolucionarias, no todas las mujeres admitían riesgo para su reputación con ánimo comparable al de doña Encarnación. Ante la amenazante publicación de *Los cueritos,* Andrea Rosas de Saguí, la hermana de Juan Manuel que tenía mejor relación con los liberales, acudió a casa de don Tomás de Iriarte acompañada por una tía del general, que era persona de su amistad. Venía a pedirle que usara toda su influencia entre los cismáticos para evitar un grave mal que tenía consternada a toda su familia: el temor de que al día siguiente se publicara una nota sobre la vida de Mercedes Rosas, una de las hermanas menores del Restaurador que aún permanecía soltera. "Esta señorita —afirma Iriarte— no tenía en efecto la mejor reputación en cuanto a castidad, hechos muy públicos y escandalosos la habían del todo desacreditado". Pero conmovido por el pedido de doña Andrea, Iriarte le aseguró que intercedería ante el general Olazábal, que manejaba los ataques de la prensa, para detener tan lamentable publicación. La señora de Saguí, por su parte, se comprometía a realizar una gestión similar ante su cuñado, el general Mansilla, que cumplía las mismas funciones que Olazábal dentro del bando apostólico. Y de este modo cesaron por algún tiempo los excesos de la prensa porteña para reiniciarse poco más tarde. [58]

Por fin se llega al 11 de octubre en que un pretexto, el juicio de prensa contra el periódico *El Restaurador de las Leyes,* sirve para movilizar a las masas federales de los suburbios hacia el centro de la ciudad. La plebe reunida frente a la casa de justicia pretende ejercer el derecho de peticionar a las autoridades para defender a Rosas. Luego, mientras el gobierno de Balcarce, desconcertado, no sabe qué actitud seguir, grupos armados de federales apostólicos se hacen fuertes en Barracas, al sur de la capital, a la espera de adhesiones. Las tropas del ejército provincial se van desgranando en favor de los rebeldes. [59]

Rosas, a la distancia, procuraba no mezclarse en estos sucesos mientras fuera posible a fin de mantener su imagen de hombre de orden respetuoso del gobierno. Correspondía entonces a Encarnación reemplazarlo en el sitio de peligro y ella, gozosamente, llevaría el peso de la conducción política en medio de la crisis.

Su casa era el verdadero cuartel general de los revolucionarios, mejor dicho, su centro de informaciones, porque los Colorados rebeldes continuaban en los suburbios, sitiando a la capital y obstaculizando el abasto (procedimiento ya utilizado en el curso de 1828 para demostrar el poder de la campaña sobre la ciudad). Según lo había previsto Encarnación, los federales "de casaca", temerosos, buscaron refugio en lo de diplomáticos amigos. Así lo hicieron Anchorena, Arana y Guido; Juan Nepomuceno Terrero, en cambio, prefirió mantenerse en su casa. En cuanto a Encarnación, gestionó ante Washington de Mendeville, el cónsul de Francia que estaba casado con Mariquita Sánchez, amiga de la familia pero opositora política, algún tipo de protección: "cuando el clima se agravó —explicó el cónsul al ministro de relaciones exteriores de Francia— muchas personas, entre ellas Madame Rosas, me hicieron solicitar si podían, en caso de acontecimiento, hacer depositar en mi casa lo que tenían de más precioso y venir a buscar asilo". [60]

Sin duda el gobernador Balcarce no podía disimular su indignación contra la mujer de Rosas y le hizo decir que sólo por respeto a Juan Manuel no tomaba medidas contra ella. La respuesta jactanciosa de Encarnación fue que de miedo "lo iba a hacer compadre" y siguió impertérrita su labor, el dictado incesante de cartas reservadas y reservadísimas, que enviaba con el auxilio de dos secretarios de confianza, y en las que daba y requería información además de insuflar ánimo a sus colaboradores: "Cuidado, no tenga que enojarme porque usted flaquee, ya he echado para afuera muchos gordos, pero los maceta no hay quien los mueva". Sus cartas concluían con vivas a la patria, a la federación y a sus valientes defensores, los montaraces. La ortografía, defectuosa como siempre, mantiene el estilo coloquial, chispeante, adaptado perfectamente a la necesidad de entenderse con hombres rústicos. [61]

Aquellos fieles amigos de doña Encarnación merecerían del científico Charles Darwin, que en los días del sitio anduvo por los alrededores de Buenos Aires, el calificativo de "despreciables granujas"; pero a ella, miembro destacado de la alta clase porteña, no le desagradaba ninguno de los defensores de los derechos "sagrados" de la causa federal.

En el curso de estas semanas de tanto riesgo, sin comunicación con su marido, pero segura del camino que debía seguir, creció la autoestima de la mujer de Rosas: "Sin embargo de ser de distinta letra las contestaciones a sus apreciables cartas de 19 y 22 del corriente —le dice a González— no le extrañe, pues en medio de mis preocupaciones me he valido de dos amigos que me han brindado sus plumas para servirme de secretarios. De suerte que estoy tan familiarizada ya con esta clase de ocupación y correspondencia, que me hallo capaz de dirigir todas las oficinas del fuerte. Ya le he escrito a Juan Manuel que si se descuida conmigo, a él mismo le he de hacer una revolución, tales son los recursos y opinión que he merecido de mis amigos". [62]

Curioso párrafo éste en el que Encarnación revela el descubrimiento de su propia capacidad y también la fuerza interior que saca de dicho descubrimiento. Sabe manejarse con orden y, según su criterio, tiene amigos fieles que la siguen hasta la muerte y hasta se siente capaz de dirigir todas las oficinas del fuerte, en otras palabras de gobernar a la provincia. Ya no le teme al descuido o al desamor de Juan Manuel. Pero, ¿no ha ido demasiado lejos? Sin duda ha desestimado los límites que la sociedad impone a la acción política de las mujeres de su clase y paulatinamente la dama que ha escrito ese orgulloso párrafo encontrará que no puede avanzar más. Que ese desprecio sincero por los poderosos consejeros de su marido, y que tanta predilección por los pobres de la plebe adicta, no son del agrado de los federales "de categoría" y que a partir de los gloriosos días de octubre en que mereció ser apodada "la Heroína de la Federación", sus posibilidades de acción serán rigurosamente limitadas.

"Tu esposa es la Heroína del Siglo: disposición, valor, tesón y energía desplegada en todos los casos y en todas ocasiones: su ejemplo era bastante para electrizar y decidirse, mas si entonces tuvo una marcha expuesta, de hoy en adelante debe ser más circunspecta, esto es, menos franca y familiar. A mi ver sería conveniente que saliera de la ciudad por algún tiempo. Esto le traería los bienes de evadir compromisos y de hacer paréntesis a las relaciones que si en unas circunstancias convenía cultivar, variadas éstas es preciso no perderlas pero sí alejarlas."[63]

Estos consejos prudentes de Manuel V. Maza, uno de los que se había escondido en la hora de peligro, fueron dados a Rosas el 11 de noviembre; el día 3 la Sala de Representantes había exonerado a Balcarce y elegido gobernador al general Juan José Viamonte, un moderado, designado, según una versión, por influencia de Guido y que, para Encarnación, "no es nuestro amigo, ni jamás podrá serlo; así es que a mi ver sólo hemos ganado en quitar una porción de malvados para poner otros menos malos".[64]

Pero de todos modos las señoras de la facción apostólica continuaban con su actividad política: Encarnación, acompañada por Pascuala Beláustegui de Arana y otras damas conspicuas, fue al campamento de la Convalecencia, donde pernoctaba el ejército restaurador, y distribuyó proclamas entre los soldados. Eran días de júbilo para los Colorados, de festejos populares, bailes y borracheras. Mientras, los jefes de los liberales partían silenciosamente al exilio en previsión de las represalias que tomarían los vencedores.

La mujer de Rosas había forzado la emigración de los cismáticos. Gente de su confianza había baleado las ventanas de los Olazábal y un atentado similar se produjo contra lo de Iriarte. El propio gobernador Viamonte tuvo que decirle al general Martínez que no respondía de su vida si se obstinaba en no salir del país. Pero en esa oportunidad Iriarte fue recompensado por los servicios prestados al honor de los Rosas: doña Andrea avisó del ataque a lo de Iriarte a su hermano Gervasio y éste se ofreció a colocar guardias en la vivienda del general para que no corriera peligro. [65]

Atareada con tantos festejos y tantas represalias, doña Encarnación había dejado de escribir a su cónyuge. Por intermedio de Arana le enviaba recados diciendo que en toda la familia no había novedad, pero de hecho se hallaba dolorida por el silencio prolongado de Juan Manuel. El Carancho González lo puso al tanto de ese disgusto: "Doña Encarnación está muy enojada con usted porque hace tiempo no le escribe usted —le dice en carta del 23 de noviembre— y yo temo que se enoje también conmigo; es preciso que usted le escriba porque usted está a salvo, está lejos y tiene fuerza reunida". De algún modo, el fiel Carancho advertía que quien corría el riesgo era la esposa de Rosas mientras éste se mantenía a buen resguardo en el sur. [66]

Por fin a fines de noviembre Juan Manuel rompe su silencio con una larga y noticiosa carta, pródiga en indicaciones muy precisas sobre la forma de mantener y acrecentar el capital político logrado en las jornadas de octubre. Está satisfecho con la confianza que ha depositado en ella Quiroga, y con el hermoso caballo que le ha enviado, el mejor presente que podía hacérsele a Rosas. Envía recados, comenta otras noticias y le explica: "Tú sabes las cosas mías, que a veces estoy preguntando qué quiere decir esto o lo otro, no porque lo ignore, sino por diferentes razones que me ocurren y dichas por broma". La aprueba incluso en sus acciones más violentas, y la estimula: "Hubieras hecho muy bien haberle hecho arrimar a Luna una buena paliza cuando andaba como un descomulgado y mis amigos lo toleraban ¡Cómo ha de ser!", exclama. [67]

Encarnación acusa recibo de esta carta quejándose del prolongado silencio de su marido, pero aceptando al mismo tiempo las duras reglas que éste le impone: "Sin duda me ha sido fuerte no tener carta tuya desde fecha 30 y 9 de octubre hasta la del 26 de noviembre, y aunque tenía en mi alma un disgusto insufrible, te aseguro que me ha complacido en parte para que conozcan muchos zonzos políticos lo que vales y la nada que son ellos; ya que estás escaso de noticias te hablaré algo, y no sería extraño que con preferencia a todos te hable con exactitud", le dice.

"Juan Manuel —le aconseja, posesiva— a mi ver nunca mejor que ahora te debes retraer cuanto sea posible de los magnates que no hacen otra cosa que explotarte para vivir ellos con más comodidad, y sólo te muestran amistad porque te creen como en realidad eres un don precioso. Déjalos que marchen solos hasta que palpen su nulidad que no tardará muchos días." Ella se ha distanciado ya de ese reducido círculo: "Todos los de categoría no tenían más paño de lágrimas que yo, y todo el día me molían; por aquí ya no aportan después del triunfo, no me importa nada, yo para nada, nada los necesito; y por sistema no me he querido valer de ellos para nada, sin dejar por eso de servir en cuanto puedo a los pobres".

"El pueblo está tranquilo como que todo lo han hecho los pobres, que no tienen aspiraciones; el gobernador me ha visitado dos veces, no se lo agradezco, pues como mi nombre ha sonado por decidida contra los furiosos, me tiene miedo, y porque debe estar seguro no me he de callar cuando no se porte bien, es decir cuando haga la desgracia de mi patria y de los hombres de bien."

Encarnación se siente defensora de una causa sagrada que le exige llegar hasta el fin sin claudicaciones. El objetivo es claro: recuperar todo el poder para Rosas. Lo demás es secundario. En ese empeño, se vanagloria de haber forzado la emigración de los jefes liberales y pasa revista uno por uno a los personajes del mundillo político de Buenos Aires: discrepa con Prudencio Rosas, porque apoya a Viamonte; Braulio Costa, el comerciante y político de larga actuación pública, es "un bribón"; Luis Dorrego y su familia, antaño socios y amigos de los Rosas, "son cismáticos perros, pero me ha oído este ingrato, y si alguna vez recuerda mis expresiones, estoy segura tendrá un mal rato"; la viuda de Manuel Dorrego, que había obsequiado a Rosas el sable de su esposo, el gobernador fusilado por los unitarios, es ahora otra cismática "aunque en esta prostituida no me extraña". [68]

Al agravarse la lucha facciosa en la capital, se producían nuevas rupturas entre familias que habían cultivado una amistad estrecha, como los Dorrego y los Rosas. Por otra parte, algunas mujeres del círculo rosista acusaban en su salud física y mental las secuelas del enfrentamiento: "A Mercedes la he tenido muy en peligro —le escribe Maza a Juan Manuel—; en los ratos en que rompía en fuertes delirios, todo era reducido a las heridas que ella y yo y todos nosotros hemos recibido de las prensas sostenidas por los que descendieron. Está fuera de peligro aunque no muy buena". [69]

Tal vez Mercedes intuía en sus delirios la tragedia que le esperaba seis años más tarde y que le costaría la vida de su hijo Ramón y de su marido. En cuanto a Encarnación, ni la politización, ni el riesgo de la acción que había comandado parecían afectarla: "te aseguro que aunque estoy flaca nunca he estado más sana", le dice a Rosas. Piensa irse a la estancia San Martín a descansar unos días de las inquietudes sufridas. Aprovecha los primeros días del verano para recobrar fuerzas y en enero, cuando la causa federal cobra una nueva victoria con la legalización hecha por la Sala del alzamiento popular del 11 de octubre, ya está de regreso en Buenos Aires, activa e intrigante como siempre. Aspira a profundizar su amistad con Quiroga que ha fijado su residencia en la ciudad en diciembre del 33 y es requerido por los dos bandos en que se divide la política y mimado por los hombres de negocios que lo saben dueño de una fortuna considerable.

Quiroga visita la casa de los Ezcurra, pero se niega cortésmente a permanecer como huésped. Encarnación informa a su marido: "Le hice presente tus deseos y los míos porque viviera en casa, que ésta era cómoda, que vos antes de irte se la habías acomodado con esa intención, y sólo contestó dándome las gracias. Viendo que por aquí no sacaría partido, le dije que siquiera la ropa de él y sus niños me la mandara para cuidársela, y me dijo que no era preciso, porque una criada antigua estaba encargada de eso desde el otro viaje; en fin, le dije que mi coche era cómodo, que lo tenía como suyo, tal vez que le aprovecharía este ejercicio; a todo da las gracias, y lo único que me ha dicho, es que sabe que somos sus amigos y que será a nosotros a quienes ocupará cuando necesite algo".

En realidad era el acaudalado Braulio Costa quien le había tomado la delantera a las Ezcurra en materia de hospitalidad: "con grosería se lo sacó de casa cuando llegó, cuando María Josefa ya le había mostrado toda la casa y le había dicho que podía venir con todos sus ordenanzas". En lo de Costa se jugaba fuerte todas las noches; un pequeño círculo de personajes de la alta clase urbana, entre los que figuraba Prudencio Rosas, participaba de estas veladas: "Ha llegado a tanto la perversidad de estos hombres, que le han estado jugando con unos dados falsos hasta que Quiroga los pilló y han tenido una historia terrible", decía Encarnación.

Su carta a Rosas concluía con una detallada información acerca de los caballos de tiro del carruaje que habían salido mal enseñados y por lo tanto fueron enviados a la estancia San Martín. La cuestión se solucionó alquilando otros, de lo más hermoso que había en Buenos Aires. Incluía también unos encargos domésticos relativos a la provisión de sirvientas para sus hermanas y cuñadas: "Muchos empeños tengo por chinitas de las cantinas, entre ellas Manuela Rosas, Petrona y Marica de Ezcurra, aquí hay algunas, Ramírez le ha mandado una a su mujer muy buena y bonita".[70]

Si en enero (1834) los ánimos estaban apaciguados, en mayo la lucha facciosa había retomado todo su vigor. La mujer de Rosas confiesa sin remordimiento alguno haber sido la instigadora del atentado en casa del canónigo Vidal, de tendencia cismática, que costó la vida a un inocente: "Tuvieron muy buen efecto los balazos y alboroto que hice hacer el 29 del pasado (abril) como te dije en la mía del 28, pues a eso se ha debido que se vaya a su tierra el facineroso canónigo Vidal".

El problema principal que la preocupa ahora, lo mismo que al círculo íntimo del Restaurador, es la posición oficial que éste debe asumir: en efecto, lo que hoy llamaríamos un doble mensaje, no puede sostenerse más: Rosas pretendía mantenerse aún lejos del centro de los sucesos y a distancia del gobernador Viamonte, al que ostensiblemente había quitado apoyo, pero al mismo tiempo corría peligro su imagen de guardián del orden, ya afectada por haber dado público respaldo a los revolucionarios de octubre. El general Guido le había advertido de esta contradicción que era preferible salvar apoyando a Viamonte, o reconociendo su voluntad de volver al poder. Es ahora Encarnación la que abandona su estilo chabacano y pintoresco para decirle estas palabras solemnes:

"Tu posición hoy es terrible; si tomas injerencia en la política es malo, si no sucumbe el país por las infinitas aspiraciones que hay y los poquísimos capaces de dar dirección a la nave del gobierno. Por ahora nada más te digo, sino que mires lo que haces". [71]

Mientras el consejo de Guido tiende a la conciliación, el de la mujer de Rosas apunta a colocar a su esposo en la postura de salvador del país. Respalda así el íntimo deseo de Rosas de volver a gobernar con plenos poderes. Y esto es precisamente lo que ocurre. A partir de junio del 34 se produce la renuncia de Viamonte y su reemplazo por Maza. Rosas, que ha vuelto del desierto para ser colmado de honores oficiales —y premiado con la donación de la isla de Choele-Choel—, debe aguardar unos meses más: en febrero el asesinato del general Quiroga prepara el clima necesario para que la Legislatura lo elija gobernador con plenas facultades. Un plebiscito ratificará su liderazgo y, desde marzo de 1835 hasta febrero de 1852, Rosas será el dueño incuestionado del poder en la provincia y la figura hegemónica dentro de la Confederación Argentina.

Los Rosas habían visto así colmadas sus aspiraciones públicas, que eran también el proyecto de vida de esta pareja singular. Sin embargo, a partir de esta segunda llegada al poder de Juan Manuel, su mujer queda nuevamente en la oscuridad relativa de los documentos. Conviene pues echar una mirada sobre su vida privada.

El 9 de mayo de 1834 había escrito Encarnación que deseaba saber si su Juan Manuel quería que le hiciera una visita en el Azul, o donde quisiera, "pues si no me he puesto en viaje ha sido por no saber si sería de tu aprobación, pues para ello no tengo obstáculo y lo deseo mucho". "Si me concedes vaya —agrega en la posdata—, da orden a don Vicente para que me mande la galera que dejó Pedro en Monte." [72]

Doña Encarnación se siente segura de su amor y de su deseo de estar junto al marido, pero no parece tener la misma certeza sobre los sentimientos de él. ¿Teme disgustar con su presencia a su bello, autoritario y displicente esposo? Parece probable que en la pareja fuera ella la que más quería, la que más extrañaba; no se sentía dueña del afecto de Juan Manuel y, en ese sentido, se diferenciaba de su suegra, misia Agustina, que reinaba sin rivales en el ánimo de don León. Si bien no hay rastros de celos en la correspondencia del matrimonio, en la que priman los asuntos políticos, debe tenerse en cuenta que ésta es sólo una pequeña parte del total de cartas intercambiadas en 25 años de casados en los que sus ocupaciones mantenían a Rosas alejado de su hogar por períodos prolongados. Es difícil imaginar que Rosas no tuviera alguna mujer cerca en sus campamentos o en sus estancias al discreto estilo que adoptó en su viudez. Por otra parte, él tuvo buen cuidado de quemar parcialmente su documentación cuando se hallaba en Inglaterra; [73] por eso la historiografía queda siempre a la espera de nuevas pruebas sobre la relación de esta pareja.

Los contemporáneos también se interesaron por tales asuntos: supone Iriarte que fue a través de la acción política cómo Encarnación quiso ganar espacio afectivo, pero que la Heroína "nada adelantó en el corazón de su esposo, que la miró siempre, y la trató también, como a cosa de poco valor, y de la que no hacía ningún aprecio. Hasta se asegura que le puso después muchas veces las manos: la aborrecía y miraba con hastío", agrega, rencoroso, al referirse a la mujer que había sido alma y directriz de los sublevados de octubre.

¿Son estas suposiciones el mero producto de la maledicencia de la aldea porteña, o contienen elementos de verdad? Pegar a la esposa como ejercicio de la autoridad doméstica no era algo mal visto en la familia Rosas; don León ejerció ese derecho simbólicamente con doña Agustina, y se lo recomendó a su yerno, el general Mansilla, por si "Agustinita necesitaba". [74]

Sobre la cuestión del sometimiento de Encarnación a

su cónyuge, opina una amiga de la familia, Mariquita Sánchez de Mendeville. La esposa del cónsul general de Francia en la Confederación, se cartea con Rosas a propósito de un incidente en la acreditación del nuevo cónsul que debía reemplazar a Mendeville en 1835. Juan Manuel plantea la duda de si le ha escrito una americana o una francesa y ella responde muy suelta:

"No quiero dejarte la duda de si te ha escrito una francesa o una americana. Te diré que desde que estoy unida a un francés, he servido a mi país con más celo y entusiasmo y lo haré siempre del mismo modo a no ser que se ponga en oposición de la Francia, pues en tal caso seré francesa, porque mi marido es francés y está al servicio de esa nación. Tú que pones en el *cepo* a Encarnación, debes aprobarme, tanto más cuanto no sólo sigo tu doctrina, sino las reglas del honor y del deber. ¿Qué harías si Encarnación se te hiciera unitaria? Yo sé lo que harías". [75]

¿Aludía Mariquita a un hecho concreto y reciente en el que por una diferencia de criterios la mujer de Rosas hubiera sido castigada por su marido? ¿Hubo quizás alguna clase de fractura ideológica en la pareja una vez obtenida la plenitud del poder? Lucio V. Mansilla, tan locuaz en lo que hace a la historia de sus abuelos maternos, se muestra parco al hablar de sus célebres tíos. Lo resuelve en pocas palabras diciendo que "a nadie quizás amó tanto Rosas como a su mujer, ni nadie creyó tanto en él como ella", y advierte que no debe maravillar que haya sido calumniada, pues era la mujer de Rosas y eso bastaba. [76]

Lo cierto es que a partir de 1835 resulta difícil encontrar rastros de la vida pública de Encarnación, tal vez por razones políticas o más probablemente porque su salud empezaba a flaquear. Pero antes de que la enfermedad haga desaparecer definitivamente a la esposa del gobernador de la escena pública, debemos al encargado de Negocios de Francia, el marqués Vins de Peysac, un retrato moral y físico del personaje. El documento, una carta de Vins al ministro de Relaciones Exteriores de su país trasunta la simpatía que el diplomático siente por Rosas, y su rivalidad con los Mendeville. Dice así:

"Madame Rosas es una mujer de cerca de 40 años, más pequeña que grande, y no parece de una salud robusta, pero ella se anima al hablar, y es fácil ver que tiene alma y energía cuando las circunstancias lo exigen. Yo no diré como un ministro del Rey que ha visitado Buenos Aires y ha escrito la historia bajo el dictado de Madame Mendeville, mujer de un espíritu superior en verdad, pero que embellece muy fácilmente todo lo que dice para entretener a los que la escuchan, yo no diré que Madame Rosas lleva un par de pistolas a la cintura junto con un puñal, pero diré que si su marido y su patria estuvieran en peligro, esta mujer sería capaz del mayor arrojo y de los mayores esfuerzos que sólo el coraje sabe inspirar. He aquí lo que pude percibir de su carácter en los pocos instantes en que tuve el honor de verla: me pareció, por otra parte, que ella tiene mucho espíritu natural y las maneras de la buena sociedad, de la que su casa era otrora el centro". [77]

La carta concluye con algunas consideraciones sobre la familia Arguibel, cuyo origen francés destaca; explica, además, que los asuntos políticos del gobierno de Buenos Aires, para ser bien analizados, precisan de estos datos acerca de los linajes y los grandes clanes sociales.

Los informes diplomáticos, dentro de los cuales se incluye este documento, describen el clima de sometimiento al poder público que se instala en la ciudad. Cuando el cuerpo del ex gobernador Balcarce, fallecido en el exilio, es traído al cementerio de Buenos Aires, sólo unos pocos parientes y los cónsules francés y norteamericano acompañan el cortejo. La gente tiene miedo, aunque se trate de una de las primeras familias del país y de las que más han contribuido a la causa de la Emancipación. Cuando se fusiló a decenas de indígenas en el cuartel, en represalia por una sublevación de tribus hasta entonces amigas, la sangre corrió pero los periódicos nada dijeron.

Entre tanto se eclipsaba la mujer de Rosas. Tal vez consumida por su entrega apasionada al marido y a la lucha política, su salud había empeorado. Mantenía como siempre su clientela y sus recomendados. Pero era su hija, la simpática Manuela, la que figuraba en las crónicas mundanas, por ejemplo, en la fiesta que ofreció el encargado de Negocios de Francia en honor del rey Luis Felipe (1836), [77] o en el asado que organizó el coronel Martín Santa Coloma en su quinta suburbana en octubre de ese mismo año para conmemorar una fecha federal. La Niña acudía acompañada por sus tías, la inseparable María Josefa, y también Agustina, la hermosa señora de Mansilla. [78] Empezaba ya a prevalecer el círculo femenino de Palermo, más frívolo y fiestero, menos politizado y más dócil de lo que era Encarnación.

Una de las últimas menciones de la actividad pública de esta señora se encuentra en la *Historia de los gobernadores* de A. Zinny. Dice que en 1837 el general Juan Thomond O'Brien, irlandés de nacimiento que había peleado en la guerra de la Independencia y luego pasado al servicio del presidente de la Confederación Perú-Boliviana, general Santa Cruz, llegó a Buenos Aires con una misión diplomática que luego fracasó debido a que ya había estallado la guerra con la Confederación Argentina. Rosas lo puso preso por precaución y estaba dispuesto a fusilarlo. El doctor Maza, no pudiéndolo hacer desistir de este propósito, apeló a Encarnación, la cual fue a arrodillarse a los pies del gobernador intercediendo por el preso. A esto debió O'Brien la demora que sirvió para salvarlo. [79]

La escena resulta sugestiva: la imagen postrera de la mujer de Rosas pidiendo clemencia para un condenado a muerte se acerca más a la acción legendaria de Manuelita como intercesora de gracias que a la inteligente colaboradora de don Juan Manuel en la hora de mayor peligro. Tal vez ya no le cabía otro rol junto al muy poderoso gobernador que el de ángel de la caridad que tan bien cumpliría su hija.

A principios de 1838, mientras se construía la residencia de Palermo y se formaban jardines en esos terrenos anegadizos, Encarnación vio agravarse su estado de salud. "Dios se la llevó en octubre de 1838 de una enfermedad interna que padecía, a uno de cuyos ataques sucumbió de pronto, en medio de la consternación de su familia que no lo esperaba", escribe monseñor Ezcurra. [80]

Ramos Mejía dice acerca del grave mal que aquejó a la mujer de Rosas "que por la natural evolución de su enfermedad lentamente devastadora tenía deformaciones de energúmeno en su enjuta silueta. Atada a la parálisis por desnutrición, que la clavaba en la vieja poltrona en que en otro tiempo pontificaba, aquel Prometeo femenino había perdido ya el fuego que servía de alimento al ímpetu de las pasiones federales". [81]

En su larga y penosa enfermedad, Encarnación sería atendida por una huérfana, de nombre Eugenia Castro, que estaba bajo la tutela de su marido. Ella sería la eficaz enfermera de la señora que recibía también cuidados y asistencia de su numerosa familia. En la madrugada del 20 de octubre de 1838 fallecía la esposa del gobernador. Su estado se había agravado repentinamente y no hubo tiempo de llamar al confesor. Tenía 43 años y hacía 25 que se había casado con Juan Manuel de Rosas.

Los hombres públicos y las mujeres de gran figuración no tienen, es sabido, derecho a la vida privada. Sus acciones, incluida su muerte, son desmenuzadas por amigos y enemigos y utilizadas por unos y otros en su provecho. La muerte de Encarnación daría lugar a nuevas y encarnizadas polémicas.

"Mi querida Encarnación y tu amiga fina ya no existe —escribió el viudo al general Angel Pacheco—. Dios Nuestro Señor se ha dignado elevarla al eterno descanso (...) En mis brazos recibió su alma el Creador. Durante su cruel, penosa enfermedad y ni aun en sus últimos instantes no se lo oyó ni un solo ¡ay! ni quejarse de sus amargas dolencias. Su cadáver parecía santificado a los ojos de todos. Está ya rogando al Señor por ti, por todos nosotros, por sus compatriotas y por la felicidad de su patria." [82]

En estas y otras cartas Rosas dio pruebas de su dolor, pero los enemigos de su gobierno hicieron correr la voz de que él se había opuesto a que la moribunda recibiera los sacramentos por temor a que revelara alguno de sus crímenes ante los oídos del sacerdote. Es más, llegó a decirse que, para cumplir formalmente con el trámite, Rosas hizo llamar a un clérigo, se colocó detrás del cadáver y respondió a las oraciones simulando que aún estaba con vida. Rufino de Elizalde atribuyó a Pedro de Angelis haber contado esta historia de horror a unos amigos.

En 1886, cuando la mayoría de los protagonistas de estos hechos había muerto, Máximo Terrero y su esposa pidieron a Juanita de Ezcurra, hermana menor de Encarnación, un testimonio de lo sucedido. "Me aterra oír semejante impostura", hizo escribir Juanita que era entonces muy anciana. "Lo que en realidad pasaba lo vuelvo a decir. Encarnación sufría de un mal incurable, lo que ella como todos sus allegados conocíamos. Su alma fuerte y sus principios religiosos la hacían no descuidar los deberes que impone la Iglesia que practicaba de propia voluntad, así que nunca nos preocupó esta parte esencial de su enfermedad.

"La velábamos hacía semanas, yo de cabecera, y me acompañaba alguna amiga que, como el servicio, andaba siempre a la mano. La noche del fallecimiento era mi compañera Mariquita Sánchez. Pasada medianoche manifestó sufrimiento, y pidió una vasija por sentir náuseas, se la alcanzamos, hubo algún arrojo, se recostó pero nos alarmó su inmovilidad por lo que envié por Juan Manuel que trabajaba en su despacho. Llegó sin tardanzas seguido, al conocer la causa, de varios de los empleados allegados y entre ellos recuerdo especialmente a Antonino Reyes y Pedro Rodríguez, aún vivos, que lo probarán.

"¡Desgraciadamente venían tarde! Aquella alma virtuosa y justa había dejado el cuerpo. A la vez que se pidió a la Iglesia, inmediata al Colegio, auxilio, acudiendo los RRPP jesuitas Majesté, Verdugo y, no recuerdo algún otro más, pero sólo pudieron atestiguar la muerte. Afirmo pues que no existe tal simulacro de confesión como se pretende." [83]

El fallecimiento de la Heroína de la Federación dio pie a una verdadera apoteosis, un entierro nunca visto, ni siquiera en tiempos de los virreyes. Encarnación Ezcurra mereció los funerales más solemnes hechos a mujer alguna en su siglo.

"Fue una buena madre, fiel esposa, ardiente y federal patriota", decía la inscripción colocada sobre el catafalco, obra del arquitecto Senillosa, que se alzaba en el templo de San Francisco, la orden religiosa que la esposa del Restaurador había protegido siempre. En lo de Ezcurra, donde se veló el cadáver, las habitaciones estaban enlutadas y los patios cubiertos por toldos suntuosos con negros decorados. Los arreglos se debían en este caso al arquitecto Sartorio.

Rosas prefirió mantenerse al margen de las ceremonias fúnebres pues ya empezaba a gustar de poner distancia y misterio con la multitud; lo reemplazó el ministro Arana y acudieron los más altos funcionarios civiles y eclesiásticos, entre ellos el obispo Escalada, el presidente del Uruguay, Manuel Oribe, los encargados de negocios de Chile y Brasil, los comandantes de los buques norteamericanos anclados en la rada, el ex gobernador de Salta, Uriburu, los generales Guido, Pacheco y Soler, el almirante Brown, marinos ingleses y 4.000 soldados que rindieron honores al paso del cortejo que marchó de la casa mortuoria a la Iglesia de San Francisco. [84]

La muerte de la esposa del gobernador se convertía en

un pretexto ideal para forzar la uniformidad de las conciencias ya intentada en 1835 cuando se hizo obligatorio el uso de la divisa punzó y se persiguió a quienes tenían la osadía de no usarla. Ahora se exigiría el luto federal, consistente en un pañuelo o corbata negros, faja con moño negro en el brazo izquierdo y otra faja de dos dedos de ancho en el sombrero junto a la cinta colorada que era de rigor. Este era el luto especialísimo que inventaron los ciudadanos federales, amigos fervorosos de doña Encarnación, los que lloraron más sinceramente su desaparición, y los otros, los que siempre se acercan al calor oficial e impulsan las expresiones de obsecuencia hacia el régimen de turno.

Desde las páginas de *La Gaceta Mercantil*, Pedro de Angelis escribió el elogio de doña Encarnación, la señora ilustre "a quien colocó la Providencia en la condición de sexo delicado y le infundió virtud valerosa para elevarse a la altura del heroísmo e imprimir a su vida útil todo el entusiasmo del patriotismo y de la beneficencia; el elegido de su corazón —continuaba la nota— fue un joven en quien el talento, las virtudes y el patriotismo elevaban a la altura de la heroicidad y de un glorioso porvenir, el ilustre Americano, que hoy radiante de gloria inmortal y de virtudes eminentes preside los destinos de la Confederación Argentina", etcétera, etcétera. [85]

Los ritos fúnebres solemnes se repitieron al cumplirse un mes del fallecimiento de la señora con ceremonias en las parroquias de la ciudad y en los pueblos de la provincia. Los funcionarios que no podían asistir a estos homenajes debían excusarse y sus explicaciones eran publicadas por la prensa.

Rosas se dejaba ver poco en esos días de luto reciente. El diplomático inglés Henry de Mandeville, que se había hecho muy amigo de la familia, fue a visitarlo y se enteró de que "estaba en cama, no tanto debido a una enfermedad, como al gran dolor por la pérdida de su esposa". Pero los excesos del duelo oficial comenzaron a preocupar a los consejeros más allegados a Juan Manuel. En ese sentido, Tomás de Anchorena escribió a su primo el gobernador, inquieto por la posible influencia del Carancho González en el cariz que tomaban las honras fúnebres y temeroso también de que el pintoresco personaje se hubiera convertido en parte del círculo favorito del Restaurador.

Rosas tranquilizó a Anchorena respecto de la ninguna influencia de González en sus decisiones y de paso reveló sus sentimientos y su pesar de viudo: "Debía pensar en el luto que me correspondía en el sombrero. Pensé que no debía quitarme el cintillo federal que me había colocado de acuerdo con mi adorada Encarnación, al mismo tiempo que ella se ponía la divisa punzó al lado izquierdo de la cabeza (emblema político que se hizo obligatorio a todas las mujeres). Creí que si me la quitaba le haría un desaire y que no le habría de gustar. Creí que oía su voz que me decía basta con el luto dejando el cintillo abajo, y que tampoco le gustaría que me quitara el chaleco colorado. Dirás que estoy azonzado: así será, mas, como todos los hombres no hemos sido cortados por la misma tijera, yo me consuelo con mi desgracia eterna, con lo que otros aumentan sus penas y alejan de sí para confortar su espíritu. ¿Y qué quieren algunos hombres remediar a lo que Dios dispone?", se preguntaba el viudo cuya carta concluía con una afirmación de dolor: "Yo pienso de distinto modo respecto a fallecimiento. Quizá muera yo mismo de desesperado". [86]

Ramos Mejía sospechó de la sinceridad de tales expresiones. Dice que había mucho de comedia en este duelo y que allá, en lo recóndito de su alma, el gobernador experimentaría algún íntimo bienestar al sentirse libre de ella "por naturales acontecimientos y misteriosos designios del Todopoderoso. ¿Libre de aquel actuante e imperativo carácter que llegó algunas veces hasta a darle órdenes? La señora parecía demasiado metida para ser cómoda. (...) Aquel acceso de dolor exteriorizado en forma tan desmedida y rumbosa, llega a nosotros como el eco de un grito comprimido de libertad, que escapa involuntariamente haciendo sonar fúnebres cascabeles". [87]

Es posible que Rosas en la plenitud de su poder no necesitara de una consejera autoritaria, que lo conocía íntimamente en sus debilidades y carecía de pelos en la lengua para cantar verdades a menudo desagradables. ¿Pudo ella prevenir los trágicos sucesos que se avecinaban tales como el plan urdido por los unitarios de Montevideo para recuperar su hegemonía? Supone Marcos Ezcurra que sí: "Dícese que por su consejo evitáronse muchos males públicos, y que si hubiera vivido se habrían orillado mejor los sucesos de la Dictadura en 1839 y 1840. No sabemos si habría podido tanto (la política no depende de uno sino de muchos factores), pero sí creemos que su influencia habría pesado en el ánimo de su marido y aconsejándolo sabiamente, habría tal vez mitigado los rigores de aquel poder excesivo. Es que Rosas no admitió influencia de mujer alguna después de ella. Manuelita no fue nunca elemento de consejo, sino de ruego bondadoso y súplica y brillo en las fiestas". [88]

Junto con la vida de su hermana Encarnación, se fue eclipsando la influencia de María Josefa. Ella tomó en un principio la tarea de acompañar a su sobrina Manuelita, pero paulatinamente esa cercanía se atenuó. La señora de Ezcurra que había heredado una fortuna de su difunto marido, fallecido en Cádiz, invirtió el dinero en fincas urbanas y rurales. Vivía entonces en su casa de la calle Potosí, donde Mármol la describiría en la páginas de *Amalia*. Era siempre intermediaria de los intereses de gente modesta y encumbrada (en 1841, por ejemplo, es designada albacea de la ex convicta inglesa Clara Taylor, junto con el canónigo Felipe de Elortondo); enviaba esquelas a su "querida sobrinita" pidiéndole tal o cual gracia y en 1848, en ocasión del caso de Camila O'Gorman y el cura Gutiérrez, opinó con mucha prudencia

101

recomendando a su "querido hermano Juan Manuel" se recluyera a la prófuga en la Casa de Ejercicios y atribuyendo la responsabilidad de lo ocurrido a quien la había inducido por el mal camino y al gran descuido de su familia al permitirle esas relaciones. Sobre esta última etapa del vínculo con Rosas dice monseñor Ezcurra: "Nos consta que su cuñada, si bien era adicta a su política, se empeñó con él por personas que reclamaron su favor, pero con poco éxito, por lo cual solía decirle que ya no la atendía por haberse vuelto unitaria". [89]

Por supuesto Rosas, en la plenitud del poder, no soportaba la mínima muestra de desacuerdo con su política. Pero cuando estaba en el exilio, lamentaría con amargura que María Josefa, a la que tanto había ayudado cuando era pobre, según decía, no se hubiera acordado de él en su testamento y prefiriera dejar su fortuna a otras personas de su familia puesto que había muerto sin descendencia reconocida. [90]

Tampoco olvidaba el proscripto de Southampton a su esposa muerta tantos años atrás. Este recuerdo aparece con singular vigor en 1870, cuando Urquiza es asesinado en el Palacio San José, y Rosas le escribe a la viuda, Dolores Costa, para confortarla: "Cuando también he tenido la angustia fatal de perder a mi buena compañera Encarnación, conozco el largo tiempo que necesita usted para encontrar algún calmante a su amargura; tanto más cuanto ha pasado por el tormento cruel de presenciar el desgraciado fin del suyo, tan querido. El consuelo es el resultado del tiempo y de la concurrencia de la filosofía y de la religión por el trabajo y el llanto continuado concedido por Dios a las personas mayores". [91]

Eran frases simples, sinceras, distintas del tono teatral que Rosas adoptaba en los tiempos de su poderío. La derrota lo había humanizado y encontraba ahora el tono adecuado para recordar a esa compañera incomparable, tan diferente de la mayoría de sus congéneres de la alta clase porteña, la mujer que compartió la elevada idea que él tenía de sí mismo cuando salía recién de la adolescencia y estaba aún bajo el control de una madre dominante que quería para su hijo predilecto un destino a la antigua usanza colonial. Para Encarnación, esto no era suficiente: quería que su Juan Manuel fuera el más rico así como era el más bello, pero también el más honrado, el más temido y el más poderoso. Ella resultó un elemento clave en la lucha por el poder disputada entre las grandes familias rioplatenses luego de la Independencia. Murió cuando ese proyecto de todo el poder para Rosas se había plasmado en una dictadura a su medida y, según muchos, acorde con las necesidades de la Argentina de ese tiempo.

Esa Encarnación única e irrepetible tiene en su biografía un rasgo póstumo que sale asimismo de lo común: cuando 80 años después de su muerte, su cadáver fue trasladado a la bóveda familiar de los Ortiz de Rozas en el Cementerio de la Recoleta —donde en 1989 se le reunirían los restos de su esposo— el cuerpo apareció incorrupto, casi como el día en que lo enterraron, relata monseñor Ezcurra; el rostro podía retratarse con las facciones perfectas, blanco, con un blanco de cera amarillosa; los cabellos castaños brillantes cayendo en dos bandas onduladas desde la amplia y alta frente; los ojos cerrados pero con expresión de vivos; la boca entreabierta rezando una plegaria y los vestidos intactos, el hábito blanco de los Dominicos, al cuello el escapulario de la Hermandad de los Dolores, las medias de lana blanca y los zapatos negros flamantes. Completaban el extraño cuadro las flores que le habían puesto en su entierro; restos de rosas, jazmines del país y reseda que florecen en primavera en los jardines porteños. [92]

Este curioso hecho hace suponer a Ezcurra que se trataba de un designio divino. Era una singularidad más de la bravía esposa de Juan Manuel, exponente de la mujer política de la clase dirigente criolla de principios del siglo pasado; tenaz, implacable y segura de sí, salvo —y en esto demostraba su inteligencia— en cuanto a la seguridad del cariño de su idolatrado esposo, ese amor difícil que había elegido a los 17 años de edad y que la había conducido a un destino extraordinario.

NOTAS

[1] AGN Sala 7-22-1-10. Colección Celesia.

[2] Bilbao, *Historia de Rosas*, p. 117.

[3] *Cartas de Mariquita Sánchez*, Buenos Aires, Peuser,1952. Compilación, prólogo y notas de Clara Vilaseca, p. 8.

[4] Carlos M. Urien, *Soberana Asamblea General Constituyente de 1813*, Buenos Aires, Maucci, 1913, p. 140, cita las palabras del diputado por Corrientes, Carlos María de Alvear en respuesta al pedido del obispo de Salta de que se levantara su arresto.

[5] Gutiérrez, op. cit., p. 51.

[6] Véase la genealogía de los Ezcurra en Carlos Calvo, *Nobiliario del antiguo Virreinato del Río de la Plata*, Buenos Aires, La Facultad, 1938, tomo 3, pp. 261 y ss.; la propiedad de Arguibel sobre el terreno cercano al Fuerte, en A. Taullard, *Nuestro antiguo Buenos Aires*, Buenos Aires, Peuser, 1927, p. 156.

[7] Sobre el voto de Juan Ignacio de Ezcurra en el Cabildo Abierto del 22 de mayo de 1810, véase *Hombres de Mayo*, Revista del Instituto Argentino de Ciencias Genealógicas, Buenos Aires, 1961, pp. 151 y ss.; biografía firmada por A. Ezcurra Medrano.

[8] Marcos de Ezcurra, "Doña María Josefa de Ezcurra (biografía y fábula)". (En: *Revista de Derecho, Historia y Letras*, Buenos Aires, 1915, año XVII, tomo 51, p. 50.)

[9] Agradezco esta información sobre el origen de Pedro Rosas y Belgrano al profesor Enrique Mayochi; la biografía del coronel Rosas y Belgrano, donde se omite el nombre de la porteña de encumbrada estirpe que fue la madre del hijo del prócer, es de Rafael Darío Capdevila, *Pedro Rosas y Belgrano; el hijo del General*, Tapalqué, Ediciones Patria, 1972.

[10] El libro de Capdevila incluye cartas de Rosas y Belgrano a Manuelita y a Juan Rosas; en la correspondencia de María Josefa Ezcurra con Antonino Reyes del 12 de julio y del 24 de agosto de 1851, la señora menciona a su sobrino, Pedro Rosas y Belgrano que "le ha encargado un negocio para lo cual necesita doce mil pesos m/n y espera que Reyes se sirva remitírselos. La carta de María Josefa servirá de recibo". AGN Sala 7-3-3-12.

[11] Ezcurra, "Doña María Josefa de Ezcurra". Ella se enriqueció al heredar al marido residente en Cádiz.

[12] Carta de Manuel R. García a Adolfo Saldías del 15 de octubre de 1881 en la que rectifica la información sobre las sospechas que tuvo Agustina de la administración de su hijo. "Puedo asegurar a usted que

me constan estos hechos", dice. Prefacio del libro *Rozas y sus campañas*, de A. Saldías, op. cit., p. IX.

[13] Sobre los hijos de Juan Manuel y Encarnación, véase Carlos Ibarguren, *Manuelita Rosas*, p. 6; la afirmación de Rosas de que nada había llevado Encarnación al matrimonio, en Juan Manuel de Rosas, *Cartas del exilio*, p. 120.

[14] Gutiérrez, op. cit., p. 63.

[15] Archivo y Museo de Luján, copia del documento otorgado por Teodora de Arguibel de Ezcurra a Marcos Leonardo de Agrelo para insertar en el registro de su cargo como escritura pública el 24 de febrero de 1838; aclara que como dueña legítima de la casa puede por sí sola celebrar venta, pero prefiere hacerlo con el consentimiento de los hijos que firman: Felipe Ignacio, José María, María Josefa, Margarita Josefa; María Encarnación, Juana Paula, Petrona y María de la O.

[16] Archivo y Museo de Luján, carta de Petrona E. de Urquiola a Rosas, Culuculú, 3 de junio de 1867. Véase también la carta que le envió Rosas, en la que le pide tenga en cuenta "los servicios que hice a la familia cuando todos vivíamos juntos y después y que atento a estas consideraciones sería triste para usted y para mí no verlos figurando con algo en la relación de personas que me auxilian"; la contribución de Margarita y Juanita de Ezcurra es reconocida por Rosas en sus ya citadas *Cartas del exilio*, pp. 145, 153, 162 y 174.

[17] Marcos Ezcurra, Canónigo, "Encarnación Ezcurra de Rosas". (En: *Ensayos y Rumbos*. Revista de la Asociación Lacordaire, Buenos Aires, número 5, año XVII.) Agradezco al señor José María Massini Ezcurra el préstamo de un ejemplar de esta breve biografía.

[18] Ibarguren, *Manuelita Rosas*, p. 10.

[19] Mansilla, *Rozas*, p. 57.

[20] Citado por John Lynch, *Rosas*, Buenos Aires, Emecé, 1984, p. 109.

[21] AGN Sala 7-22-2-3. Colección Celesia. Correspondencia de Manuela Rosas a Josefa Gómez. 1852-1872. Copias dactilografiadas. Carta del 8 de abril de 1865.

[22] AGN Sala 7-3-3-1. Archivo Adolfo Saldías. Juan Farini, carta de Rosas a sus padres, desde el Campamento de Galíndez, del 22 de octubre de 1820. Parcialmente reproducida por Ibarguren en *Juan Manuel de Rosas*, p. 66.

[23] *La Gaceta Mercantil*, Buenos Aires, 22 de octubre de 1838.

[24] Fermín Chávez, *Iconografía de Rosas y de la Federación*, Buenos Aires, Oriente, 1970, p. 191.

[25] Carta de Manuela Rosas a Josefa Gómez del 8 de abril de 1865, AGN Sala 7-22-2-3.

[26] Mansilla, *Mis memorias*, p. 69.

[27] La polémica entre Ibarguren y Ezcurra, en el diario *La Razón*, Buenos Aires, el 9 de agosto de 1932, bajo el título: "Del tiempo pasado".

[28] Carlos Correa Luna (en el suplemento dominical del diario *La Prensa*, Buenos Aires, 7 de octubre de 1932), "Rosas, las facultades

extraordinarias y el peligro decembrista en 1831. Carta inédita de doña Encarnación Ezcurra del 11 de julio de 1831".

29 Rosas lo menciona en la carta que dirige a Juan José de Anchorena desde La Quinua, el 11 de octubre de 1828. AGN Sala 7-3-3-1.

30 Citada por E. F. Sánchez Zinny, *Manuelita de Rosas y Ezcurra*, Buenos Aires, 1942.

31 Tulio Halperin Donghi, *Revolución y guerra; formación de una élite dirigente en la Argentina criolla*, Buenos Aires, Siglo XXI, 1972, p. 411, consecuencias de la disolución del poder central en 1820; p. 368, la clientela personal de Gregorio Tagle.

32 Ramos Mejía, *Rosas y su tiempo*, tomo III, pp. 140 y ss.

33 José Mármol, *Amalia*, cap. XI: "El ángel o el diablo".

34 Mansilla, *Rozas*, p. 57.

35 Julio Irazusta, "José María Ramos Mejía y el *Rosas y su tiempo*"; segunda parte. (En: *Historiografía Rioplatense*. Instituto Bibligráfico Antonio Zinny. Buenos Aires, 1982, p. 49.)

36 Ramos Mejía, *Rosas y su tiempo*, tomo III, p. 156.

37 Ibídem, p. 143.

38 Ibídem, p. 160.

39 Tomás de Iriarte, *Memorias. Luchas de unitarios, federales y mazorqueras en el Río de la Plata*, Buenos Aires, Sociedad Impresora Americana, 1947, pp. 22/24.

40 Carta de Encarnación Ezcurra a Vicente González, del 20 de junio de 1833. En el archivo del señor Juan Isidro Quesada.

41 Carlos Correa Luna publicó este documento en "Las elecciones de 1833 y el testimonio de los comicios. Carta inédita de don Juan Manuel de Rosas y de doña Encarnación Ezcurra", *La Prensa*, 1º de enero de 1934.

42 Véanse los periódicos *El Iris* y *El Defensor de los Derechos del Pueblo*, junio a setiembre de 1833, colección existente en la Sala de Reservados de la Biblioteca Nacional.

43 Correa Luna, "Las elecciones de 1833 y el testimonio de los comicios".

44 *El Iris*, Buenos Aires, 28 de junio de 1833.

45 *El Defensor de los Derechos del Pueblo*, Buenos Aires, números del 6 y del 14 de agosto de 1833. El periódico, cuyo nombre era por sí mismo una definición jacobina, exceptuaría a Gervasio Rozas de las críticas formuladas a los otros varones de la familia.

46 Ibídem, números del 13 y 23 de setiembre de 1833. El 27 de setiembre, el periódico narra una escena burlesca, ocurrida entre "una señora que vive muy cerca de la Sala de Representantes y es muy aficionada al *traguete*, y un comisario federal". Contesta desde el diario apostólico *El Restaurador*, el señor de Angelis, protestando contra el agravio contra la mujer de Rosas. "Hay en los contornos de la sala otra señora", responden los cismáticos, se trataría entonces de María Josefa, apodada frecuentemente "la mulata Toribia". El hábito de apostrofar con motes racistas el enemigo político era de rigor.

47 De Encarnación a Juan Manuel, 1º de setiembre de 1833. Origi-

nal en el Museo Mitre, reproducida por M. Conde Montero, *Doña Encarnación Ezcurra de Rosas. Correspondencia inédita.* Separata de la *Revista Argentina de Ciencias Políticas,* año XIV, tomo XXVII, nº 149.

48   Ibídem.

49   Saldías, *Papeles de Rosas,* tomo II, p. 87.

50   Carta de Juan Manuel a Encarnación del 23 de noviembre de 1833, en Conde Montero, op. cit.; la viuda de Martínez, en carta citada por Ibarguren, *Rosas,* p. 179; esta misma señora, cuyo marido se llamaba Adrián Martínez, reclamaba en mayo de 1833 ante Juan Nepomuceno Terrero el pago de una deuda que le debe el Estado. "Por haberse ido María Josefa, a quien —escribe Terrero a Rosas—, le dejaste el poder para cobrar", AGN, Colección Mario César Gras. Carta de Juan N. a Juan Manuel del 30 de mayo de 1833. Que las Ezcurra tuvieran poderes o fueran albaceas de los federales más activos y de sus mujeres aparece con frecuencia en los documentos de la época.

51   Celesia, op. cit., tomo I, p. 385.

52   Ibídem. Carta de Rosas a Felipe Arana, Río Colorado, 28 de agosto de 1833, tomo I, pp. 523 y ss.

53   De Encarnación a Juan Manuel, carta del 14 de setiembre de 1833, reproducida en Conde Montero, op. cit.

54   La carta de Prudencio Rozas a Juan Manuel, citada por Celesia, op. cit., tomo I, p. 388; la de Mariano Lozano, ibídem, p. 398.

55   Carta de Encarnación al general Quiroga del 16 de setiembre de 1833; id. a Francisco Reynafé, del 27 de setiembre de 1833, AGN, Sala 7-22-1-11. Colección Celesia.

56   *El Defensor de los Derechos del Pueblo,* 2 de octubre de 1833.

57   Carta de Encarnación a Rosas, del 2 de octubre de 1833; reproducida en Conde Montero, op. cit.

58   Iriarte, op. cit., p. 53.

59   Para un relato de la Revolución, véase "Encarnación y los Restauradores", por María Sáenz Quesada. (En: *Todo es Historia,* Buenos Aires, febrero de 1970.) También Enrique M. Barba. "Formación de la tiranía", en *Historia de la Nación Argentina,* Academia Nacional de la Historia, Buenos Aires, Imprenta de la Universidad, 1950, volumen XVII, *Rosas y su época,* p. 99.

60   Carta del cónsul W. de Mendeville al ministro de Relaciones Exteriores de Francia; copia del original, en francés, en AGN, Sala 7. Biblioteca Nacional, legajo 673, Archives du Ministeres des Affaires Etrangeres. Correspondance des agents diplomatiques français a l'étranger. 1830/1836.

61   Cartas de Encarnación a Vicente González del 17 y del 22 de octubre de 1833, AGN Sala 10-22-1-11;

62   Ibídem.

63   Carta de M.V. Maza a Rosas del 11 de noviembre de 1833, reproducida por Celesia, op. cit., tomo 1, p. 561.

64   Carta de Encarnación a Rosas, del 4 de diciembre de 1833, reproducida por Ramos Mejía en *Rosas y su tiempo,* tomo 3, p. 150.

[65] Iriarte, op. cit., p. 53. Dice Iriarte que no aceptó el ofrecimiento para evitarles una incomodidad y ulteriores compromisos.

[66] Carta de Vicente González a Rosas, del 23 de noviembre de 1833, en AGN Sala 7-22-1-11.

[67] Carta de Rosas a Encarnación, del 23 de noviembre de 1833, reproducida por Conde Montero, op. cit.

[68] Carta de Encarnación a Rosas, del 4 de diciembre de 1833, reproducida por Ramos Mejía, en Rosas y su tiempo, tomo 3, pp. 150 y ss.

[69] Carta de M.V. Maza a Rosas, del 23 de noviembre de 1833, reproducida por Celesia, op. cit., tomo 1, p. 565.

[70] Carta de Encarnación a Rosas, del 9 de enero de 1834, en AGN Sala 7, Colección Mario César Gras, documento nº 195, parcialmente reproducida por Carlos Ibarguren, Rosas, p. 176.

[71] Cartas de Encarnación a Rosas del 9 y del 14 de mayo de 1834, reproducidas en Conde Montero, op. cit. Ibarguren hace referencia al atentado a Vidal, en Rosas, p. 193.

[72] Carta de Encarnación a Rosas del 9 de mayo de 1834 reproducida por Conde Montero, op. cit.

[73] Carta de Rosas a Manuelita, del 16 de diciembre de 1863, AGN, Museo Histórico Nacional, legajo 31.

[74] Mansilla, Rozas, p. 38.

[75] Cartas de Mariquita Sánchez, op. cit., p. 14.

[76] Mansilla, Rozas, p. 57.

[77] Carta del marqués Vins de Peysac al ministro de Relaciones Exteriores de Francia, del 2 de agosto de 1835, en AGN, Biblioteca Nacional, legajo 673, p. 256; nota de Rosas al marqués Vins de Peysac, con motivo de la fiesta en honor del rey de Francia, del 29 de abril de 1836.

[78] Sánchez Zinny, op. cit.

[79] Zinny, Antonio, op. cit., p. 132.

[80] Marcos Ezcurra, Encarnación Ezcurra de Rosas, op. cit.

[81] Ramos Mejía, Rosas y su tiempo, tomo 3, p. 145.

[82] Carta de Rosas al general Pacheco, citada por Cayetano Bruno, Historia de la Iglesia en la Argentina, Buenos Aires, Don Bosco, 1975, vol.9, p. 258.

[83] Carta de Juana Ezcurra a Máximo Terrero, del 21 de enero de 1886; como está imposibilitada de escribir, dicta el testimonio y lo hace firmar por testigos, en AGN Sala 7-3-3-14. Colección Farini.

[84] La Gaceta Mercantil, números de octubre, noviembre y diciembre de 1838, passim.

[85] Ibídem, 20 de noviembre de 1838, biografía oficial de Encarnación Ezcurra de Rosas; sobre las honras fúnebres véase también la obra de A. Zinny, Historia de los gobernadores, p. 136.

[86] La frase de Mandeville, citada por Jorge Larroca, "Recuerdo biográfico de la ilustre Heroína Argentina doña Encarnación Ezcurra de Rosas". (En: Historiografía Rioplatense, 1982, op. cit. p. 270; la carta de Anchorena a Rosas y la de Rosas a Anchorena, esta última del 25 de diciembre de 1838, en AGN, Sala 7- 22-1-10. Colección Celesia.

[87] Ramos Mejía, Rosas y su tiempo, tomo 3, p. 169.

[88] Marcos de Ezcurra, "Doña Encarnación Ezcurra", op. cit.

[89] Véase la noticia biográfica de María Josefa Ezcurra, por Marcos Ezcurra; sobre la relación entre María Josefa y Mary Clarke o "Clara, la inglesa", Juan María Méndez Avellaneda, "El motín de la *Lady Shore*". (En: *Todo es Historia*, julio de 1989, p. 26.) Su intervención en el caso de Camila O'Gorman, en Jimena Sáenz, "Love Story 1848: el caso de Camila O'Gorman". (En: *Todo es Historia*, julio de 1971, p. 74.)

[90] Rosas, *Cartas del exilio*, p. 74.

[91] Mario César Gras, *Rosas y Urquiza: sus relaciones después de Caseros*, Buenos Aires, 1948, p. 380.

[92] Marcos de Ezcurra, "Doña Encarnación Ezcurra".

109

III. La hija

Manuela Robustiana de Rosas y Ezcurra, luego señora de Terrero (1817-1898), es algo más que la hija del dictador Juan Manuel de Rosas; la memoria colectiva del país la ha elevado a la categoría de mito; ella es el ángel de bondad, el hada bienhechora que, en una época difícil, cumple el rol femenino por excelencia: la misericordia, la compasión, el apoyo sin límites a la figura del varón de la familia. Este mito angelical tiene su campo de acción privilegiado en la quinta de Palermo, hoy convertida en paseo público, donde aún se conserva un retoño del árbol bajo el cual pedía perdón a su padre para los condenados. Cuenta además con un espléndido retrato, obra del artista Prilidiano Pueyrredón, que la representa con el gesto cordial de la anfitriona en un salón de la época federal, vestida de rojo punzó, pálida, morena, sonriente dentro de su relativa belleza, tipo acabado de la criolla del siglo pasado, en suma.

Manuelita Rosas, como la conoce la historia, fue la mujer argentina más célebre de su tiempo, no sólo en la Confederación, sino en los países que mantenían relaciones con el gobierno de Buenos Aires. A mitad de camino entre la leyenda y la historia, la simpática hija del Restaurador ha despertado pocas polémicas entre los historiadores, sean éstos partidarios u opositores de su dictatorial padre. Esto es porque sintetiza de algún modo la esencia de las virtudes femeninas tradicionales, de la hija abnegada, esposa y madre ejemplar, incapaz de generar ideas propias y sostén fiel de las que sustentan los varones del clan. Ella resulta así la antítesis de la concepción de la mujer en el feminismo actual, que privilegia el proyecto de vida personal más que la sumisa adopción de valores y proyectos ajenos.

Se acepta pues a Manuelita porque carece de los rasgos ríspidos de su madre, que trasgredió con su audacia y su violencia los límites que la sociedad imponía a la participación de las mujeres en la política. Resulta asimismo más amable que su abuela, la vehemente misia Agustina, que ostensiblemente siempre quería salirse con la suya. Manuelita en cambio es el eterno femenino presente en la vida del Restaurador, sobrellevando con ánimo ecuánime los riesgos de un período de odios profundos y de venganzas interminables y aplicando su inteligencia al difícil arte de sobrevivir, en lo que resulta una auténtica maestra.

Sobre la hija del dictador se ha escrito mucho, desde que José Mármol y Miguel Cané compitieron amablemente en Montevideo (1850) por ganarse el ánimo de Manuela mediante la redacción de unos rasgos biográficos de buena factura literaria en el que deslindaban la responsabilidad del dictador de la de su hija. Documentos públicos, memorias, comentarios periodísticos y un gran número de cartas escritas por la propia Manuelita forman un conjunto valioso de fuentes del que no pueden excluirse los relatos verídicos y los imaginarios que revelan los sentimientos contradictorios que ella supo despertar. [1] Porque, ¿cuántos soñaron con Manuelita en su época? ¿Quién puede dudar del atractivo erótico que ella supo ejercer sobre la política y la diplomacia de su tiempo?

Princesa de una corte sin reino, transitó por la historia indiferente a las especulaciones que se tejieron alrededor suyo desde su primera juventud cuando llevó el cetro de la sociedad porteña; logró mantener su dignidad imperturbable en el exilio voluntario que le exigía su devoción filial que asumió sin quejas y también, fuerza es reconocerlo, sin la menor crítica. Sólo a veces la hija de Rosas, convertida ya en señora de Terrero, desliza alguna reflexión personal, como cuando se regocija porque sólo ha tenido hijos varones "pues como tengo la experiencia de lo que tenemos que sufrir en este mundo las mujeres, la incertidumbre de la suerte futura de mi hija me haría estar en constante ansiedad". [2]

Sin embargo cuando nació Manuelita nada parecía augurarle un destino fulgurante. Vino al mundo el 24 de mayo de 1817 en el hogar formado por Juan Manuel Ortiz de Rozas y Encarnación Ezcurra y Arguibel. Esta pareja de hacendados tenía ya un hijo varón, Juan (1814) y el año anterior había tenido la desgracia de perder a una niña recién nacida. Tal vez por voluntad de la madre, empeñada en agradar al esposo, los dos hijos sobrevivientes fueron bautizados con sus nombres: Juan y Manuela.

La niña tenía tres años cuando su padre se proyectó políticamente en octubre de 1820 al frente de las milicias gauchas que había adiestrado en el pago de San Miguel de la Guardia del Monte. Ella no guardaba un recuerdo preciso sino una vaga y confusa impresión de esos días angustiosos de octubre. Rosas, al despedirse de su familia con motivo de partir otra vez en campaña, recordaría con cierto énfasis que le era habitual, su condición de hijo, esposo y padre, pero no hay más menciones a su paternidad en los documentos privados pertenecientes a la etapa juvenil de la vida de Juan Manuel de Rosas.

"Doña Encarnación —dice Ibarguren— no supo ver la dulzura inefable que entibia el regazo materno (...) Pero la niña, como esos manantiales insospechados que brotan en campos yertos, vino trayendo en el fondo de su ser una fuente límpida y profunda." [3] En el capítulo anterior de este libro se ha hecho referencia al desapego de Encarnación en relación con sus hijos. Era el tipo de mujer más adicta al marido que a la prole, pero al mismo tiempo, gracias a la protección que ofrece la familia extensa con múltiples parientes que ofician de padres y madres sustitutos, los niños de Rosas no carecieron de afecto aunque el padre estuviera siempre ausente en el campo y la madre empeñada en tareas políticas o en el cuidado de los intereses económicos de la familia. Por eso no puede sorprender que en la media docena de esquelas y cartitas escritas por Manuela a sus amigas, cuando tenía entre 14 y 17 años de edad, no haya referencias a sus progenitores y se mencione en cambio a tíos, primos y amigos. Es el suyo el universo de una niña que sale de la infancia y encuentra entretenimientos múltiples y pocas obligaciones, en suma, la hija de familia rica y de un padre prestigioso, que es nada menos que el gobernador de la provincia. Las amigas la rodean y disputan su amistad; tiene ya en ciernes el pequeño séquito de relaciones que la acompañará permanentemente en Buenos Aires y sus penas se reducen al alejamiento temporario de una amiga querida y a poco más que eso. Varias cartas escritas por la hija de los Rosas a su prima Dolores Fuentes Arguibel muestran las inquietudes y el mundillo personal de estas adolescentes: comprar peinetones de carey, último grito de la moda rioplatense, en la tienda de don Manuel Masculino, prestarse chales y vestidos, pasear por la alameda acompañadas de amigos y festejantes, ir a fiestas y celebraciones y, por supuesto, los celos y las rivalidades infaltables entre amigas que todavía no han centrado sus intereses más definitivamente en el sexo opuesto.

En esquela a Dolorcitas dice Manuela: "Mi querida amiga: te contesto ahora a tu exquisita de esta mañana en la cual me pedías algunas cosas que tenías aquí y me decías que, si iba mañana al funeral de Bolívar, te mandara decir; yo quién sabe se iré, pero mi tía Pepa ha de ir sin falta y así es que podés venir con ella, si no vas conmigo vas con mi tía Pepa que ya te digo sin falta ha de ir. No te podés figurar cómo está Mercedes Arana (hija de Felipe Arana) de cargosa porque vaya con ella a la fusión (sic). Soy tuya eternamente. M. Rosas. No te rías ni dejes de venir, Dios te guarde".

Otra de esas cartitas dice: "Dolorcitas, ¿qué habrás juzgado tú de mí? Sin duda que no voy porque no te quiero: pero no, no es por eso sino porque he tenido mucho que hacer y ha sido imposible cumplir con mi palabra. Mercedes me dice que esta noche van a un baile, ve si necesitas algo, te advierto que si vas con vestido blanco, te pegará muy bien un chal que tengo chiquito punzó. Manda con confianza pues bien sabes tú que no tiene nada reservado para ti tu amiga hasta la tumba. Ma. de Rosas. Si mandas por algo, manda temprano pues me parece que yo he de salir a una visita; tengo muchas ganas de verte".

En nota fechada el 20 de setiembre de 1834 en la estancia San Martín, Manuelita, que tiene ya 17 años, lamenta la ausencia de "Mi Dolores": "¡¡¡Qué inhumanos son mis tíos, que me han arrancado una amiga que es como si fuera mi esposa!!!".[4]

Sánchez Zinny y Arturo Capdevila se han complacido enumerando los errores de ortografía y de sintaxis de que hacen gala estas misivas que acusarían la incultura de la hija de Rosas. Pero lamentablemente el caso de Manuelita no era una excepción entre sus contemporáneas cuya educación se limitaba a los rudimentos de leer, escribir y contar; estudiaban en escuelas privadas atendidas por señoras o en la incipiente escuela pública para niñas a cargo de la Sociedad de Beneficencia. En cuanto a las expresiones en que la adolescente manifiesta libremente su carácter afectuoso y a sus exageraciones, dice al respecto un publicista inglés que vivió en la década de 1820 en Buenos Aires:

"Las cartas entre mujeres son muy efusivas, tuve oportunidad de leer una que decía así: 'Adiós mi idolatrada y adorada amiga mía. ¿Recibe el corazón de tu devota, constante, fiel, etc., etc.?' Pese a este fervor nunca me he enterado de que tuviera lugar una de esas vinculaciones amorosas que tan trágicamente terminan entre nosotros", observa Mr. Love, quien agrega en otro párrafo que si bien las criollas no son muy cultas, "poseen una indescriptible suavidad de modales libre de afectación, que da confianza a los extranjeros tímidos y causa placer a todos los que tienen la felicidad de tratarlas pues rara vez se dirigen a una persona sin la sonrisa en los labios".[5] Estas palabras, aunque no hayan sido dirigidas a la hija de Rosas, se aplican a la perfección al particular encanto de Manuelita que era de rigor entre las mujeres de la sociedad criolla y que sería proyectado, por razones de su extraordinaria historia, a las altas esferas de la política y de la diplomacia. En cuanto a la cultura de la Niña de Palermo, como se la apodó en sus épocas de mayor esplendor, mejoró con el tiempo: su estilo y su caligrafía llegaron a ser impecables.

La vida de Manuelita se diferenciaba de la de otras adolescentes de su clase por su condición de hija del gobernador, y como éste estaba empeñado en ganarse la simpatía de los pobres, la Niña, acompañada por amigas también pertenecientes a familias federales, por sus tíos y en muchas oportunidades por sus padres, asistía a los candombes, fiestas populares de las colectividades negras de Buenos Aires, nucleadas de acuerdo con sus lugares de origen: congos, angolas, mozambiques, banguelas, cubolos, etc. Hacia 1830 las sociedades vivían un momento de relativo esplendor; a ellas acudían tanto los esclavos que aún quedaban en la ciudad como los libertos, entre los que, según se vio en el capítulo anterior, Juan Manuel y Encarnación reclutaban numerosos adeptos. De ahí el cuidado que ponía la pareja en no defraudar las invitaciones de los reyes y reinas de color.

Un cuadro del pintor Boneo, que está en el Museo

116

Histórico Nacional, muestra al matrimonio Rosas, acompañado por su hija, presenciando la fiesta de la nación Congo Auganga, en su local social de la calle Santiago del Estero, casi esquina Independencia. El rey negro está ubicado junto a la pareja Rosas; el Restaurador y su esposa sentados y Manuelita, muy niña, ubicada delante de sus padres; Encarnación luce uno de esos curiosos sombreros de copa que se usaban en los años treinta. Los morenos tocan en grandes candombes llamados "masacayas" mientras una pareja baila la "semba", danza característica de esta nación, explica A. Taullard en *Nuestro antiguo Buenos Aires*. [6]

"Cuando era muchacha me gustaba mucho ver a las negras vestidas de colorado bailar el candombe, y con Martina Lezica, hermana mayor de Enriqueta Lezica de Dorrego, pedíamos licencia para que nos llevara una negra de aquellas que ya no hay, que decían a sus señoras: 'su merced'." Una matrona esclava era vicepresidenta de esta sociedad que tenía casa propia en la quinta de las Albahacas, propiedad de los Pereyra Lucena. El salón, con alfombra de bayeta colorada, tenía tres sillones punzó: uno para el rey, otro para la reina y el tercero permanecía vacío hasta la llegada de Manuelita. Ella venía acompañada por dos de sus íntimas (de un período algo posterior al del cuadro de Boneo) Juanita Sosa y Dolores Marcet. Su llegada se anunciaba con el toque de tamboril y todos entonaban la canción oficial, *Loor eterno al magnánimo Rosas*, infaltable en las funciones públicas durante los últimos años de la dictadura a los que seguramente se refiere este testimonio. A las seis de la tarde, todo había terminado. [7]

Muchos de los ritos que cumplió Manuela mientras vivió en el país ya estaban establecidos desde su infancia, como este de presenciar las funciones de los negros; otros se fueron incorporando a medida que lo requería el sistema político de la Federación. Pronto se iría habituando también a ser testigo silencioso de episodios de violencia, como los que su madre promovió en 1833/34.

117

Mármol supone que esta situación, que la diferenciaba de las jóvenes de su época, le hizo daño y evoca los años 1835 y 1837 cuando llegaban a la casona de Rosas decenas de buenos federales, gente grosera y feroz, mientras la muchacha se veía privada de la sociedad refinada de las familias unitarias. Pero el autor de *Amalia* no advierte que el trato con esa gente no impedía a Manuela rodearse de la juventud de su edad, hijos de las más ricas familias de la sociedad porteña que eran casi todos federales rosistas. Los unitarios que formaban asimismo parte del patriciado local, se hallaban, salvo excepciones, un escalón más abajo en materia de fortuna.

Así, rodeada por amigas y parientes, las Fuentes Arguibel, los Costa Arguibel, los Rozas y los Ezcurra, las hijas de Felipe Arana; Ramoncito, el hijo de Manuel V. Maza; Máximo, el hijo de Juan Nepomuceno Terrero, y por Antonino Reyes, que tal vez fuera su novio de la primera juventud,[8] transcurrieron para Manuela tiempos felices y despreocupados. Fue a partir de 1835 cuando la Niña empezó a convivir de manera permanente con su padre que hasta entonces había residido con frecuencia fuera del hogar por necesidades políticas o por su trabajo de hacendado y administrador de campos. Es probable que dicha convivencia modificara favorablemente la relación entre ambos: Manuela sedujo a su autoritario padre con las demostraciones de afecto y la preocupación constante por su estado de ánimo y de salud visibles en sus cartas y en las crónicas de la época. Todavía doña Encarnación llevaba las riendas del hogar, pero el nombre de Manuela —la Niña, como la llamaba su padre— aparece en las notas mundanas: asiste, por ejemplo, al festejo del día de Santa Clara, en lo de doña Clara Taylor, la ex convicta del *Lady Shore*, convertida ahora en respetable matrona. Están presentes en la fiesta en la que se baila el minuet, además de la hija del gobernador, su tía, doña María Josefa Ezcurra, el reverendo José A. Piczazarri, músico al igual que su sobrino, Juan P. Esnaola, que es otro de los invitados, el comandante Maza y muchas más personas de calidad. [9] La Niña ya es instrumento de intriga política, pues cuando en 1836 muere misteriosamente el encargado de Negocios de Francia, marqués Vins de Peysac, y se rumorea que lo han envenenado, el cónsul Roger se decide a ordenar una autopsia porque lo han informado que la hija del general Rosas ha preguntado ante un auditorio numeroso: "¿Pero es bien cierto que no se lo ha envenenado?". [10]

La muerte de Encarnación, en octubre de 1838, cuando Manuela había cumplido veinte años, cambiaría el papel que la joven desempeñaba en la familia y en el gobierno de su padre. En efecto, mientras su hermano Juan quedaba en la sombra, pues casi ni se lo menciona en las cartas de pésame que se envían al gobernador, la Niña reviste de inmediato una suma de responsabilidades insólitas si se tiene en cuenta su ninguna preparación para cumplir un rol público. Tal vez debido a su docilidad y a sus silencios ella superará muy pronto, en lo que se refiere a figuración, el papel que tenía su madre en los últimos años. Esa muchacha, que ni siquiera había sido mencionada por su nombre en las cartas que intercambiaban sus padres cinco años atrás, empieza a figurar de manera constante en la correspondencia de los diplomáticos, en las crónicas periodísticas del país y del exterior, en los documentos oficiales y en los relatos de viajeros. Este proceso verdaderamente singular en la historia argentina se verificó desde 1838 hasta 1852. Cesó abruptamente con la batalla de Caseros cuando la legendaria Manuelita estaba en su máximo esplendor.

¿Cuánto lloró a su madre Manuelita? En su correspondencia del exilio, hay pocas menciones a "mamita"; recuerda, sí, cuánto le gustaban los veraneos en la estancia San Martín y su preocupación por incrementar el patrimonio familiar. En carta dirigida a Josefa Gómez desde Londres en 1854 expresa: "Ya se aproxima el 20 del presente en cuyo día recuerdo a usted doblemente.

¡Qué buena era usted para mí y cuánto respetaba mis sentimientos filiales!". La fecha, 20 de octubre, era la del fallecimiento de doña Encarnación. [11]

Al asumir la Niña el primer rol femenino corrían tiempos difíciles en la Confederación. Desde 1838 Francia había decretado el bloqueo del puerto de Buenos Aires, y en octubre, el mes en que murió la mujer de Rosas, los franceses, con el auxilio de los proscriptos argentinos de Montevideo, habían ocupado la isla de Martín García que domina la desembocadura de los ríos Uruguay y Paraná. Se iniciaba así una compleja ofensiva contra la dictadura de Rosas de la que formó parte en 1839 la conspiración de los Libres del Sur, hacendados del sur de la provincia porteña, y la conjura de la que participaba Ramón Maza, uno de los íntimos de la familia del Restaurador. De ahí que Rosas necesitara de la presencia de su hija para fortalecer su política, que exigía, frente a la suma de estas alianzas de la oposición, un frente interno sólido, unificado bajo determinadas consignas y hasta colores. Un esquema de poder, en suma, que precisaba de una primera figura femenina como eje central.

El 29 de octubre del 38, nueve días después de la muerte de su madre, Manuela escribe al gobernador de Santa Fe, Juan Pablo López, que "encargada de la correspondencia de mamita a consecuencia de su fallecimiento, me es honroso contraerme a la contestación de su muy apreciable de fecha 20 del presente. Ella habrá, sin duda, sentido mayor satisfacción por su contenido, pues que a la presencia de Dios Nuestro Señor, ya no lo ignora. Allí la tiene usted en el descanso eterno a donde el Señor la ha elevado colocándola entre sus escogidas. Desde allí está rogándole por la salud, acierto y felicidad de usted, y por todos nosotros".

"En medio del intenso cruel dolor que nos traspasa, hemos tenido la satisfacción de saber el buen término de los asuntos que agitaban a su benemérita provincia, habiendo usted sido elevado a la Primera Magistratura de ella, en donde le deseamos todo acierto, acompañado de la mejor salud y venturas." Firmaba la carta "su atenta, apasionada servidora y confederala, Manuela Rosas". [12]

La Niña se presentaba oficialmente como continuadora de las tareas que ocupaban a su madre; la relación con el gobernador de Santa Fe que acababa de asumir el gobierno de esa provincia, luego de vencer a sus enemigos con el apoyo de Rosas, era vital para el gobierno de Buenos Aires. Pero la carta, tan diferente de las que escribía la Manuelita adolescente y despreocupada, tiene el sello inconfundible de su padre que se la ha dictado cuidadosamente en el lenguaje oficial que le es característico.

En esos mismos días la hija de Rosas se encarga de tratar con el publicista Pedro de Angelis la edición de un volumen impreso que contenga todo lo publicado sobre la muerte de Encarnación. La hace, explica, "porque mi tatita se halla indispuesto en su ánimo y en la imposibilidad de dedicarse a los negocios públicos". La obra incluiría un retrato de la señora y una litografía de su sepulcro; el trabajo, similar al que se hizo para honrar a Manuel Dorrego pretendía dejar a la posteridad un recuerdo del aprecio "que merecieron a este pueblo las virtudes de mi adorada madre".

Cuarenta años más tarde, la señora de Terrero, consultada por su esposo, no recordaba haber escrito esa carta. "Por el estilo, dices bien, parece dictada por tatita", reconoce, "así como en conciencia no recuerdo haber escrito o firmado tal carta, así lo declararé en la que dirigiré por separado como deseas". Por esa fecha el matrimonio Terrero estaba empeñado en reivindicar la figura de don Juan Manuel, levantando cualquier crítica que pudiera hacerse a su gobierno; el culto de doña Encarnación formaba parte de los abusos que se achacaban a este régimen. [13]

Pero la Niña no sólo copiaba borradores y salvaba, con su presencia, la actitud de Rosas tendiente a retraerse de las apariciones públicas; ella ocupaba ya el lugar de privilegio en el afecto paterno: "Acordándome de ti a quien conozco que amo más que a mi vida", Rosas le envía el borrador de la proclama en que invita a los federales a finalizar el luto por Encarnación y a continuar usando el cintillo punzó. [14]

La tierna relación entre padre e hija ha sido descripta por un testigo de los primeros tiempos de la viudez de Rosas. En general Gregorio Aráoz de Lamadrid, jefe militar de la Liga del Interior, derrotado por Quiroga en la Ciudadela (1831), a pesar de tales antecedentes se había atrevido a radicarse en Buenos Aires. Suponía que el dictador, que era compadre suyo, no lo hostilizaría, pero debía realizar la antesala correspondiente: visitar al gobernador que de este modo quedaba en cierta manera comprometido a protegerlo. Corría el mes de setiembre de 1838 en que doña Encarnación estaba ya muy enferma.

Relata que tomó la costumbre de visitar todas las noches a las señoras doña Manuelita y su señora tía que estaba siempre con ella, pero que no pudo encontrarse con Rosas hasta que pasados los carnavales del 39 el Restaurador y su familia se instalaron en Palermo de San Benito, su nueva residencia suburbana. "Lo encontré a la sombra de los ombúes de su quinta, recostado en las faldas de su hija, sobre un banco de madera en que ella estaba sentada; y con unos locos que siempre lo acompañaban a su lado (uno de ellos lo llamaba pomposamente "el señor gobernador"). Don Juan Manuel lo invita amablemente a comer un asado bajo los sauces con Manuela, Juan y su esposa, Mercedes Fuentes, los bufones y Ramón Maza, el novio de Rosita Fuentes, la hermana de Mercedes, que se agrega a la reunión. El día pasa apaciblemente y hay oportunidad de pasear en un bote pintado de riguroso punzó, y que es traído a hombros por indios pampas, sirvientes de confianza y única escolta que hay en el lugar. Por la noche, cuando Lamadrid regresa a su casa, su esposa lo aguarda ansiosamente, preocupada por la tardanza. [15]

Cuadro idílico el que traza el jefe unitario de los primeros tiempos de Palermo, cuando aún la familia del gobernador no había sido conmovida por la muerte del joven Maza que alejó a Juan y a Mercedes de la intimidad con don Juan Manuel. A otro prestigioso general unitario, don José María Paz, que en 1839 había llegado prisionero a Buenos Aires y Rosas le dio la ciudad por cárcel, se debe una historia similar de cortesías y cumplidos en un clima amable muy distante de los odios entre federales y unitarios que alimentaban la lucha armada.

En su primera visita a la residencia urbana de Rosas en la calle de la Biblioteca, a la que el Restaurador volvía todas las tardes después de trabajar en el Fuerte, Paz debe soportar la grosería del edecán Corvalán. Manuelita, enterada del hecho, se disculpa, pues si bien su tatita estaba demasiado ocupado para poder saludar al general, a ella le hubiera encantado conocerlo. En la segunda oportunidad en que visita la casa, Manuela recibe al general, acompañada por una tía y por su abuela (seguramente la señora de Ezcurra porque doña Agustina no salía de su cuarto debido a la enfermedad). "La conversación rodó sobre objetos indiferentes y nada hubo que pudiese resentirse la más refinada delicadeza", diría el vencedor de La Tablada en sus *Memorias*, en las que cuenta, no sin cierto asombro, que no había guardias ni aparato militar alguno en la casa donde vivía el gobernador, y sólo se veía un zaguán alumbrado con un farol y un patio sombrío, desierto y silencioso. Pero, cortesías aparte, la presencia de Paz en la casa de Rosas constituía de por sí una humillación, y los malos modos de Corvalán, y la ausencia del dueño, marcaban a las claras la diferencia que mediaba entre el vencedor y el vencido. [16]

Además de este rol meramente social, aunque con matices políticos, Manuelita tenía otros francamente insólitos en una muchacha: pronunciar breves arengas en las que ponía de relieve sus condiciones de oradora. Cuando el general Manuel Oribe marchó a campaña para derrotar a Lavalle (1839), Manuelita lo acompañó un trecho y luego lo despidió con palabras muy adecuadas "que nada dejarían que desear al más experto político". Oribe, conmovido, le escribió a Rosas: "con su señorita hija le mando decir que finezas de esta clase sólo se pagan con sangre, como si llega el caso lo haré".[17] Estaba claro pues que la presencia de la Niña no era ociosa y que servía perfectamente a los intereses paternos.

Ese año de 1839 fue de rudo aprendizaje político para Manuela. En silencio y desde un principio debió aprender los límites de su influencia benefactora sobre el ánimo paterno. Lo comprendió muy dolorosamente cuando se produjo la conspiración que encabezaba Ramón Maza, uno de los íntimos de la familia, que acababa de contraer enlace con Rosita Fuentes Arguibel, hermana de Dolorcitas y de Mercedes, la mujer de Juan Rosas. El coronel Maza fue encontrado culpable, preso y fusilado sin más trámite, mientras su padre, el doctor Manuel Vicente Maza, el íntimo consejero de Rosas que ahora presidía la Legislatura, resultó asesinado en su despacho con la complicidad evidente del dictador. También Salomé Maza de Guerrico corrió peligro: "Hablaba de Encarnación, de mí y de los federales con tanta libertad como el padre, el hermano y la madre, acaso con licencia y gusto del marido, sea como sea el hecho es que era una condenada en contra nuestra y de la Santa Causa Americana que sostenemos", le informó Rosas al Carancho del Monte relatando los trágicos acontecimientos. Atribuyó el proyecto de casamiento con "la Rosita Fuentes" a un recurso para asegurar mejor el fatal golpe y elogió a sus propios hijos que habían salido indémnes de la dura prueba que rompía una entrañable amistad de familias:

"En Manuela mi querida hija tienen ustedes una heroína. ¡Qué valor! Sí, el mismo de la Madre. Ni ¿qué otra cosa podría esperarse de los hijos de una señora, la esen-

124

cia de la virtud y del saber adornados de un valor sin ejemplo? ¿Y Juan? Está en el mismo caso, son dos dignos hijos de mi amante Encarnación, y si Yo falto por disposición de Dios en ellos ha de encontrar usted quienes puedan sucederme." Rosas, que sentía su vida amenazada por asesinos pagados por el oro francés, proponía un recurso para asegurar la perduración de su régimen: que sus hijos lo sucedieran, es decir, la monarquía hereditaria. [18]

Pero esto era sólo un primer y tímido esbozo, pergeñado al amparo del clima dramático que se vivía. Años después diría Rosas recordando esos tiempos: "Hubieron muchas lágrimas en casa". [19] Las de Manuela seguramente y también las de Mercedes, que no había podido salvar a su reciente cuñado y que a partir de entonces se distanciaría del suegro.

Sobre el coronel Maza, de fisonomía melancólica y enérgica, alta apostura y envidiable gallardía, un seductor nato, al punto que se dijo había denunciado la conjura una amante despechada, sugiere Ramos Mejía que con su muerte trágica interesó más aún el entusiasmo y la curiosidad de las mujeres. En el Archivo de la Nación se guarda la nota que escribió su madre, Mercedes Puelma, pidiendo autorización para enterrar al hijo y al esposo, muertos a pocas horas de distancia, a consecuencia de la lucha por el poder entre las grandes familias de Buenos Aires de la que ellos habían sido artífices y víctimas. [20]

Las circunstancias políticas cada vez más entreveradas llevarían a Manuelita a mezclarse en cuestiones casi policiales: "En medio del terror del año 40 —escribe Ibarguren— la Niña guardaba inocentemente las fichas y legajos terribles de las proscripciones de unitarios y las clasificaciones de presos". Ante cualquier duda, el jefe de policía podía consultar las carpetas que S.E. tenía en su escritorio y que le serían dadas por la señorita hija del gobernador. [21]

Desconfiado como siempre, Rosas sólo depositaba su

fe en las mujeres que le eran más allegadas. Encarnación había sido partícipe activa de sus proyectos, Manuela en cambio desempeñaba un rol pasivo y escribía bajo dictado textos completamente ajenos a su temperamento, del más acabado estilo jocoso gauchi-político y con expresiones ardientes de venganza. Buen ejemplo de esta afirmación son las cartas intercambiadas por los Rosas, padre e hija, y el Carancho González en 1841:

Inicia la serie una carta de Juan Manuel al Carancho, el tema, la desaparición de 96 cajones de vino de Burdeos de la estancia del Monte durante la administración de González, que ahora se encuentra en Córdoba, luchando contra los unitarios en los combates del Quebrachito y de San Cala y merece sin duda parte del vino, pero no todo. En su respuesta el Carancho prefiere dirigirse a la Niña para que diga a su padre no sea mezquino y no se acuerde más de esa partida de vino. Le envía un poncho que el general Oribe regala al Restaurador. Manuela contesta que se ha apropiado del obsequio para sus viajes al Cuartel General, "pues como usted sabe, desde que apareció la invasión salvaje, ando de gaucho, vestida de militar, deseando siempre marchar a la vanguardia con mi lanza, lo que aún no se ha verificado no por falta de deseos sino porque aún no me lo han ordenado". González escribe a su vez pidiendo el sobreseimiento en la cuestión del vino; de paso informa sobre el comportamiento de los religiosos de la ciudad de Córdoba donde al parecer las monjas catalinas (de clausura) serían "ardientes federales" mientras que los jesuitas "andan algo tibios"; quiere se mantenga el secreto sobre su carta, pero esto no será posible: días más tarde Manuela, que ha encontrado a su tatita riéndose de la misiva del Carancho, formula esta inquietante promesa: "cuando usted degüelle y acabe con tantos y salvajes unitarios que hay en ésa con escándalo, y muchos de ellos y de ellas más con osadía intolerable, entonces le perdonará un cajón entero".

Martiniano Leguizamón, al dar a conocer esta correspondencia, en 1926, cuando se polemizaba en torno a la oportunidad de levantar o no un monumento a la hija de Rosas en Palermo, intenta probar con estos documentos que Manuela se había compenetrado con la frialdad paterna o nada hacía para conmover su corazón, al tiempo que desvaloriza la frase pronunciada por la señora de Terrero poco antes de su muerte: "Yo nací para sufrir con todos y por todos". [22]

Curiosamente esta mujer, que en apariencia carece de ambición política alcanzará poco después distinciones extraordinarias. A fines del año 40, mientras la sociedad federal festeja las victorias sobre los unitarios y homenajea a Rosas bautizando con su nombre el mes de octubre, doscientos ciudadanos piden a la Sala de Representantes se sirva decretar una demostración honorífica en favor de los ilustres hijos de S.E., el Gran Rosas. Otra nota dirigida a la Legislatura y firmada por 13 jueces de paz de la ciudad y de la campaña solicita se otorgue a Juan O. de Rosas el grado de coronel mayor del Ejército y a su hermana Manuelita "otra distinción que, compatible con su sexo, la coloque en igual rango y altura". [23]

Meses después de estas demostraciones de entusiasmo y de obsecuencia se produjo el episodio de la "máquina infernal", una cajita que, en la descripción de un testigo, contenía un círculo de cañoncitos y que fue enviada a Rosas por el edecán del almirante francés Dupotet cuando las relaciones entre los dos países se habían restablecido. Era el 25 de marzo, día en que se recordaba el santo de doña Encarnación, y en la casa había varias personas que visitaban a los deudos de la finada. Manuelita, ayudada por su amiga Telésfora Sánchez y por la mucama Rosa Pintos, abrió la caja en su propio dormitorio, y aunque la máquina no llegó a estallar, el descubrimiento provocó un escándalo considerable: oficiales franceses, muy disgustados por lo ocurrido, la hicieron descargar en el jardín del señor Arana.[24]

Este atentado sin consecuencias materiales graves tendría en cambio implicancias políticas muy serias. Ernesto Celesia, que pone en duda la capacidad de la máquina para poner en riesgo la vida del gobernador, dice que el incidente fue el pretexto para "querer dar forma a una ocurrencia monárquica, o algo parecido, y peor aún querer justificarlo ante la historia asimilándolo al pensamiento que en cierto momento tuvieron algunos patriotas de la Revolución de Mayo: los notables del partido federal, Escalada, Anchorena, Riglos, Soler, Vidal, Mansilla, Ezcurra, Terrero, Dolz, Lahitte y Pereira, alarmados ante la sucesión de amenazas contra Rosas, se reunieron para considerar la cuestión, llegaron a la conclusión de que el remedio que se imponía era que lo sucediera en el cargo su hija Manuela de Rosas y Ezcurra y recomendaron a Rosas que pusiera en consideración la iniciativa ante los federales de las provincias". [25]

En realidad era el mismo gobernador quien había lanzado la idea de que lo sucedieran sus hijos un par de años atrás, en la ya citada carta a González. La novedad era el desplazamiento definitivo de Juan Rosas, cuya figura quedaba en la sombra, mientras su hermana continuaba en ascenso. Esto no pareció afectar las relaciones entre ambos: "A mi amada hermana Manuelita dígale que he recibido con entusiasmo su cariñoso abrazo, tan puro como ella, que le envío mi corazón, un apretado abrazo y los deseos de mi alma para que sea siempre feliz y dichosa", escribe Juan en una carta dirigida a su padre. [26] Había sido agraciado por Rosas con una importante fracción de campo en Azul y no parecía disgustado por quedar al margen de la política.

Promediando la década de 1840 cupo a Manuela una amplia actuación en materia diplomática, pues Rosas y su hija demostraron una rara aptitud para mezclar el erotismo con la política al mejor estilo de los grandes de la política de todos los tiempos. El esquema seguido era más o menos el mismo: presentación del recién llegado dignatario al Restaurador y visita semiprotocolar a la Niña, o a la inversa, primero Manuela, después su padre; frecuentación de la tertulia de lo de Rosas, amabilidades e intercambio de cartas y pequeños regalos, seducción del importante extranjero a cargo de Manuelita, invitaciones a veladas familiares, paseos campestres, fiestas ecuestres, etc.; si el personaje en cuestión estaba acompañado por su familia, se la hacía participar de los agasajos, pero si se trataba de un corazón solitario había coqueteos que no sobrepasaban límites bastante precisos; y si el diplomático tenía algún amor más o menos secreto, se lo incorporaba al amable grupo que se había formado en la quinta de Palermo, centro de la actividad social y política de la época.

En estos términos se desarrolló la larga relación amistosa entre la hija del gobernador y John Henry Mandeville, ministro plenipotenciario británico ante la Confederación Argentina entre 1836 y 1845, fecha en que se rompieron los vínculos entre los dos países. Según el historiador inglés John Lynch, Mandeville fue más que amable en su relación con Rosas, casi un partidario suyo. "Viajó a Buenos Aires creyendo que iba a entrar en una república, pero pronto descubrió que estaba acreditado ante el déspota más grande del nuevo mundo... y quizá del viejo", pero dicha comprobación no será un obstáculo para que el diplomático inglés cultive la amistad del Restaurador, peticione por la vida de muchos unitarios luego de la revolución de los Libres del Sur y hasta se enamore a medias de Manuelita: [27] según decían en los salones porteños, "tenía sorbido el seso por la bella y bondadosa hija del tirano". [28]

Se habían conocido en 1836, con motivo del cumpleaños de Manuela, que era dentro del calendario festivo del régimen una celebración popular más que una fecha íntima: "Tanto es mi afecto hacia usted desde que nos vimos la primera vez en la Iglesia de Santo Domingo el 24 de mayo de 1836, que sólo puede cesar con mi existencia. A mi edad puedo expresarme así con usted sin temor de ofenderla", le escribe Mandeville en 1846, un año después de haberse alejado de Buenos Aires y cuando la Confederación estaba empeñada en defenderse de la agresión anglofrancesa, "circunstancias que ni usted ni yo hemos causado ni podemos impedir", decía cortésmente el ministro. Daba noticias puntuales de todos los amigos de los Rosas que vivían en Europa: en París saludó a Manuel de Sarratea y a Sofía Frank, "siempre su apasionada amiga y admiradora", entre otros; en Londres se entretuvo recordando a la capital de la Confederación en charlas con Francis Falconnet, agente de la casa Baring Brothers que había estado en 1843 en Buenos Aires para negociar la cuestión de la deuda que la provincia mantenía con esa firma inglesa. Informaba asimismo sobre el exitoso desempeño en los paseos londinenses de dos caballos que Rosas le había regalado: "El Barcino y el Colorado son la admiración de todos los jinetes en Hyde Park, nada puede jamás inducirme a separarme de ellos", asegura el ministro. [29]

También anoticiaba a Manuela de las andanzas de Fanny Mac Donald y de sus hijos que ahora vivían en Liverpool. En realidad Fanny era la amiga oficial de Mandeville, que la había llevado a Buenos Aires presentándola a todos como su sobrina e instalándola en una casa en la esquina de Perú y Moreno mientras él se ubicaba, con gran tren, en la zona del actual Parque Lezama. "Resultó ser otra cosa más íntima que sobrina, siendo su nombre Mrs. Mac Donald" —escribe Lucio V. Mansilla, al relatar las implacables bromas a que se veía sometido el ministro inglés por parte de Rosas sea por su insignificancia, no obstante su alta representación, o porque le conocía el lado flaco. [30]

Manuelita no había desdeñado a la misteriosa Fanny, la cual le escribía en 1847 en un español defectuoso y dando muestras de singular adhesión a la familia Rosas. Lo mismo que su hija mayor, estaba empeñada en continuar su aprendizaje del español, daba detalles acerca de los célebres Barcino y Colorado, enviaba recuerdos para la "señora vieja" (doña Teodora Arguibel, ya fallecida) y recomendaba a su hijo que estaba ahora en el Río de la Plata a las órdenes del capitán Herbert. Recordaba con especial afecto al general Rosas: supone que pese a los tiempos tan malos, "mostrará siempre un semblante alegre con todos los de su casa y recibirá con agrado a los extraños que vengan de visita". [31]

La correspondencia entre Mandeville y la hija de Rosas trataba asimismo asuntos diplomáticos; en julio de 1846, el inglés avisaba a Manuela que Mr. Hood, cónsul general de SMB en Montevideo sería encargado de llevar proposiciones al gobierno de Buenos Aires que suponía satisfactorias a los intereses argentinos. "Reciba pues a Mr. Hood casi como lo haría conmigo", dice, y aprovecha para enviar a la Niña un regalo de manufacturas británicas. La carta concluye con saludos para las alegres tertulianas de Palermo: "Doña Agustina (Rozas de Mansilla), doña Pascuala (Beláustegui de Arana), doña Mariquita Mariño y a todos los amigos, hombres y mujeres que forman su círculo". [32]

Sin duda la intervención de Manuelita, a medias puramente social, a medias diplomática, servía a los intereses del país, pues suavizaba las rupturas y fortalecía la amistad entre los diplomáticos extranjeros y los personajes de la alta política argentina. Otro ejemplo, en abril de 1846 el comodoro J. Herbert viene a hacerse cargo de los buques británicos que bloquean el Río de la Plata, pero antes de iniciar su misión, le escribe a la Niña, recordando los días felices pasados de Buenos Aires, lamenta las diferencias que se han suscitado entre los dos gobiernos y hace votos porque se encuentren soluciones sobre una base honorable para ambos. [33]

Son estos hechos únicos en la historia de la mujer en la Argentina porque aunque en estos casos fuera Rosas quien dictaba el contenido principal de la correspondencia, Manuela agregaba su ductilidad e inteligencia para desempeñar eficazmente el papel que tenía asignado.

Este curioso estilo de hacer diplomacia al tipo cortesano llegaría a su más alta expresión cuando Lord Howden fue designado nuevo negociador por el Reino Unido ante el gobierno de Buenos Aires. La presentación del diplomático estaría a cargo de Mandeville, quien lo haría de amigo a amigo más que en términos oficiales:

"El es un caballero de noble estirpe, par del Reino, de altas calidades y grandes riquezas, y su deseo de distinguirse en la ardua tarea de pacificar los países de ambas riberas del Plata lo ha inducido a aceptar ese difícil cargo; deja una existencia muy brillante en su patria y a su anciana madre que lo adora." Mandeville agrega otros detalles atractivos: "tiene un exterior interesante y maneras muy agradables, y como a mi amigo ruego para él de parte de usted aquella graciosa benevolencia con la que usted siempre me honró". [34]

Manuela, en su respuesta, cuyo borrador fue cuidadosamente corregido por Rosas, se mostró agradecida por la recomendación de Howden, el cual, desde su llegada a Buenos Aires, no había tenido más que finas atenciones y amabilidades para con ella. Su "tatita" escribiría por separado a Mandeville. La carta concluía con elogios a las altas calidades, noble linaje e interesantes modales del Lord. [35]

Se iniciaba así un romance fulgurante en el que Howden demostraría el temperamento sentimental de los ingleses, más allá de la fama de frialdad que se les atribuye comúnmente, mientras Manuela haría gala de un gran dominio de sí a despecho de la fama volcánica que tienen las almas latinas. Sobre el carácter del Lord, dice Lynch que "a través de una convencional carrera de las armas y de la diplomacia, había preservado una naturaleza romántica que se manifestó en Buenos Aires a pesar de sus 48 años". Cuenta además que Rosas mantenía una relación curiosa con los barcos bloqueadores, a los que ofreció aprovisionar de carne; Howden rechazó esa propuesta, en extremo absurda, pero se enamoró ardiente-

mente de la hija del gobernador mientras discutía el
tema de Montevideo y el de la navegación del río Paraná
que era crucial en el conflicto.

Ibarguren, por su parte, ha relatado con lujo de detalles el romance entre la señorita criolla y el noble diplomático que era barón de Irlanda y par de Inglaterra y
que había sido ayudante de Lord Wellington en la guerra
de España contra Napoleón y acompañado a Lord Byron
en la lucha de los griegos contra los turcos; casado y
divorciado de una sobrina de Potemkin, ministro de
Catalina de Rusia, nada faltaba para hacer de Howden
un personaje novelesco. Rosas, que había evaluado su
espíritu franco y su interés por el país al que estaba desti-
nado, decidió conquistarlo, utilizando para ello los
encantos de Manuelita e invitándolo a fiestas campestres
y amables tertulias donde el inglés cantaba y bailaba a su
gusto. Entre tanto, el diplomático francés a cargo de las
gestiones de paz, conde Waleski, observaba una conducta
diametralmente opuesta; él y su bella esposa eludían relacionarse con la sociedad porteña y en apariencia
despreciaban las invitaciones que tanto agradaban al
Lord.

Desde Montevideo los emigrados argentinos seguían
con ansiedad comprensible las andanzas del enamoradi-
zo Lord, pues temían que los flirteos con Manuelita, de
los que estaban al tanto, pusieran término anticipado al
bloqueo de los ríos que convenía a la política de los enemigos de Rosas. Su alarma creció al leer en *El Comercio
del Plata* la crónica de un paseo organizado por la Niña
en homenaje a Howden al campamento de Santos Lugares donde acampaban las fuerzas federales y que era una
verdadera población campestre, con los ranchos en hile-
ra, formando calles espaciosas y rodeados de huertas
bien cultivadas. El inglés, que estaba ataviado a la usanza
local, con poncho pampa, chambergo de alas cortas,
rebenque y espuelas de paisano, disfrutó mucho de la
jornada, en la que no faltaron tropas que rendían hono-

res, doma de potros y simulacros de combates a cargo de auténticos indígenas pampas, a los que Howden saludó cordialmente y en su idioma. Integraban la comitiva, que bailó y se divirtió hasta la madrugada siguiente, amigos y amigas de la hija del gobernador pues la invitación no tenía carácter oficial, era solamente un agasajo privado.

Pero Manuela y el Lord no participaron de todos los festejos. Volvieron temprano a la ciudad. Iban a caballo, como se estilaba en esos paseos a los que la juventud porteña era tan adicta. "En ese día dorado de otoño, al atravesar· los campos que se dilataban verdes y frescos, el huésped ilustre abrió su corazón a la Niña mientras ella, silenciosa y grave, hundía en el horizonte la mirada soñadora que se perdió en la bruma azulada de la tarde", escribe Ibarguren, imbuido a su vez del romanticismo de la escena.

Cartas intercambiadas por Howden y Manuela, veintitantos días después del episodio, revelan la respuesta de la Niña a su enamorado: ella no lo amaba, pero lo apreciaba y respetaba como a un hermano. El Lord le respondió con su mejor humor británico: "Señorita de mi profundo respeto y hermana de mi tierno cariño (...) Hijo único de mis padres, me ha negado la naturaleza el goce de esos privilegios y consuelos que disfrutan seres más favorecidos en las dulces y sagradas relaciones que existen entre un hermano y una hermana. Lo que usted me dice de un enlace tan puro no es para mí una mera expresión de urbana política, sino una concesión seriamente caritativa y bondadosa hecha para llenar el hueco que había en mi corazón. Admito todo lo generoso de parte de usted en semejante asociación y·conozco lo que hay de obligatorio por mi lado en el compromiso que contraigo". Le agradecía además la estirpe genealógica que le destinaba y se comprometía a colgar el precioso documento en la casa de sus padres, delante de los retratos de sus antecesores, "que bajarán de sus empolvados marcos para recibir a una nieta tan ilustre". Deslizaba aquí cierta ironía, pues Caradoc, como firmaba la carta, alardeaba mucho de sus ancestros y es más que posible que diera poca importancia a los blasones de una familia criolla por nobles que fueran los Rosas en su tierra. Se despedía con un expresivo "hermano, amigo, admirador y rendido servidor que besa sus pies".

Casi un mes más tarde, el 18 de julio de 1847, Howden se ausentaba del Río de la Plata, no sin antes informar a su "linda, buena, querida y apreciadísima hermana, amiga y dueña" que acababa de recibir carta suya y no perdía un momento en mandar un vapor a Buenos Aires para levantar el bloqueo en lo que tocaba a los buques ingleses. Agradecía a la Niña y a su tatita las bondades que le habían prodigado y reconocía los rumores que circulaban acerca de sus amores: "Fui ayer al campamento, y la señorita Díaz me dijo que corría muy válida la voz que estaba perdidamente enamorado de usted. Le contesté que lo sería sin la más mínima duda, a no ser que fuera yo su hermano de usted, y unido indisolublemente así por los vínculos de la sangre". Le pedía le escribiera a Río de Janeiro, su próximo destino, y que le dijera mil cosas a Juanita (Sosa) la amiga inseparable de Manuela. [36]

La misión diplomática concluía exitosamente para los intereses argentinos contrarios al bloqueo, también para los británicos, pues el Reino Unido nunca estuvo convencido de la oportunidad de esta medida que adoptó para no dejar en libertad de acción a Francia en el Río de la Plata. Howden, cuando advirtió que Rosas se empecinaba en no dar garantías para la independencia uruguaya, y en no reconocer la libre navegación del Paraná, decidió levantar el bloqueo que tanto perjudicaba los negocios británicos. Lord Palmerston, el primer ministro inglés, compartió su punto de vista: Rosas era un mal necesario, el hombre que ponía orden en la anárquica sociedad argentina y que al mismo tiempo salvaguardaba la libertad de los extranjeros residentes en el país. [37]

Waleski, el negociador francés, que tenía también una

135

romántica historia familiar, pues era hijo de Napoleón I y de la noble polaca María Waleska, se disgustó con la actitud de Howden, pues los plenipotenciarios no habían procedido de común acuerdo. Mantuvo el bloqueo por parte de la escuadra francesa y tomó medidas para asegurar la defensa de Montevideo, asediada por las tropas de Oribe, el aliado de Rosas. A. de Brosard, su secretario en esta misión diplomática, diría más tarde que el punto de vista de Howden sólo podía explicarse por una completa aberración en el espíritu del Lord o por instrucciones secretas. [38] ¿Era sólo el amor lo que había impulsado a Caradoc a ayudar a la patria de Manuelita, o eran más bien los intereses de sus compatriotas radicados en Buenos Aires y que desde hacía veinte años gozaban de un estatuto privilegiado, envidia de los franceses?

Henry Southern, el ministro plenipotenciario que sucedió a Howden, un intelectual egresado del Trinity College con el grado de Master of Arts, había pasado largos años en las embajadas de Madrid y de Lisboa y escuchó los buenos consejos de Mandeville para manejarse con soltura en Buenos Aires, donde llegó en octubre de 1848. Rosas lo recibió mal y demoró la recepción oficial mientras Southern, despreocupado y pragmático, se adaptaba a las modas locales, vestía a sus criados con librea roja, visitaba a Manuelita y enviaba comunicados a Londres en los que enfatizaba las ventajas de mantener buenas relaciones con el gobierno de Buenos Aires a fin de sostener los verdaderos intereses de los británicos. Rosas, que al poco tiempo modificó su dureza inicial, preparó en abril de 1849 una fiesta magnífica en honor del diplomático. [39]

La correspondencia entre la Niña y Southern muestra que dichas fiestas eran cada vez más sofisticadas. Expresaba el inglés su agradecimiento por haber participado en diversiones tan elegantes, variadas y magníficas, tras las cuales, estaban "las palabras poderosas de un encantador quien (con) su varita mágica, crea bosques y castillos,

136

adonde antes no había más que desierto (...) Usted sabe bien cuánto admiro y respeto la voluntad a la que aludo", decía el diplomático, que luego pasaba a extasiarse ante los encantos de la naturaleza y de la comida y a prodigar elogios encendidos a Manuela, "su noble cortesía, su elegancia y sus encantadoras maneras le han hecho tan profunda impresión que teme que en sus escritos va a olvidarse del río, de las góndolas, de la música y de ese coro de caballeros, de ese festín compuesto de los manjares más exquisitos, hasta aun de las bellezas, y llenar mi carta de *Manuelita solo* y siempre Manuelita y de la distinción también y el honor con que ella se dignó favorecer al más apasionado de sus amigos y al más fiel de sus súbditos que besa sus pies". [40]

La respuesta de la Niña fue tan atenta como medida. En realidad las reglas del juego estaban bien establecidas: no había amor en las expresiones de Southern, como lo hubo y bastante sincero en su predecesor, sí mucho artificio literario. Más franco había sido el ministro en carta a Palmerston, en la que describía a Rosas, "bondadoso y alegre en su vida privada", y a su hija que "es su verdadera ministra y secretaria". "A través de ella es fácil concertar cualquier comunicación que se desee efectuar", decía, "ella es afable, aparentemente de buen corazón y afectuosa. Sus modales y aspecto son agraciados, aunque ya no es bella. Su adoración por su padre llega a ser pasión", agrega el perspicaz diplomático para quien Manuela desempeña el papel de "angel redentor de Rosas" y también el de filtro a través del cual se tramitan temas de carácter extrajudicial que incluyen peticiones de clemencia en las sentencias de confiscaciones, destierros y aun muertes. El resto de los asuntos Rosas los manejaba personalmente. [41]

Ese mismo año Manuelita daría prueba de que también ejercía su encanto, ya maduro para los cánones de la época, sobre la marina de guerra francesa. Se trataba en este caso del contralmirante Le Prédour, encargado de la misión de paz de su país ante las Repúblicas del Plata y que en mayo de 1849 estuvo a punto de llegar a un arreglo sobre esta materia. Con tal motivo el contralmirante y la Niña intercambiaron cartas, en las que se hacía alusión a los estudios de francés de Manuelita, a obsequios mutuos, a los flirteos entre las damas de la tertulia de Palermo y los oficiales de la flota bloqueadora y a la negociación diplomática.

Le Prédour demostró gozo por el presunto restablecimiento de la paz entre su país y la Confederación Argentina y satisfacción por el recibimiento benévolo que se le hizo en Buenos Aires, particularmente por "aquella que es su Providencia": "Difícilmente me acostumbro a la mansión de mi Fragata, y creo que no podría vivir más en ella, si a cada paso no encontrara la ocasión de hablar de usted, de las señoras cuyo agradable conocimiento me ha hecho usted hacer y de la acogida tan cordial que me hizo Su Excelencia. Estos son asuntos inextinguibles de conversación y que volveré a tomar en familia cuando esté de vuelta en París, donde haré saber a todos los que me son queridos, lo que hay de admirable, de gracioso y de bueno en la organización tan natural y tan franca de la señorita Manuelita".

El uso político de la amabilidad proverbial de las criollas había dado frutos concretos. El contralmirante anoticiaba a la Niña del casamiento de uno de sus oficiales, Mazeres, con una señorita de Montevideo que se había mostrado largamente cruel y que se dejó ablandar durante la permanencia de su enamorado en Buenos Aires cuando supo que estaba rodeado de otras agradables mujeres. Le Prédour hacía referencia a otros enamoramientos, el de Laffone, más distraído que de costumbre, y el del *Otro señor*, de quien "no se podría creer hasta dónde va su pasión por la linda doña Dolores" (Marcet, una de las compañeras preferidas de Manuelita).

La hija del gobernador respondió en términos parecidos, congratulándose porque las señoritas del Plata

138

hubieran contribuido a la felicidad personal del señor Mazeres: "Ellas, con Juanita, Tatita y yo, lo felicitamos por su virtuoso enlace", decía, englobando en su expresión al séquito que la acompañaba en su tertulia y en el que había seductoras casi profesionales, que alarmaban, no sin razón, a los emigrados del partido liberal que no podían impedir que esta curiosa mezcla de diplomacia y galanteos desbaratara sus planes. [42]

No sólo los enviados ingleses y franceses participaban de dicho estilo de diplomacia. El encargado de negocios de los Estados Unidos, Guillermo Brent, disfrutaba asimismo de la sociabilidad de Palermo, pero en su caso, y en el de su familia, pues estaba acompañado por su esposa y por su hijo, su presencia debió ser bastante más pesada que la de los jóvenes oficiales europeos para la alegre corte de Manuela. En mayo del 49, Brent, ansioso de dialogar a solas con el gobernador, solicita a la Niña que aloje a los tres miembros de la familia en la quinta y que le envíe un coche para el traslado. Quiere tratar personalmente con don Juan Manuel la situación de su hijo que viaja al Paraguay y de paso ofrece seguridades de que su gobierno comparte los sentimientos del heroico pueblo argentino. Manuela accede a este pedido, y en su respuesta dice admirar altamente la determinación del norteamericano en la presente crisis de los asuntos del continente, se lamenta de los disgustos provocados por la detestable intervención inglesa y francesa, tan inmotivada y desastrosa, y asegura estar dispuesta a hacer los mayores sacrificios "por él (mi tatita) y por mi patria, siendo como soy argentina y merecedora del cariñoso afecto de un americano tan virtuoso como usted". [43]

Hasta aquí la participación de Manuela en la diplomacia rosista, pero la hija del gobernador desempeñaba otros roles en el gobierno de su padre, como advirtió certeramente el ministro Southern. "En este gobierno cruel del Río de la Plata —diría Xavier Marmier en 1850— Manuelita tiene la cartera de un ministerio que no está

139

comprendido en las teorías de los gobiernos europeos: el ministerio de la conmiseración."[44] Y William Mac Cann, viajero inglés que recorre el país en 1847, comenta que: "Los asuntos personales de importancia, confiscación de bienes, destierros y hasta condenas a muerte, se ponían en sus manos como postrer esperanza de los caídos en desgracia. Por su excelente disposición y su influencia benigna para con su padre, doña Manuelita era para Rosas en cierto sentido lo que la emperatriz Josefina para Napoleón".[45]

Tales reconocimientos de inteligentes testigos de la sociedad argentina en la época de Rosas aluden al valor de la gestión personal en los asuntos públicos; más que un funcionamiento institucional de la justicia, se prefiere el toque humano, aunque éste demuestre, en la mayoría de los casos, su ineficacia para torcer el rumbo político del gobierno. Existen en el archivo de Rosas múltiples ejemplos de los pedidos que llegaban a Manuelita, de manera directa a veces, otras utilizando a distintos miembros de la familia, por ejemplo a María Josefa Ezcurra, a las hermanas de Rosas, Mariquita, Mercedes, Agustina, o al general Mansilla, los Anchorena, etc. Podía tratarse de asuntos menores, como el pedido formulado por el canónigo Elortondo para hacer reformas en una casa de su propiedad, o la autorización requerida por Adolfo Saldías, padre del historiador, a fin de obtener empleo y título de escribano público. Otras veces los casos eran más patéticos, como la ayuda que pide el padre de ocho hijos aquejado de una grave enfermedad, o el militar cuyos bienes han sido saqueados por ladrones y que solicita una casa para vivir por cuenta del Estado; mujeres casadas con soldados que han salido a campaña, se ponen bajo la protección de la hija del gobernador; viudas de servidores públicos confían en ella para el cobro de algún subsidio. Pero en todos estos casos la Niña no actúa por cuenta propia: ella debe acelerar trámites ya iniciados en las oficinas de gobierno.[46]

Había asuntos que implicaban mayor responsabilidad que los simples pedidos; en sus *Memorias*, Antonino Reyes, que fue comandante de Santos Lugares y era íntimo amigo de Manuelita, relata la actuación de la hija del gobernador en un caso de corrupción que involucraba a Lorenzo Torres, una de las principales figuras del régimen. Este, asociado con un escribano de apellido Conde, habría usurpado tierras pertenecientes al oficial Matorras que servía a las órdenes del general Pacheco. Reyes descubrió este abuso y Manuelita, que por delegación de Rosas debía informarse del tema, escuchó desde una habitación contigua la conversación en la que Conde confesó ante Reyes su culpabilidad. Ella quedó asombrada del cinismo y la desvergüenza de esos hombres pues comprendió el mal que hacían a su padre, escribe Reyes. Cuando Torres admitió su culpa y Matorras recuperó sus bienes, la Niña dio por concluido el asunto, pero la historia relatada revela que el dictador encargaba misiones difíciles a su hija en las que se entreveraban cuestiones jurídicas con el comportamiento moral de su círculo íntimo. La base ética del régimen rosista se encontraba ya entonces muy deteriorada por el largo ejercicio del poder. [47]

Poco podía hacer Manuela en cuanto a aliviar la suerte de los perseguidos políticos, aunque seguramente muchos le agradecerían que jamás utilizara su influencia para agraviar a alguien. Recibía en su despacho numerosos pedidos de familias unitarias cuyos bienes habían sido confiscados y que pasados ciertos años de purgatorio recuperaban el uso de sus propiedades. Sus intervenciones eran en numerosos casos meramente formales pues no podía torcer decisiones políticas ya tomadas. En ese sentido Celesia ha publicado documentos sobre el caso de un condenado a muerte, preso en Chascomús por haberse mezclado en un motín y por lo cual escribió a Manuela una carta, sin perjuicio de la cual el reo fue fusilado. Tampoco pudo la Niña evitar la muerte de su amiga Camila O'Gorman y del cura Gutiérrez, aunque, según afirma Reyes, estaba dispuesta a impedir "que esos desgraciados fueran fusilados", y a arrojarse a los pies de su padre para suplicar gracia (tal como había hecho su madre, doña Encarnación, en una oportunidad parecida). La carta en que Antonino urgía a Manuela diciéndole que había recibido la fatídica orden del gobernador con la sentencia de muerte no llegó a destino. Depositada por el chasque en mano del oficial escribiente de Palermo, éste se la entregó al propio Rosas, el cual la devolvió a Reyes haciéndole fuertes cargos por demorar el cumplimiento de su voluntad. [48]

¿La habilidad de Rosas consistía en aceptar a Manuela como era, esto es, su completa negación, como sostiene Capdevila? [49] ¿O, más bien, en utilizarla como elemento indispensable en su esquema de poder para establecer una suerte de instancia extrajudicial para obtener gracia, pero sometida al arbitrio del gobernante absoluto? Entre los opositores al régimen, los más enconados se burlaron de los pedidos de clemencia que corrían por cuenta de la Niña y no vacilaron en trazar cuadros grotescos y hasta incestuosos de las relaciones entre padre e hija allá en la quinta de Palermo.

"Ella era hasta hace pocos años una joven que no se recomendaba por su belleza, pero sí por su recogimiento y dulzura —diría Rivera Indarte— pero el destino le dio un demonio por padre, y la virgen cándida es hoy un marimacho sanguinario que lleva en la frente la mancha de su asquerosa perdición." En la imaginación desbordada del planfletista cordobés, las injurias hechas por Rosas a su hija iban desde hacerla perder la timidez de su sexo haciéndola cabalgar potros briosos o desnudarse ante los ojos de un pescador, a forzarla a rogar por la vida de un desgraciado entrando en su habitación jineteando sobre uno de sus locos. Había perseguido a los posibles enamorados de la Niña, como el coronel Pueyrredón, y obligado por último a las damas de la sociedad porteña a arrodillarse ante esa mujer manchada por ser más bella, más perfecta y mejor que todas las demás mujeres. [50]

Estos delirios, llegados a oídos extranjeros, mezclados con relatos de viajeros y de los marinos y comerciantes que habían visitado Buenos Aires, inspirarían a más de un novelista interesado por el exotismo de las antiguas colonias españolas. El mismo Capdevila relata la intriga de un folletín publicado en París en 1849 por un tal Alfred Villenueve, ambientado en la capital de la Confederación en 1845. Varios oficiales franceses han bajado a tierra y uno de ellos, paseando por los jardines de Palermo, abiertos al público los domingos, conoce casualmente a Manuela y se enamora de ella perdidamente. Le advierten acerca de los riesgos que corren los que caen vencidos por los encantos de esta tirana del amor pero es inútil, el marino y la Niña viven un romance apasionado bajo los limoneros de Palermo, hasta que la relación se enfría y el oficial comete el error de jactarse de su conquista. Ella lo hará castigar por un espantoso servidor negro, cortándole una oreja que irá a engrosar los doce trofeos similares que guarda en un collar. [51]

Este argumento singular recibía distintos aportes, entre ellos la tradición de cortar la oreja del vencido. El propio Echeverría aseveró que el general Oribe había enviado de regalo a Manuela las dos orejas del coronel Borda, degollado luego del combate de Famaillá (1841) y que "esta señorita las mostraba como cosa muy curiosa, colocadas en un plato sobre el piano del salón". [52] Pero todas estas fantasías atroces que tenían por centro a la Niña eran consecuencia del uso político que su padre hacía de ella y de una relación que estimulaba la imaginación de cuanto extranjero pasaba por Buenos Aires.

Débese a Mac Cann una descripción de la mencionada quinta, que conservaba "algunos resabios de usos y costumbres medievales. La hija de Rosas presidía la mesa y dos o tres bufones (uno de ellos norteamericano) divertían a los huéspedes con sus chistes y agudezas". Don Juan

Manuel aparecía rara vez, pues pasaba las noches sentado frente a su mesa de trabajo, algo que preocupaba a Manuela, temerosa de que su padre se acortase la vida por exceso de dedicación a los negocios públicos. La Niña sedujo al visitante, autor de un conocido *Viaje a caballo por las provincias argentinas*, realizado en 1847, y para el que solicitó la protección de Rosas, pues de otro modo corría el peligro de ser considerado sospechoso.

Mac Cann admiró las dotes de amazona de la hija del gobernador: "Me dejaba atrás con tanta frecuencia que hasta se me hacía imposible espantarle los mosquitos del cuello y los brazos, como me lo ordenaba la cortesía", dice. Luego describió a Rosas, de rostro hermoso y rosado y aspecto macizo que le daban el aire de un gentil hombre inglés. "Mientras nos paseábamos por los corredores del patio, doña Manuelita vino corriendo hacia su padre y rodeándole el cuello con sus brazos, le reconvino cariñosamente por haberla dejado sola y por quedarse hasta esas horas en el frío de la noche." El visitante, que observaba la escena, consideró a la Niña como una mujer de grandes atractivos y con muchos recursos para cautivar a sus huéspedes. [53]

Otro testigo, en este caso un joven norteamericano que más tarde llegaría a ser gobernador de Rhode Island, también consignaría en su *Diario de viaje* las peculiaridades de la vida en Palermo. Estuvo en dos oportunidades en la quinta, lo suficiente para anotar, con mirada perspicaz, muchos detalles íntimos. Samuel Greene Arnold, tal era su nombre, elogió la belleza física de muchas damas de la tertulia de la hija del gobernador y especialmente la de Agustina Rosas, de perfecto estilo español, pero que lamentablemente no hablaba idiomas extranjeros. En cuanto a Manuelita, decía: "Es una mujer bien parecida, de 28 a 30 años, con una figura llena y elegante, pero ligeramente redondeada de hombros. Tiene cara redonda y no bonita pero con mucho carácter; la nariz es demasiado grande y no prominente, pero tampoco respingada. Los dientes son feos, los ojos castaños, las cejas no son espesas, el cabello no del todo negro pero abundante. Tiene 5 pies, 5 ó 6 pulgadas de estatura y es despierta, afable y con mucho tacto. En realidad es el primer ministro de su padre".

La Niña lo invita a recorrer la mansión; le muestra todos los cuartos; el de ella, amueblado al estilo inglés, con una cama alta de caoba a cuatro columnas, almohadas y toallas de hilo fino adornadas con puntillas del Paraguay, palangana de plata, una lámpara de porcelana blanca y buena alfombra en el piso, toda una rareza en las casas porteñas. El dormitorio de la Niña, lo mismo que el de su padre, dan a la galería trasera. Ya en el jardín, el joven Arnold recorre los paseos y se detiene especialmente en la descripción del barco hundido que Manuela y su corte utilizan para sus diversiones veraniegas. El bergantín quedó varado en seco al ser arrastrado por un fuerte viento. Pintado de rojo, con las cubiertas barnizadas, ofrece una excelente vista sobre el río y los bosquecillos de sauces. La cubierta baja y despejada sirve de salón de baile y tiene el mejor órgano a manivela que ha visto Arnold hasta entonces.

Sentados en la galería, Manuelita y Samuel aguardan la llegada de Rosas, que ha manifestado interés por saludar al visitante. En sus chistes estuvo muy grosero y vulgar, se queja Arnold. No era para menos. Rosas había utilizado sus peores recursos para escandalizar al huésped:

"Esta es mi mujer —me dijo señalando a Manuelita—. Tengo que alimentarla y vestirla y eso es todo; no puedo tener con ella los placeres del matrimonio; dice que es hija mía pero yo no sé por qué; cuando estuve casado, teníamos con nosotros en la casa a un gallego y puede ser que él la engendrara. Se la doy a usted, señor, para que sea su mujer y podrá tener con ella, no solamente los inconvenientes sino también las satisfacciones del matrimonio.

"Pero señor... —le dije— quizás la dama no quiera

aceptarme; es conveniente obtener primero su consentimiento.

"Esto nada me importa —dijo él—. Yo se la doy y ella será su mujer.

"Así continuó durante un rato. La pobre Manuelita se ruborizó ante la grosería de su padre y se disculpó diciéndome:

"Mi padre trabaja mucho y cuando ve alguna visita es como una criatura, como en este caso".

Pero las bromas siguieron un buen rato más, y Rosas llegó a decir que esa joven friolenta no era hija suya pues él nunca sentía ni frío ni calor, mientras mostraba su pecho fuerte, de piel clara y velludo, a los ojos de su desconcertado huésped. Durante la comida, que empezó a las cuatro de la tarde, e incluyó una serie de platos criollos —carbonadas, guisados, estofados—, Manuelita, sentada entre el gobernador y Arnold, bromeaba sobre su posible casamiento, dudando ella de la fidelidad del joven estadounidense cuando llegara a Chile. Samuel se marchó luego de una larga sobremesa; había pedido un autógrafo al gobernador, y otro a su hija, porque, dijo, ella reina en los corazones de la gente.

Este relato, uno de los más ricos y confiables en cuanto a la intimidad de los Rosas, pues fue escrito para la novia de Greene Arnold, sin intención de publicarlo, revela el origen de los rumores que corrían acerca de la relación entre el gobernador y su hija. Todavía no había nacido Sigmund Freud, de modo que esto nos exime de indagar si Rosas expresaba o no en sus chanzas sus más íntimos deseos. Sus alusiones a doña Encarnación, muerta diez años atrás, y al gallego que vivía con ellos —¿el Carancho González?— eran algo más que groserías. Pero Manuela estaba en condiciones de superar con rapidez la vergüenza inicial; imperturbable y coqueta, hacía gala de su gran presencia de ánimo y mantenía el tono de la conversación sin amilanarse y tal vez disfrutando el asombro de su contertulio.

Arnold que en sólo un mes de estadía en Buenos Aires, de febrero a marzo de 1848, había aprendido mucho sobre la sociedad porteña, analiza a continuación la vida sentimental de Manuela: "Ha estado comprometida varios años con un joven que está a las órdenes de su padre como comisario del ejército en la provincia y que vive en su casa, pero, por motivos políticos, el casamiento ha sido postergado, aunque algunos dicen que se ha realizado en privado". Precisamente, cuando Manuela se despidió de su huésped, llamó a Máximo Terrero, su novio, para que tradujera sus palabras de saludo al francés, lo acompañara al coche y le ofreciera una escolta hasta la ciudad que no fue aceptada. [54]

Este enamorado, que tal vez en silencio había escuchado la conversación y las bromas de la sobremesa, era sin embargo el partido más adecuado para la hija del Restaurador. Hijo de "su primer amigo", Juan Nepomuceno Terrero, sólo el egoísmo de don Juan Manuel podía pretender que la boda no se concretara. Pero como una rareza más de la vida en Palermo, ese joven moreno, simpático y bien parecido habitaba en la misma casa que su novia. Así lo reconoce Adolfo Saldías, al decir que tenía una habitación próxima a la de Rosas. Capdevila, el único de los historiadores del período rosista que se ocupa de esta curiosa situación dice: "Vivían bajo el mismo techo, allá en la inmensa casa de Palermo. De noche, cuando deberes de orden público la llevaban (a Manuela) a los teatros de la ciudad, se resarcía a la vuelta del sacrificio, soñando amores con su galán. En brioso corcel y a buen galope, al lado mismo de la diligencia, todo el cuerpo inclinado hacia ella, venía don Máximo, camino de casa, diciéndole que la quería". [55]

Todo esto resultaba bastante extraordinario en una sociedad que en apariencia cuidaba tanto de las formas. Pero sólo pueden hacerse suposiciones en torno al género de relaciones de esta pareja que, después de Caseros, se casó y logró una admirable felicidad doméstica. Sostiene Antonio Dellepiane que fue en 1850, luego de la publicación del folleto de José Mármol sobre Manuela Rosas, cuando tomó estado público la relación entre la Niña y Terrero. El autor de *Amalia* había hecho de la soltería de la hija de Rosas el tema central de su trabajo. Sometida a una vida estéril e infecunda, escribe, ella debe renunciar a su felicidad personal, "o arrastrarse a las intrigas culpables a que los ejemplos de su padre la incitan, y asesinando toda pasión noble en su alma, dar esparcimiento a sus sentidos entre el misterio y entonces es desgraciada hasta la compasión".

Mármol no oculta su simpatía hacia la Niña que a los 33 años ha alcanzado la "edad en que una mujer es dos veces mujer". Se emociona ante esa alma femenina incomprendida a la que tal vez amó viéndola pasar amable, comunicativa, sencilla en los grandes saraos del Buenos Aires federal. "Su fisonomía es agradable —dice— con ese sello indefinible pero elocuente, que estampa sobre el rostro la inteligencia cuando sus facultades están en acción. Su frente no tiene nada de notable pero la raíz de su cabello castaño oscuro borda perfectamente en ella esa curva fina, constante y bien marcada, que comúnmente distingue a las personas de buena raza y espíritu. Sus ojos, más oscuros que su cabello, son pequeños, límpidos y constantemente inquietos. Su mirada es vaga. Se fija apenas en los objetos, pero se fija con fuerza. Y sus ojos, como su cabeza, parece que estuvieran siempre movidos por el movimiento de sus ideas."

Todo se rinde en apariencia bajo sus pies, explica el novelista, poder, lujo, admiración, obsecuencia; en los paseos públicos, el gentío, apretujado, pugna por recibir el honor de una de sus miradas. En el teatro, las funciones no comienzan hasta que ella no se ha hecho presente en el palco. "¡Pobre mujer! En torno de Manuela Rosas el mundo es una orgía donde se embriagan sus sentidos (...). En medio de esos reptiles, Manuela es un Dios. Más fuerte, más sabia, más independiente que todos ellos, su voluntad domina en todos."

Rosas ha sentenciado a su hija al celibato eterno, supone Mármol, pues no sólo no autoriza su casamiento eventual, sino que en torno de ella no hay un solo hombre capaz de inspirarle una pasión noble y profunda. En suma, el tirano, fascinador y demoníaco a un tiempo, ha puesto a su hija en el altar donde el pueblo enfermo, débil y fanatizado de Buenos Aires corre a ponerse de rodillas como homenaje servil de su postración. [56]

Esta Manuela que muestra el autor de *Amalia* como prototipo de la criolla de buena familia, de tez pálida, con ese tinte enfermizo de los temperamentos nerviosos, que no tiene la belleza excepcional de su abuela misia Agustina, ni la de su tía, la esposa del general Mansilla, pero tampoco la dureza de su madre doña Encarnación, es sin lugar a dudas una mujer enigmática. Mármol la imagina desdichada porque no ha conocido el goce del amor y de la maternidad. En términos similares se expresaría otro escritor contemporáneo suyo, Miguel Cané:

"Manuela es hoy el astro fulgente de la corte de Palermo, es hábil en el rol que desempeña, pero su vida íntima, su existencia de mujer ha sido nula, estéril, descolorida. Y los treinta años han llegado ya; las flores de su guirnalda han sido marchitadas por la mano del tiempo". Con todo, "el anatema de la sociedad argentina no pesa sobre ella", reconoce Cané en estas breves páginas, que concluyen con la suposición de que, cuando termine Rosas, ella será salvaguardada por las mujeres de las familias unitarias que no le guardan rencor. [57]

Entre tanto, la hija del dictador continuaba imperturbable su triunfal vida pública. Es muy posible que por entonces Máximo ocupara el segundo lugar en su corazón, pues el primero estaba reservado para su padre. Y por otra parte, más allá de las obligaciones políticas que debía cumplir, su salón era entretenido y no había fiesta ni espectáculo que no la tuviera como invitada de honor

149

ni personalidad extranjera que pisara el suelo de Buenos Aires sin acudir a su tertulia.

La memoria de los porteños ha rescatado el encanto de la sociabilidad de Manuelita Rosas, que hacía los honores de la casa los días de recepción, acompañada de sus tías Mercedes Rosas de Rivera, Gregoria Rosas de Ezcurra, Agustina Rosas de Mansilla, y María Josefa Ezcurra, esto, en los primeros tiempos, luego de la muerte de su madre. Según Bilbao, en las reuniones, que se desarrollaban en medio de la mayor cultura y alegría, no se hablaba de política, se recitaban poesías, se hacían juegos de ingenio y se bailaba.. Los números de música estaban a cargo de los maestros Esnaola, Massini, Marota y Sívori. También se hacían aplaudir los pardos Marradas, Ambrosio, Espinosa y otros pianistas de nombre de esa época. Se improvisaban pic-nics en el bosque o conciertos en el buque encallado en el río. "Los hermosos montes naturales y los que había plantado Rosas atraían concurrentes de la ciudad que se internaban en ellos con sus provisiones para almorzar y pasar el día, como ocurre hoy, con la diferencia de que entonces el paseo era particular y hoy es público." [58]

Battolla agrega otros datos: Manuelita vestía generalmente de blanco o rosa, con adornos punzó. Los días miércoles eran los de más concurrencia a su salón. Entre sus amigas íntimas figuraban las de Gómez, Larrazábal, Cáneva, Velázquez, Pinedo, Sosa y Saravia. A la cena de los miércoles seguía el baile. "En estas sencillas tertulias no era costumbre sacar a bailar a Manuelita. Ella elegía compañero de vals, al que era muy aficionada, y cuya pieza sólo perdía cuando veíase obligada a hacer los honores de la casa." Entre los galanes más asiduos, menciona a los Martínez de Hoz, González Moreno, Elizalde, el ministro Mandeville, Arcos, Hernández, Arredondo, Pérez del Cerro y García Fernández.

Manuelita disponía de cuatro habitaciones en Palermo, sala, dormitorio, *toilette*, etc., sobre la parte oeste del edificio. Doña Rosa Lastra de Lezica, que la visitó en compañía de su madre para agradecerle el desembargo de los bienes de su familia, recordaba que el cuarto de *toilette* era sencillísimo: un aparador de espejo cubierto por una gran toalla tejida de hilo festoneado con encaje de las provincias, un pequeño sofá, sillones y sillas tapizadas con fundas de género blanco. En la sala de recibo tenía un piano.[59]

Naturalmente, la hija del gobernador ejercía en la sociedad porteña un verdadero liderazgo acatado respetuosamente por todos; en las fiestas patrias su presencia era infaltable en el balcón de lo de Riglos, el más elegante de la ciudad, ubicado sobre la plaza de la Victoria (Bolívar 11). En ese sitio, tradicionalmente usado para concertar noviazgos, ella lucía sus muchas alhajas; llegaba acompañada por la infaltable Juanita Sosa y por su eterno séquito de admiradores. Era sabido que el dueño de casa, Miguel de Riglos, se había hecho federal neto de puro miedo, afirma Battolla, al evocar al propietario de la afamada balconada que era larga y angosta. [60]

"En el teatro no se alzaba el telón hasta que la hija del Restaurador no estuviese presente", recuerda el mismo autor. En el paseo del Bajo de la Recoleta, donde de tanto en tanto se corrían carreras de sortijas, los jóvenes de familias conocidas que participaban de los juegos vestían deliberadamente chiripá de paño punzó y gorra del mismo color. El ganador presentaba el trofeo a la dama de su predilección, pero si estaba presente la hija del gobernador, la sortija era para ella, cuya presencia, por otra parte, tenía la virtud de aquietar los ánimos más convulsionados.

Para Manuelita eran también las primicias de las serenatas nocturnas que estaban de moda en el Buenos Aires federal. Así se evitaban las sanciones policiales. De estas serenatas que se daban a caballo, debido al mal estado de las calles, y con acompañamiento de guitarras, hubo una, en vísperas de Navidad, particularmente memorable: se dio con ayuda de un gran piano que anduvo triunfante por las calles a hombros de cuatro gallegos morrudos que se turnaban con otros tantos vigorosos negros (Munilla, dueño del café de Malcos, de donde surgió la iniciativa, era asimismo propietario del instrumento). La comitiva de 200 personas, con atriles y faroles, encaminó sus pasos en primer término hacia lo de Rosas y luego recorrió las casas de las familias amigas hasta el amanecer. [61]

Hacia 1850 la gloria de Manuelita estaba en su cenit: gracias a los extranjeros, y al éxito de la política exterior de Rosas, los periódicos europeos hablaban de la joven porteña. En Madrid la llamaban "la célebre Manolita" y la *Revue de Deux Mondes* afirmaba: "cuenta ella en Europa, de Turín a Copenhague, con gran número de admiradores y amigos". [62] Al unicato político del padre correspondía el unicato social de la hija, directora, inspiradora y centro de múltiples actividades en la metrópoli del Plata. Eran tantos los himnos y los poemas compuestos en honor suyo, que hasta ha podido editarse un volumen con todas esas expresiones literarias de dudoso gusto y tono algo burocrático al estilo de: "Hija digna de Rosas potente / tú serás el jazmín peregrino / tú el encanto del suelo argentino / y embeleso del pueblo más fiel". O esta otra, entonada en 1848 por los negros en sus días de fiesta: "Oh, siglo infelice / de nuestros mayores / pues no les fue dado / tributarte honores / murieron en Congo / sin veros señora / que alegre te muestras / cual fulgida aurora". [63]

Hasta la esclavitud parecía un beneficio pues permitía a los africanos y sus descendientes disfrutar del encanto de esta señora. Pero más allá de tales expresiones de obsecuencia, Manuelita imponía su reinado sin hacer personalmente abusos de poder y sin marearse ante tanta adulonería, cosa admirable porque desde su adolescencia siempre había estado rodeada de halagos. A tal punto llegó su importancia en el sistema rosista que la oposición se mostró preocupada: la intimidad de los Rosas atraía y rechazaba a la vez a los emigrados, los que, gracias a una buena red de informantes, estaban en condiciones de dar a conocer con detalle los entretelones de la vida en la quinta de Palermo.

Un folleto de autor anónimo, publicado en Valparaíso en 1851, describe la vida cotidiana del gobernador y de su familia, en ese sitio que se ha transformado maravillosamente, con sus caminos bordeados de sauces y naranjos, la alameda tapizada con conchillas de mar y el gran patio donde día a día se reúne una multitud silenciosa: 500 personas de ambos sexos, criados de la casa, empleados de la secretaria del gobernador, edecanes, peonada de la quinta y del saladero adjunto y gente que acude guiada por la curiosidad o por la esperanza de alcanzar algún favor de doña Manuelita.

Más parece externamente un panteón que una casa de campo, dice el anónimo, pero dentro hay lujo en las habitaciones; cada salón, cada dormitorio, tiene estufa particular (5.000 pesos le ha costado al tirano la menos lujosa); proliferan las alfombras y los sofás. A la entrada hay un hermoso estanque y un sofisticado columpio o sistema de calesitas y caballos, diversión en la que sobresale la hija de Rosas, que suele reírse mucho de los que se muestran tímidos o mareados. Sólo en pan se gastan en Palermo 500 pesos diarios.

Rosas ha comprendido que su gobierno no debe llevar una vida común, sino a su modo, tan especial y única como su tiranía. Trató de hacer a su hija cómplice de sus maldades y, una vez convencido de la perfectibilidad de su obra, partió con ella la gloria y los desvelos de la dictadura. Desde entonces se vio a Manuela crear una corte, vestirse de princesa y hacerse el centro de la política interior y exterior de Buenos Aires.

"Pero no se detuvo aquí el poder y la influencia acordados a doña Manuelita por los aduladores de Palermo. Muy pronto se la vio partiendo con el ministro de Rela-

153

ciones Exteriores el honor de las negociaciones diplomáticas, recibiendo los primeros cumplidos y besamanos de los Lores, los Condes y Almirantes de Francia, Inglaterra, hasta llegar a declararse de un modo casi oficial que 'las visitas y cumplimientos hechos a la digna hija del Restaurador, eran preliminares necesarios para alcanzar la estimación de Rosas'. Ante cualquier rumor sobre el estado de salud de S.E, es preciso interesarse ante ella y no han faltado los mandones del interior que han llevado su abyección a decir que muerto Rosas nadie con mejores derechos y capacidades para sucederle que su hija."

Rosas —continúa el anónimo—, retirado en Palermo, tomando al gobierno por un ejército en campaña, ha establecido de hecho una secretaría general, administrada unas veces por él, y otras por su hija. Trabaja toda la noche; a las ocho de la mañana, después de haberse tomado unos centenares de mates, Rosas entrega el cetro y la corona a Manuelita y se retira a su aposento (el autor está enterado de la presencia de la joven amante del gobernador, cuya historia se hará en el capítulo siguiente). Desde aquella hora Manuela es el *Sol de Palermo* para el culto federal; para ella todas las adoraciones e inciensos. Su bufete no se abre hasta la una del día, pero desde mucho antes un criado está encargado de recoger tarjetas y llevar una lista de todas las personas que solicitan audiencias. Acordada ésta, el sirviente conduce a todos los favorecidos hasta la puerta del despacho, que es un salón pequeño, pero lujoso y elegantemente adornado. Doña Manuelita recibe generalmente con afabilidad y cortesía, no siendo extraño se la clasifique de muy amable y bonadadosa, pues hace un particular empeño en parecerlo, cuando en realidad no lo es.

No pasa por alto el anónimo la importancia de las "damas de honor" de esta singular corte republicana y dice que "a las cinco de la tarde Manuela cierra su despacho y tiene lugar entonces la gran mesa de estado a la que raras veces concurre don Juan Manuel. Los amigos de la casa, los palaciegos de mayor confianza, se reúnen por la noche en el salón principal. Doña Manuelita toca el piano y canta y la tertulia toma una animación que sólo es dado comprender a los que conocen el espíritu de libertinaje y franqueza que ha dominado siempre en las acciones y vida de Rosas y su familia".

"En resumen, Rosas y su hija son los únicos y absolutos administradores de la República Argentina; los ministros de Estado, los camaristas, los representantes, gobernadores de provincia, etc., etc., son miserables cascabeles prendidos a la ropa del gran juglar que los hace sonar o caer a su capricho." Sobre la apariencia de Manuela, que a los 34 años de edad no es hermosa, pero sí elegante y graciosa, dice que su rostro es agradable, pero ni distinguido, ni hermoso, y que las cejas bien pobladas son señal inequívoca de un carácter duro y apasionado. Es atractiva cuando, separada de su bufete, pasa a desempeñar en su salón su verdadero papel que le corresponde como dama y se entrega con efusión e ingenuidad a los transportes del baile, el canto, o la conversación familiar.

El anónimo tiene en claro dos cosas: por un lado que el adjetivo que conviene a una señorita auténtica es la ingenuidad y asimismo que esta mujer enigmática desempeña un papel político de primer orden sin que pueda saberse si lo hace a disgusto —como supone su leyenda— o si, por el contrario, ella también siente que ha nacido para mandar y pone especial cuidado en cumplir ese rol nada desdeñable. Destaca el folleto —y en esto coincide con otros relatos— que la Niña hablaba en público con gran facilidad y elocuencia, "debiendo este adelanto al continuo hábito de comunicarse con gente de alta clase, y a la seguridad y aplomo que le da su posición elevada. Cuanto ella hace y dice es una sentencia y una gracia que todos se apresuran a festejar".

"Habla regularmente francés, toca el piano y canta canciones españolas que sólo podían ser toleradas en los estrados de Buenos Aires por salir de unos labios tan infalibles como los suyos, tales son de verdes y licenciosas. Monta a caballo casi tan bien como su padre y como él prefiere hacerlo a imitación de las gentes del campo, y lleva el vestido corto y la cabeza descubierta; fuera de estas ocasiones, viste con mucho lujo y elegancia y tiene tantas alhajas como la más rica princesa.

"En cuanto a su hermano Juan, el primogénito del dictador, ocupa tan triste lugar en la historia asombrosa de su padre, que apenas se habla de él, siendo muy pocos los que en el exterior lo conocen; es de corta estatura, rubio, y bastante parecido a Rosas, un gaucho político dedicado a la vida ganadera. Parece que su padre hubiera tenido especial empeño en embrutecerlo y colocarlo en la imposibilidad de ambicionar un alto empleo con perjuicio de su hija Manuelita a quien decididamente ha distinguido. Tiene fama de consumado calavera y como está ausente casi siempre de Buenos Aires, ha llegado a caer en el olvido de los cortesanos."[64]

Hasta aquí, la crítica y acerada pintura de época que nos brinda la pluma de este opositor cuya información coincide con la mayoría de lo escrito acerca de Palermo, pero que es el único —que se sepa— en mencionar las canciones picarescas que entonaba la Niña en su tertulia y en reflexionar sobre la posible distancia entre la amabilidad de la hija del gobernador y su yo íntimo que supone más fuerte y menos convencional. Por otra parte le reconoce alta especialización en los asuntos públicos, resultado de una inteligencia que ha sido educada por años de contactos con el poder. Marca además la identificación entre padre e hija, no sólo a través de la picaresca, sino más especialmente en la pasión por los caballos y por vestirse a lo gaucho en lugar de hacerlo, cuando se trata de cosas de campo, a la moda europea, como podía esperarse de su alto rango social. Sugiere, en suma, un goce secreto del poder por parte de Manuela.

Lucio V. Mansilla ha hecho asimismo referencias a la vida en Palermo en las postrimerías del régimen. "No era un foco social inmundo, como los enemigos de Rosas lo han pretendido —escribe— por más que éste y sus bufones se sirvieran de cuando en cuando de frases naturalistas, chocantes, de mal género, pues Rosas no era un temperamento libidinoso sino un neurótico obsceno (...) Manuelita, su hija, era casta y buena, y lo mejor de Buenos Aires la rodeaba, por adhesión, o por miedo, por lo que se quiera, inclusive el doctor Vélez Sarsfield que le hacía de *cavalière servente* con su gracia característica, provocando, por su cercanía con la Niña, las envidias de su séquito."[65]

Pero de hecho, a Lucio, que era un adolescente de muchas lecturas, le resultaban pesadas las bromas de los bufones de su tío, el gobernador, las tonterías del "padre Biguá y las insolencias del esperpento Eusebio, que me revienta porque dice (¡mulato atrevido!) que yo soy hijo suyo, de oculto". La tertulia de Manuela, en cambio, no parecía contar con esta singular compañía y resultaba grato escuchar a los invitados que de noche se entusiasmaban y, ayudados sin duda por unas copas de buen vino, cantaban el Himno federal y vivaban a Rosas. [66] Pero cuando se fue del país, medida preventiva del general Mansilla que advirtió, con temor, que su hijo se complacía leyendo *El contrato social*, Lucio no llegó a despedirse de Rosas: veinte días seguidos fue a Palermo sin lograr que su tío lo atendiera. Siempre cariñosa, repetía Manuela que mañana, tatita lo recibiría... [67]

El Pronunciamiento de Urquiza en mayo de 1851 resultó un pretexto más para enaltecer la figura de la hija de Rosas. Las muestras de apoyo al dictador se multiplicaron en Buenos Aires a partir del 24 de mayo, día del cumpleaños de la Niña. Hubo visitas y regalos. Diplomáticos y generales, empleados públicos, negros y negras de la naciones africanas, mazorqueros, gente de los suburbios y de la alta clase porteña acudieron a rendirle homenaje. Las adhesiones a los Rosas continuaron. El 9 de julio, la multitud se agolpó bajo una lluvia torrencial para contemplar a su héroe, el Restaurador, que comandaba la parada militar en el Paseo de Julio. Ningún cuerpo se movió de su puesto y así sufrió la tempestad de agua y viento por horas. Otra noche se estrena en la sala del Argentino la obra *Juan Sin Pena*, cuyo argumento, se anuncia, tiene similitud con "la loca y negra traición de Urquiza". Manuelita, "brillante como nunca de hermosura y de bondad", asiste a la función; a la salida, centenares de personas la acompañan hasta su casa, y en el patio, con banda de música y faroles, entonan el himno *Loor eterno al magnánimo Rosas*. En la siguiente función de la misma pieza tiene lugar un hecho significativo:

A la salida del teatro la muchacha sube a una carroza arrastrada por sus muchos admiradores, ciudadanos respetables, dirán los periódicos, entre los que figuran Lorenzo y Eustaquio Torres, Rufino de Elizalde, Santiago Calzadilla, Adeodato de Gondra y hasta Benito Hortelano, periodista español que había fundado *El Agente Comercial.* [68]

La hija del gobernador es agasajada también en forma privada: el 9 de setiembre Josefa Gómez ofrece un baile en su honor. En octubre, contagiada tal vez por el vértigo colectivo que no cesa en sus demostraciones de adhesión al Restaurador, la Niña concurre acompañada por varias señoras y señoritas de su séquito al convento de San Francisco, para festejar la fiesta del santo comiendo en el refectorio. Tiene autorización del provisor eclesiástico, pero de todos modos, su actitud resulta sorprendente, una *gaffe* podría decirse:

"Nunca he oído decir que ninguna mujer, ni aun las mujeres de los virreyes, hayan entrado en los conventos con su comitiva de señoritas, tanto en entrar como en comer, todo lo cual ha causado novedad en el público", escribe Juan Manuel Beruti, el cuasi imperturbable cronista de medio siglo de vida política y social de Buenos Aires. [69]

Embriagada por el triunfalismo que se ha apoderado de

la ciudad, Manuela Rosas ha ido más allá de lo que ninguna mujer había avanzado hasta entonces, ni en la época colonial, ni en la independiente. La prensa porteña que ha respondido con mansedumbre a las necesidades políticas del dictador, se empeña en halagar a la Niña de Palermo. *El Diario de Avisos* elogia a las mujeres argentinas, perspicaces en la política, en literatura, idiomas, música y pintura, pero que educadas con timidez no han podido desarrollar sus pensamientos: en medio de ellas se levanta como un centro de atracción la bella Manuelita que en cualquier situación de la vida en que encontrase brillaría "por su tino mental" y merece se la compare con las grandes damas del siglo, la emperatriz Josefina, que con sus consejos contribuyó a la elevación de Napoleón, Teresa Cabarrús, Madame Tallien, apodada Nuestra Señora de Termidor; Madame Récamier, a la que Thiers consultó para escribir la historia del Consulado, y, por último, la princesa Adelaida de Orleans, hermana de Luis Felipe de Francia, buena consejera en los más intrincados asuntos. [70]

El mismo periódico publica entre setiembre y octubre la correspondencia entre el encargado de negocios norteamericano, Guillermo Harris, y el ministro de relaciones exteriores de la Confederación, Felipe Arana, con motivo del regreso del diplomático a los Estados Unidos. Harris dice haber comprendido la historia del país, la política del general Rosas, los servicios que ha prestado a la salvación de la patria y los no menos importantes que se deben a su noble hija. [71] Asombra que se incluya a Manuelita en ese texto oficial, casi como si fuera la heredera del trono.

Periódicamente Rosas renunciaba al cargo de gobernador y la Legislatura le rogaba que permaneciera en funciones. Cuando el Restaurador repite ese ritual, en setiembre de 1851, hay demostraciones de júbilo oficial y popular rigurosamente pautadas: en la tarde del 28 de setiembre una comisión visita la quinta de Palermo; los recibe el ciudadano Máximo Terrero, quien los introduce en el salón de Manuelita. Su Excelencia, el gobernador, se presenta vestido con sencillez, como un verdadero republicano, dice la crónica. Mientras un fervoroso Lorenzo Torres da vivas al gobernador, diputados, empleados públicos, militares y venerables sacerdotes saludan a la Niña. [72]

Pero la máxima demostración de homenaje a la hija de Rosas tiene lugar el 28 de octubre. Es la fiesta que le ofrece el comercio porteño y que resultó en cierto modo la culminación de toda una época. Preparada con cuidado hasta en sus mínimos detalles, asunto central era la realización de un retrato de la joven, a fin de que cada invitado pudiera irse a su casa llevando la litografía de Manuelita. Un montaje especial se puso en marcha para asegurar el éxito político y artístico del proyecto.El baile se preparó desde el mes de julio. Formaban parte de la comisión organizadora Rufino de Elizalde (más tarde mitrista fervoroso), Manuel Pérez del Cerro, Carlos Urioste y Pedro del Sar, que eran comerciantes y hacendados de prestigio. El lugar elegido era el Coliseo donde había un teatro en construcción (actualmente se levanta allí el Banco de la Nación). Consultada la Niña sobre la posibilidad de que los invitados se llevaran su imagen litografiada en recuerdo de la fiesta, ella respondió que su padre la había formado en los principios de la modestia y jamás había soñado retratarse. Fue preciso entonces apelar al consejo de tres íntimos, don Juan Nepomuceno Terrero, Luis Dorrego y el tío Gervasio, los cuales dictaminaron que Manuela era una personalidad histórica, "celebrada por la prensa del mundo" y justificaron el objetivo del sarao: agradecer los servicios que tan acertadamente rendía a sus compatriotas bajo las sabias direcciones de su ilustre padre. Su litografía sería un ejemplo más de la fusión de voluntades que ha sabido operar su esclarecido padre en esta tierra, tan lastimosamente despedazada antes. [73]

Salvados los pruritos de la Niña, el artista Prilidiano

Pueyrredón, retratista avezado de la sociedad porteña de entonces, puso manos a la obra. En *Arte e Historia*, Dellepiane ha destacado con cuánta inteligencia procedió Prilidiano para pintar el retrato de alguien cuya personalidad había sido fijada de entrada por la comisión organizadora. Presentó a la joven lujosamente vestida con su miriñaque rojo, recibiendo a un invitado invisible. El rojo terciopelo del traje, la mesa de caoba rosada, el ramo de rosas que armoniza con el apellido de la modelo, más los tonos de la alfombra, del cortinado y de la divisa colocada en el peinado, todo concuerda para presentar y fijar un período de la historia del país a través de su principal figura femenina. Es la sociedad federal urbana lo que se presenta ante el espectador, bien distinta, por cierto, de las imágenes confusas de gauchos y degüellos que forman también parte del imaginario colectivo cuando se evoca al período rosista. [74]

La pintura que puede admirarse hoy en el Museo Nacional de Bellas Artes, perduraría mucho tiempo más que los ecos de la fiesta que tuvo lugar por fin el 28 de octubre de 1851. Fue el sarao más famoso de la temporada y al mismo tiempo el canto del cisne del régimen. Desde la decoración de los salones hasta el exquisito ambigú, todo fue minucionsamente preparado. Manuela, vestida de rojo y oro, adornada con brillantes en su cuello delicado y en su graciosa cabeza, según dirían las crónicas mundanas, deslumbró una vez más a sus admiradores, y escuchó nuevos y entusiastas poemas escritos en su honor. Se bailó hasta las siete de la mañana. Uno de los invitados, Adeodato de Gondra, justificaría su atraso en contestar unas cartas "por haber pasado toda la noche hasta el día, como era mi deber, en el justo y espléndido obsequio dado por el Comercio Nacional al Angel de la Confederación, la incomparable virtuosa hija de V.E. Doña Manuelita". [75]

Pero así como al amanecer del 29 de octubre se apagaron las luces del Coliseo, empezaría a apagarse el brillo de la Niña. Su primo, Lucio V. Mansilla, la evocará en una conocida página de *Entre-Nos*. Corren los últimos días de diciembre del 51, y la opinión está pendiente del avance del Ejército Grande que bajo la jefatura del general Urquiza ha cruzado el Paraná y se dirige a Buenos Aires para librar la gran batalla. Pero en Palermo persiste el mismo cuadro señorial. Lucio ha vuelto de viajar por el mundo; sabe que su tío, el dictador, se ha disgustado porque no lo han consultado sobre ese periplo, y se dispone a saludarlo. Deja su caballo en el palenque y no tarda en hallar a Manuelita, en lo que se llamaba el jardín de las magnolias, rodeada de un gran séquito. A su lado, provocando las envidias federales, el doctor Vélez. Durante largas horas aguardará el joven la autorización para visitar a su legendario tío. "¿Y?", pregunta cada tanto. "Ten paciencia, ya sabes lo que es tatita", responde la prima movediza y afable, hasta que por fin "tatita" lo invita a entrar y ella lo conduce, como Adriana, de estancia en estancia, haciendo zigzags hasta la pieza en la que reina un silencio profundo y en la que aparece el tío, alto, rubio, imponente, de mirada fuerte, nariz grande, afilada, correcta, cara afeitada, que no disimula el juego de los músculos. Así le pareció la efigie del "hombre que más poder ha tenido en América y que empezó a hablarle con timbre de voz simpático hasta la seducción". [76]

El clima se había enrarecido y un silencio pesado sustituía al bullicio de los últimos meses. Todos los ciudadanos, con excepción de los extranjeros, han sido llamados al servicio de las armas. Los negocios están paralizados. El 26 de enero de 1852, Palermo se llena de gente: van a presenciar la salida de las tropas que deben concentrarse en Santos Lugares, doña Manuelita, vestida de rojo, los despide con gesto teatral, según testimonia Jonathan Foltz, un cirujano sueco de paso por Buenos Aires. Su padre y su novio se van al campamento y ella permanece en la quinta unos veinte días más. Oficiales de un barco norteamericano le harán compañía en el último paseo que hace hasta la glorieta favorita, escenario de tantas horas felices. Después partirá a su casa del centro a esperar los acontecimientos. La Niña muestra entonces su energía, su valor y el sentido práctico que nunca la abandona: ante la súplica del ministro inglés para que se traslade cuanto antes a un barco bajo la protección británica, ella prefiere esperar el desenlace y el regreso de su padre. Cuando se trata de partir, se ocupa personalmente de llevar los títulos de propiedad de los bienes paternos. [77]

Concluía entonces la historia de la Niña de Palermo. El 3 de febrero del 52, poco antes de que terminara la batalla entre las tropas de Urquiza y las de Buenos Aires, Rosas regresó a la ciudad, escribió su renuncia al cargo de gobernador, se dirigió a casa del ministro de SMB, Mr. Gore, y esa misma noche, acompañado por sus dos hijos, su nuera y su nieto, se embarcó en un vapor de guerra británico que estaba fondeado en la rada y que se alejó rápidamente hacia aguas profundas. [78]

La propia Manuelita relató años después al historiador Saldías los pormenores del traslado, vestida ella con ropa de marinero. Ya en el barco, vieron desde cubierta los incendios y adivinaron los saqueos que tenían lugar mientras las autoridades locales se desentendían del mantenimiento del orden y todavía Urquiza no había implantado su gobierno sobre la ciudad acéfala. Su angustia era grande: nada sabía de los amigos y parientes que habían quedado en Buenos Aires. Desconocía la suerte de Máximo Terrero que ahora era el personaje central en sus pensamientos de mujer. ¿Estaba preso?, ¿acaso lo habían fusilado? Un oficial de la corbeta sueca Lagerjelke fue el encargado de disipar sus temores y, de paso, de dejar para la posteridad una pintura vívida de Manuela en la hora de la derrota.

Este oficial, que había sido testigo de los últimos sucesos, se sorprendió gratamente cuando un grupo de amigos de la hija de Rosas, sabiendo que conocía a los marinos del *Centaur* —la fragata de guerra adonde se habían trasladado los proscriptos— le pidió que fuera a bordo a saludarla. Al sueco, que desde su llegada a Buenos Aires oía hablar mal de Rosas todo el tiempo pero bien de su hija, porque ella nunca denigraba a nadie, le pareció que estaba ante una oportunidad espléndida de conocer a tan destacado personaje. Antes de partir le fue presentado Máximo Terrero a quien Urquiza había liberado de inmediato. Puede imaginarse la alegría con que Manuelita recibió de labios del oficial sueco esta noticia:

"Al oír el nombre de Máximo Terrero, Manuelita hizo un pequeño movimiento con la cabeza y sus grandes ojos llenos de alma lagrimearon, y con bastante fervor dijo: 'Máximo Terrero está libre. ¿Usted mismo lo ha visto?' Le dije que sí y que había hablado con él hoy en su propia casa. Me tendió la mano diciéndome: 'No le puedo decir cuán bienvenido es usted'. Las lágrimas corrieron por sus mejillas y con evidente estupor exclamó: '¿Realmente Máximo Terrero está libre?'. Tuvo entonces una suerte de catarsis y empezó a hablar de la inquietud y tristeza en que se había encontrado en esos últimos días:

" 'Puedo darle un consuelo —le aseguró el marino— con seguridad, todos los extranjeros de Buenos Aires y puedo decir también que todos sus compatriotas —por lo menos aquellos con quienes he hablado— tienen una sola opinión de usted, Manuelita: que es usted una mujer noble, buena y amable y todos la quieren, la aprecian, a todos les hace falta usted y todos la compadecen.' Cuando le dije esto último me tomó la mano, se llenaron sus ojos de lágrimas y me miró con una expresión indescriptible de agradecimiento y buena voluntad. No pude decir más porque empecé a sentir *big lump* en la garganta, que sofocaba las palabras. Al fin se puso el pañuelito con las dos manos sobre los hombros, se sentó más derecha y me dijo: 'Le voy a confesar que me siento muy infeliz', y las lágrimas corrieron por sus mejillas. 'Yo quiero a esta tierra, yo quiero a Buenos Aires más de lo que puedo expresar. No he podido hacer todo lo que he querido hacer, pero siempre he hecho lo que ha estado en mi poder hacer. Y mi voluntad ha sido vivir y morir en este país querido que ahora tengo que dejar para siempre'. Parecía —escribe conmovido el testigo sueco— que no disimulaba su dolor. Y después de un rato siguió: 'Pero ahora debo resignarme. Es mi deber seguir a mi viejo padre. Por él voy a sacrificar todos los demás sentimientos. Estoy resignada. No sé cómo llegué a ponerme tan agitada. Discúlpeme amigo mío'. Y mientras así hablaba las lágrimas corrían por sus mejillas, pero no hubo sollozos ni ningún movimiento de manos, brazos o nuca tan comunes cuando alguien llora —observa el visitante, que agrega—: Era indescriptiblemente interesante y hermosa."

En el saloncito del *Centaur*, mientras Manuela contesta las cartas recibidas, Lagerjelke tiene oportunidad de observarla más detenidamente: está envejecida y pálida, dice, se ve que nunca fue bonita, pero su cabellera negra y sobre todo los ojos de los que irradia una profunda claridad casi mística, casi de inspirada, lo impresionan. Vestida con sus colores predilectos, traje blanco y chal de *crêpe* finito rojo, sin adornos ni alhajas, y con una cinta enroscada en sus trenzas, es una figura llena de gracia española. Rosas, en cambio, le parece una persona desagradable cuando lo ve pasando por la cubierta: "Nunca he visto más diferencia entre padre e hija", afirma. Por la conversación de los oficiales de a bordo se entera del alboroto que provocó el arribo de los ilustres huéspedes que rompía la monotonía de la vida marinera:

"Cuando doña Manuelita al alba se hizo· presente sobre el puente del barco, su cabello estaba tan descuidado como también su vestido. Estaba cansada por haber pasado la noche en vela y por las penas; no podía casi caminar sino que vacilaba y con un saludo, mezcla de humillación y agradecimiento, pasaba entre los oficiales reunidos. Creían que no habían visto algo más agradable y seductor".

La hija de Rosas, aun en la derrota, mantenía el embrujo que había ejercido largos años cuando su padre era el gobernador de la provincia, y Lagerjelke, al volver a tierra, estrechaba en su mano un ramito de jazmines que doña Manuelita le había regalado. El río está agitado y el joven sueco se pregunta enternecido si la señorita se habrá mareado... [79]

Efectivamente, ella estaba mareada cuando el 10 de febrero de 1852, poco antes de que la nave levara anclas rumbo a las Islas Británicas, escribió a Josefa Gómez una carta de despedida: "Hasta ahora no contamos con ningún recurso —decía— pero la providencia divina velará sobre nosotros. Estoy enteramente resignada a mi destino y para probar mi gratitud al Todopoderoso por el bien inmenso que me ha hecho concediéndome la vida de tatita, yo cuidaré de él para que con mis asiduos cuidados hacerle llevadero su destino. El está con toda su grandeza de alma, no se ve en él un contraste sino la satisfacción de su conciencia". Manuela se despedía de Josefa, de Pepita, hija de ésta, y de amigos comunes entrañables, como el deán Felipe de Elortondo y el doctor Vélez. Concluía declarando su inocencia: "yo no tengo otra falta ante los hombres que ser buena hija. Ante Dios ninguna, y es por esto creo seré escuchada". [80]

Esta era la primera de una serie de cartas intercambiadas entre la hija de Rosas y doña Josefa Gómez, enviadas puntualmente en cada paquete que hacía el servicio entre Londres y el Río de la Plata hasta 1875, año en que falleció Josefa. Paralelamente Manuela mantenía relación con otras muchas amigas y parientes y el conjunto de esta correspondencia resulta un tesoro histórico invalorable: el relato por mano propia de la intimidad de la señora de Terrero, que fuera de su país y al margen de los halagos del poder que la habían rodeado desde la infancia, organizó con inteligencia y sentido común una nueva vida.

Trasladada por la fuerza de los hechos a un escenario

muy diferente y llevada por las circunstancias a desempeñar un papel del todo opuesto al que había tenido hasta entonces, Manuela dio pruebas de su capacidad de adaptación y de un espíritu abnegado, pero con límites. La primera prueba que debió sortear fue la definición de su destino como mujer: ¿seguiría cuidando a su padre, el tan querido pero despótico tatita que ahora fuera del poder se volvería cada vez más caprichoso? ¿Tendría acaso ahora oportunidad de completar esa existencia incompleta que tanto vituperaban sus admiradores del Río de la Plata, al estilo de Mármol y Cané, en escritos que sin duda habían llegado a sus manos? Estos interrogantes que seguramente se planteó la hija de Rosas durante la travesía y cuando desembarcó en el puerto de Plymouth en el mes de abril, tuvieron pronta respuesta. El 6 de mayo Máximo Terrero, su consecuente enamorado, llegaba a su vez a Inglaterra. Venía dispuesto a casarse de inmediato y a soportar el destierro junto a su amada.

Manuela tuvo entonces que decidirse. Rosas, vencido y deprimido, se oponía a la boda como siempre lo había hecho, encontrando natural que su hija se sacrificara en aras del amor filial. Pero su hora había pasado, incluso en el plano de los afectos familiares sobre los cuales durante demasiado tiempo había ejercido también la dictadura. Y Manuelita eligió a Máximo, demostrando así que su temperamento, equilibrado y práctico, había aceptado estar alejada del matrimonio mientras vivía en Palermo, colmada de otros intereses y atenciones, y con la compañía permanente de su novio, pero que en el exilio la situación era muy distinta y nada justificaba continuar con ese *statu quo*. Hubo entonces una ruptura entre padre e hija, menos melodramática y más tardía que la del propio Rosas con su madre, pero ruptura al fin. Ella necesitaba a Máximo y él estaba dispuesto a apoyarla. Por otra parte se hallaba pronta a seguir acompañando a su padre. Todos podrían vivir bajo el mismo techo como en Palermo. Pero Rosas no opinó igual, sintióse herido y postergado, pues aún no admitía ser el segundo para nadie. Puso así condiciones a la nueva pareja. ¿Cuáles eran éstas? Un testigo chileno, don Salustio Cobo, de visita en Southampton (1860), tuvo oportunidad de conocerlas:

"—¿Y qué es de la vida de la señorita Manuelita? —preguntó al ex dictador.

"—Me ha faltado, me ha dado un pesar, se ha casado.

"—Siento entonces haber traído el hecho a su memoria de V.E. Se servirá excusarme.

"—No, nada de eso; estamos en la mejor armonía. Máximo —le dije yo— dos condiciones pongo: la primera, que yo no asistiré a los desposorios; la segunda, que Manuelita no seguirá viviendo en mi casa. Y es así que está en Londres, de donde me escriben todas las semanas. No sé qué le dio a Manuelita con irse a casar a los 36 años, después que me había prometido no hacerlo, y hasta ahora lo había estado cumpliendo tan bien, por encima de mil dificultades. Me ha dejado abandonado, sola mi alma".[81]

Y a Josefa Gómez, de la que también era amigo, escribió: "Hoy ya es muy poco lo que me ha quedado y la amiga de usted (Manuelita), me ha dejado con inaudita crueldad ya solo en el mundo".[82]

Muy distintos eran estos acontecimientos vistos desde la óptica de la hija, que a fines del 52 escribe exultante a su amiga de infancia, Petrona Villegas de Cordero: "¡Petronita! ¡Ya estoy unida a mi Máximo!; el día 23 del pasado octubre recibimos en la Santa Iglesia Católica de este pueblo (Southampton), la santa bendición nupcial a que nuestros amantes corazones han aspirado tantos años. Tú que conoces a mi excelente Máximo puedes tener la certitud que me hará completamente feliz. Sus bondades y la ventura de pertenecerle, me han hecho ya olvidar los malos momentos y contrariedades que he sufrido en mi vida. Abrázame muy fuerte, amiga mía, gózate en la felicidad de tu amiga".[83]

La pareja de recién casados, cuya armonía perduró por 46 años más, visitó Londres. Manuela se maravilló ante la grandiosidad de la capital inglesa y asistió a una ceremonia histórica: las exequias del duque de Wellington, vencedor de Bonaparte en Waterloo. Para adaptarse a su nueva residencia, debió modificar su atuendo, usar gorra, como las europeas, en lugar del pelo suelto como se estilaba en el Río de la Plata. En cuanto a los vestidos, eran similares a los de su país y en sus cartas no dejaría de ejercitar su don de observación en materia de modas, bien entrenado en las tiendas porteñas que había frecuentado desde la infancia. [84]

Pero no sólo ocupaban sus horas las preocupaciones de una recién casada. Desde el día de la derrota había aprendido con rapidez a diferenciar a los amigos leales de los que, como Lorenzo Torres, o Felipe Arana, se acomodaron lo más pronto posible a la nueva situación política y establecieron alianzas pragmáticas con los vencedores fueran estos urquicistas o porteñistas. En carta a Petronita (Pituquita) Villegas, la señora de Terrero se precia de haber valorado las buenas cualidades de su amiga "aún estando en medio de una situación en que era tan fácil alucinarme". A ella encomendará una legión de entenadas, protegidas y sirvientitas, algunas de ellas indígenas, verdadero botín de guerra que solía entregarse a las familias de la alta clase urbana para que tuvieran un servicio doméstico gratuito. Manuela demuestra afecto y preocupación por estas criaditas; Francisca, a la que ha tenido desde pequeña, es su preferida: "Te suplico la quieras tanto como yo; que no la separes nunca de tu lado". Delega en Petronita sus "derechos" sobre otras dos muchachas, Lisarda y Anita, que le ha dado el gobierno porque eran cautivas. "Todos mis derechos respecto de 'Dolores' te los pasé desde el momento en que te la entregué, así, te prevengo que nadie tiene poder sobre ella si no tú", etcétera, etcétera.[85]

Pronto empezarían para Rosas y su hija una serie de

graves trastornos económicos pues, tal como había hecho don Juan Manuel con sus enemigos políticos, las autoridades del Estado de Buenos Aires confiscaron sus bienes. Y como en su momento no se había realizado la partición de la herencia que correspondía a Manuela por la parte materna, ésta quedó completamente desprovista. Su hermano Juan, en cambio, que acompañó a su padre en los primeros años del exilio, había recibido luego del fallecimiento de Encarnación dos estancias, veinte leguas cuadradas de tierra, 5.800 cabezas de ganado vacuno y un terreno sobre el Riachuelo en la ciudad de Buenos Aires. [86] En cuanto a Rosas, sólo pudo aprovechar para sí el producto de la venta de uno de sus mejores establecimientos rurales, San Martín, comprado por su consuegro, Terrero, en el breve lapso en que Urquiza gobernó dictatorialmente a Buenos Aires y levantó la confiscación que padecía su adversario político. Fue gracias a esa venta y a la de otros bienes muebles como Rosas arrendaría la granja Burgess Farm, a unos diez kilómetros de Southampton.

A menudo, y casi con tanto énfasis como su padre, Manuela hará referencia en sus cartas a esta circunstancia que los obliga a vivir con estrechez, más que a ella, cuyo marido tiene buenos trabajos, a don Juan Manuel, que había pasado de ser un riquísimo hacendado bonaerense a no tener la seguridad de poder pagar a tiempo el alquiler de la chacra.

Pero los Terrero tenían otras preocupaciones prioritarias. Eran un matrimonio maduro, y Manuela tendría dificultades para alcanzar la maternidad: a los pocos meses de casada, en marzo de 1853, tuvo un aborto del que se restableció rápidamente. A fines de ese año visitó Irlanda con motivo de una exposición de objetos de arte, y pudo admirar las fábricas donde las máquinas a vapor tejían las telas con las que ella y sus amigas se habían vestido toda la vida. Estuvo también unos 25 días en París, donde reinaban el emperador Napoleón y su esposa, la española Eugenia de Montijo; recorrió alguna fábrica, se deslumbró ante los monumentos y demás expresiones artísticas y aprovechó para sacarse unos buenos retratos que empezaron a delatar que el casamiento y las novedades de la mesa europea la habían hecho engordar. "Los dos chinos", como decía refiriéndose a ella y a su marido, enviaron los retratos a los amigos y parientes que tanto los extrañaban en Buenos Aires. [87]

Manuela estaba embarazada por segunda vez. El 6 de mayo de 1854 tuvo un hijo que murió al nacer. Sufrió mucho, tanto que durante varios meses no escribió a Petronita, su amiga del alma, para no mortificarla con sus lamentos, y dejó a cargo de Máximo su correspondencia con los más íntimos. Vivía ahora en el campo, cerca de Londres, y trataba de recuperar el ánimo y la salud. Sólo dos años más tarde, a mediados de 1856, nacía Manuel Máximo Juan Nepomuceno Terrero al que llamaría solamente Manuel (su abuelo materno prefirió denominarlo "Nepomuceno José", en recuerdo, decía, de su "primer amigo"). Lleno de satisfacción, Máximo comunicó su buena suerte a los amigos de la Argentina; les pedía que avisaran el nacimiento del "tamaño muchacho" a sus parientes y muy en especial a Juanita Sosa "abrazándola por nosotros que siempre la recordamos". "¿Se habrá ella olvidado cuando se reía como una loca a la idea de verme con un Terrerito a cuestas. ¡Así es la vida, cuánto ha cambiado todo!", reflexionaba el flamante padre. [88]

Sí, todo era diferente ahora, menos el afecto con que se recordaba a los amigos de antaño, entre los que descollaba Juana, la alegre "edecanita" de Palermo. Tampoco se había modificado la admiración sin límites de Terrero por su despótico suegro, al que procuraba asistir a pesar de que sus responsabilidades como padre de familia siguieron aumentando: a fines de 1858 Manuela, con cuarenta años cumplidos, dio a luz a su segundo hijo, Rodrigo, al que el abuelo apodaría "Clímaco Baldome-

171

ro". Fue entonces cuando la señora de Terrero confió a una amiga que estaba satisfecha de no tener hijas mujeres por lo mucho que ellas tienen que sufrir. Contenta con sus dos tesoros, sus hijos ingleses, siguió embelesada sus progresos, sus primeros dientes, sus balbuceos, sus monerías, en fin, todo lo que debía apreciar debidamente quien había acometido tardíamente, y no sin riesgos, la maternidad.

Por entonces vivía retirada de toda actividad social. Ya no realizaba, como en los primeros tiempos de su residencia en Europa, viajes por las Islas y el Continente. No concurría a las tiendas ni a espectáculos; ni siquiera visitaba el centro de la ciudad de Londres y prefería no aceptar encargos de la familia residente en Buenos Aires para evitar que la abrumaran con pedidos. En 1864 escribe a Francisco Plot:

"Parecerá increíble, pues es un hecho que fuera de los primeros momentos cuando llegué a Europa y eso cuando viajé algo recién casada, después jamás he vuelto a un teatro lírico o dramático, ni asistido a lugar de entretenimiento público, ni aceptado una sola invitación, aun de personas muy elevadas, tanto aquí como en Francia, pues hemos tenido la resolución y sosteniéndonos en ella, de no salir de nuestro retiro, y así mostrar más y más a nuestros detractores lo injustificable de sus ataques en todo sentido". [89]

Era éste un retiro digno, ajeno a intereses políticos o intelectuales, y dedicado a la felicidad doméstica. Manuela se complacía en el comentario de las fotografías de sus "ingleses": "En ésta Manuelito ha salido serio y con un aspecto enojado que él no tiene pues la mirada y expresión de esta criatura es lo más dulce e inteligente que puedes pensar y su carácter corresponde porque es angelical. El otro no es bonito pero tiene tanta picardía en la mirada y expresión que al mirarlo cualquiera puede conocer a primera vista lo Judas que es y el carácter firme y valiente que tiene". Está orgullosa porque en el gélido clima de las Islas el mayor desafía el frío con las piernas al aire y Rodrigo con su escote y manga corta. En cuanto a parecido, ambos son una mezcla feliz de la apostura gallarda de tatita y la amable expresión de Máximo.

Naturalmente, Manuela no se separa jamás de sus hijos y por nada del mundo los deja en manos de sirvientes. Sólo lamenta que sus muchachos estén privados de la presencia de los abuelos, tíos y primos porteños, y de los largos veraneos en la estancia que ella asocia con las horas felices de su niñez. A través de retratos y de historias, los "Terreritos" aprenden a conocer a sus amigos de la Argentina: "Mi 'inglés' que esta monísimo —escribe a Pepita Gómez— ya la conoce por el retrato y la llama 'Mama's dear friend'".

Porque los nietos de Rosas se expresaban en la lengua del país donde habían nacido, y en esto Manuela daba otra prueba más de su espíritu práctico, el mismo que le había permitido sobrevivir con éxito a tantas alternativas. Su principal preocupación era entonces la relación con su padre. "Parece estar muy quejoso. No he podido comprender el motivo. Sin duda celos. Ahora es muy reservado", le dice a una amiga. [90]

En la correspondencia con Pepita Gómez, se consignan con puntualidad los períodos que padre e hija pasan sin verse; dependen más que de las obligaciones de la señora de Terrero, de los cambios en el estado de ánimo de Rosas: "Tatita ha salido de Southampton por poco tiempo con el objeto de cambiar de aire antes de entrar el invierno, lo cual es extremadametne necesario hacer aquí todos los años para conservar la salud. En este momento está en Plymouth al sur de Inglaterra. Frecuentemente tengo sus noticias, como que en estos países la comunicación es tan fácil", escribe en el verano de 1854. [91] Se inquieta porque su padre pasa la mayor parte del tiempo "en los lugares más solos de estos campos" y no tiene recursos suficientes para corresponder a la alta nobleza y a otros caballeros que lo visitan. [92]

Cada tanto se produce un distanciamiento entre Rosas y Manuela: en abril de 1859, el exiliado se dirige a la Niña en estos términos: "Mi querida hija. Me apresuro a decirte que ya no puedes venir a esta casa, seguiré en ella solamente los trabajos que ya no puedo dejar porque están contratados. Concluido eso, y así que pueda encontrar alguna criada voy a otra parte, iré a Londres. Y así seguiré de caminante, o de lo que Dios disponga. Tengo mis razones, y si antes era loco y maniático, ahora soy cada día más insufrible".

En mayo de ese mismo año, después de una visita de Manuela y de sus hijos, escribe Rosas que los días pasados luego de esa estadía han empeorado su malestar. "No debes pues alimentar esperanza alguna de venir a esta casa. Pienso también como ustedes que tanto a vos como a los niños, les será muy conveniente el cambio de aire, pero esto puede remediarse muy fácilmente. Las inmediaciones de Londres son muy sanas. Debes tomar un coche por dos o tres meses, como tenía yo el de Mr. Prat. Así puedes salir diariamente al lado que mejor te acomodase. Diez millas de ida y diez de regreso a tu casa, serán 20. Puedes ir con tus dos hijos y dos o tres criadas y comer un asado en el camino, que te lo puede hacer una de las criadas (...) En el gasto no repares, pues que el dinero está pronto, yo te lo mandaré, o haré entregar regalado con verdadero placer." [93]

Rosas, solitario, melancólico y deprimido, se castigaba a sí mismo privándose de la compañía de Manuela, la única persona incondicional junto con su esposo que tenía el ex dictador. En estas cartas se relatan las peripecias de unos encargos que Rosas había hecho a su peón, Martínez, venido de Buenos Aires para servirlo, y que debía soportar, como antaño los locos de Palermo, las bromas, las exigencias y el difícil humor de su patrón. Pensamientos confusos abruman al otrora poderoso gobernante, que sólo puede descargar su formidable energía en unas hectáreas de tierra inglesa.

Pero la relación estrecha y afectuosa se mantendrá entre padre e hija y así lo corroboran las numerosas cartas y los pequeños obsequios que van y vienen entre Southampton y los suburbios londinenses donde se ha instalado el matrimonio Terrero. Un ejemplo, entre tantos, la carta de Rosas a Manuela del 16 de diciembre de 1863, acusa recibo de las que le ha enviado ella los días 23 y 27 de noviembre, 1, 3 y 8 de diciembre, y de una más sin fecha, además de otras noticias e impresos que ha mandado el siempre atento Máximo.

"El *farm* sigue bien —escribe—. Yo soy el que sigo mal. El inventario está muy adelantado o quizá cerca de su conclusión", agrega, refiriéndose a un trabajo que ha emprendido con el propósito de dejar sus cosas en orden (el año anterior había redactado su testamento). "He seguido verdaderamente triste. Se me 'ha puesto en la cabeza, fija y dominante, la idea de que esta vida sedentaria me ha de llevar pronto al cementerio y que no debo perder tiempo en arreglar mis papeles. Así lo estoy haciendo. No sé porque en muchos casos estará procediendo en contra de mis opiniones y conciencia, cuando he quemado y sigo quemando tanto bueno, y acaso no poco de mayor importancia, en orden a mis trabajos, ya sean obras, máximas y apuntes. Pero no quiero dejar a ustedes el trabajo de leer tanto que si para mis opiniones es bueno (...) pudiera no serlo para ustedes o para otros. Me pongo en el caso de ustedes."[94]

Este es el Rosas de sus últimos años, quejoso, triste, preocupado por su vida sedentaria que le hace echar "buena larga panza", porque no se pone de acuerdo con sus sirvientes, porque está pobre, y la gente que tantos favores le debía en Buenos Aires no parece dispuesta a ayudarlo. Pero en definitiva, esa cantinela de la pobreza, que no era tanta según algunos especialistas en el Rosas del exilio, revelan la falta de afecto que padece, y el olvido de sus compatriotas, que atraviesan nuevas guerras, revoluciones, cambios de gobierno, epidemias y hasta terremotos, sin imaginar siquiera un posible regreso del Restaurador.

Toda esta situación conmueve a los Terrero, empeñados en mitigar con dulzura invariable las amarguras del proscripto: "El pobre techo empajado, único albergue que queda hoy al hombre notable que lo habita, y a quien los vaivenes de la vida y la injusticia atroz de sus compatriotas reducen hoy a tener que trabajar sin descanso para obtener su subsistencia", inspira la pluma de Manuelita cuando escribe a los amigos de Buenos Aires. Confiesa a Pepita Gómez su aflicción porque no puede ayudar más a su padre, hallándose ella misma privada de sus bienes y siéndole duro poner a Máximo en el caso de atender otras necesidades que las de su familia. "Arrojado de su patria, sometido sin murmurar a su destino, fiel a sus principios sin faltar un ápice de respetar la autoridad, sea quien sea, privado de su legítima fortuna, injuriado sin cesar y entre tanto viviendo en la necesidad, es para mí, los suyos, sus fieles amigos, y país, el espectáculo más grande y notable en la historia de los hombres que han figurado a su altura. Sin embargo, como hija cariñosa, cada vez que considero la posición de tatita, lloro sin término." [95]

Manuela no sueña siquiera con una revisión crítica de la obra política de Juan Manuel de Rosas; los veintitantos años de su hegemonía en Buenos Aires y en la Confederación son aceptados en bloque y sin rechazo alguno. Son los otros los culpables, los desagradecidos, los que ni aprecian ni entienden el valor de la época federal. Y año tras año festeja junto a don Juan Manuel, no sólo el día de su cumpleaños, el 30 de marzo, sino otras fechas gratas a la memoria del Restaurador, como el 5 de octubre, aniversario del triunfo de los Colorados del Monte sobre las tropas de Pagola en 1820. "Los grandes hechos de mi querido tatita hacen el orgullo de mi vida por el honor que ellos nos legaron a sus hijos", afirma en 1862, cuando han pasado más de cuarenta años de esa histórica jornada y están de paso por Southampton amigas entrañables, como Ignacia Gómez de Cáneva y otras damas argentinas.[96]

Su mayor dicha es poder pasar unos días en el campo junto a su padre. "A pesar de la estrechez de los ranchos todos nos creíamos en un palacio", escribe a una amiga en 1865. "Sus nietos lo distraían de tal modo, que después que le dejamos —dice la sirvienta— no hablaba sino de ellos, festejando sus travesuras y sobre todo, las ocurrencias de Rodrigo, que es idéntico a él en lo bromista. Por supuesto que los niños no se conforman con la venida de la chacra, como que allí tenían rienda suelta y todo el día cabalgaban sin descanso, en un pobre petizo que tiene tatita quien no dudo se habrá considerado muy feliz en verse libre de tales amos, pues de veras no le daban alivio al pobre animal." Ella también ha montado a caballo "y te aseguro que Tatita gozaba tanto al verme sobre su caballo, que yo creo me encontraba hasta joven y liviana. Por último tuvimos que separarnos para ir a tomar los baños de agua de mar, y hemos pasado otras tres semanas en Ventnor, de donde recién regresamos ayer".[97]

Estos paseos eran expresión de un buen pasar económico, pues los Terrero vivían como la alta clase media inglesa y sabían disfrutar de las novedades del confort y de los adelantos de la época. Entre otras cosas, habían adoptado los hábitos higiénicos que recomendaban los médicos británicos, y Manuela, como no podía tener caballo propio, por ser un lujo excesivo, se aficionó a las largas caminatas y a los paseos campestres a pie, algo impensable en las llanuras del Plata donde hasta los mendigos eran buenos jinetes.

Cuando en 1871 Máximo enfermó de viruelas, época que Manuelita recordaba con horror, ella pudo apreciar la eficacia del doctor que diariamente visitaba al enfermo, y de las hermanas del Buen Socorro que lo atendieron. En esos días de peligro, tuvo presente la posibilidad de perder a su marido, "tan buen compañero y protector". La Niña de Palermo, ahora señora de Terrero, mantenía dentro de su hogar la misma seguridad interior que antaño le diera ese extraño dominio sobre la sociedad porteña. Reinaba sin rivales en el corazón de su esposo, y en eso se asemejaba a su abuela, misia Agustina, tan segura siempre del afecto de don León. [98]

Ponía empeño en mantener los vínculos con su lejana patria, en contestar la correspondencia que recibía y en atender cálidamente a los parientes y amigos que venían a visitarla desde Buenos Aires. "Muy frecuentemente nos visitan jóvenes quienes, cuando dejamos nuestras tierras eran *babies*, y al verlos me parece imposible se hayan hecho hombres tan pronto", escribe en 1874 a su cuñada, Mercedes Fuentes. [99]

Precisamente el año anterior había estado en Southampton y en Londres uno de sus primos, Alejandro Baldez Rosas, que dejó en su *Diario de viaje* una amable descripción de la vida de los exiliados. Estuvo primero con su tío, don Juan Manuel, en el *farm*, y le pidió la bendición, según le había enseñado su madre, Mariquita, "no porque fuera el gobernador de la República Argentina (sic), sino porque era el hermano mayor de la familia". Rosas le dio las señas de "la Duquesa" como apodaba entonces a su hija, que estaba pasando días en Worting, junto al mar. Allí se dirigió Alejandro.

Luego de 23 años de ausencia esperaba encontrar a su prima más ajada y quedó agradablemente sorprendido por su frescura: "Vamos, me pareció hermosísima", confiesa y elogia su amabilidad de siempre y su recepción fraternal, lo mismo que la buena educación y la modestia de sus hijos que están sólidamente instruidos, tocan muy bien el piano y hablan —curiosamente— poco español. La casa de veraneo es chica y hay otros huéspedes, un hermano de Máximo, con su hijito y el sirviente, pero todo se arregla para que Baldez pueda dormir allí, atendido con delicadeza hasta en los menores detalles. Entusiasmado por este cuadro hogareño escribe:

"¡Pobre mi prima! ¡Es digna de la felicidad que goza! Tiene esa bondad adorable, nunca desmentida; y en aquella casa no se respiraba más que felicidad, es verdad que ella es muy dócil y es cierto que no mira ni piensa sino con los ojos y pensamiento de Máximo; y de ese modo no puede menos de ser feliz; también la fortuna los ha favorecido, pero aun sin ella serían felices; Manuelita es sumamente modesta, y ha comprendido que la verdadera felicidad en este mundo consiste en saber contentarse con lo que se posee. ¡Oh! ¡Dios ha premiado su virtud! Antes de separarnos, me decía un día conversando, ¡cuánto se engañan los que me compadecen porque suponen que descendí de la posición que tenía en Buenos Aires! Yo sólo lo siento por mi padre, que carece de fortuna y aun de lo necesario; por mí, yo he ganado porque soy completamente feliz."[100]

Pero, por más que estuviera alejada en el tiempo y en la distancia de su país, Manuela acusaba recibo de hechos tales como el juicio que entabló la Legislatura de Buenos Aires a Rosas en 1857, por el que se lo declaró reo de lesa patria y se confiscaron todos sus bienes, como de las deslealtades de personas que habían formado parte de su séquito en Palermo. Entre estas últimas, la defección de Vélez Sarsfield le resultaba especialmente dolorosa. En cartas a Pepita Gómez, la señora de Terrero se explaya a este respecto:

El juicio le parece "una farsa ridícula que aquí como en otros países le darán el valor que ello tiene", pero le da lástima pensar "en lo malvados que son los hombres, y cómo se lanzan a la calumnia más atroz sin respeto a Dios ni a la Sociedad en que viven que es un testigo de sus mentiras e iniquidades. Dime Pepita y pregúntale al doctor Vélez de mi parte: ¿Cómo es que muchos de los personajes que figuran en la actualidad se resolvían a frecuentar mi sociedad, bailar y divertirse en ella, sin mirar (causarles) horror las mutilaciones de las víctimas cuya piel desollada, cuyas orejas curtidas, cuyas cabezas sangrientas servían de adorno en los salones del Reo? A fe que tú misma veías a Elizalde y muchos otros visitar esos salones noche a noche y (el) mismo doctor Vélez que tantas veces se llamó mi amigo, ¿no me visitaba y es testigo de esa atroz calumnia? Dios sabe cómo mi corazón, sin embargo de estar tan ofendido, los perdona, pero son tan tenaces en ofendernos aunque estamos tan lejos, desgraciados y sin meternos con nadie que no puedo dejar de lamentar la injusticia atroz con que nos tratan mis paisanos". [101]

Sin duda las autoridades del Estado de Buenos Aires habían optado por descargar todas las responsabilidades de la dictadura, y de sus excesos, tales como la Mazorca, sobre las espaldas de Rosas, casi exclusivamente. Así liberaban de culpa al resto de los políticos porteños y a la sociedad que había aceptado mansamente un sistema, el que, por otra parte, fomentaba, por su propia esencia autoritaria, la adulonería y las falsas lealtades.

Manuela, según se ha visto, no estaba en condiciones de mirar el pasado con cierta objetividad y prefería la autocompasión antes que una reflexión profunda, siempre más riesgosa. La ayudaban, en ese sentido, los extremos ridículos a los que había llegado la campaña antirrosista en la República Argentina. Su gran obsesión era la pérdida de la fortuna personal de su padre y de la suya propia que hacia 1886 recuperaría parcialmente gracias a una decisión del gobierno de Buenos Aires. Le dolía especialmente que muchos íntimos suyos se negaran, o se hicieran los distraídos, cuando se trató de aportar dinero periódicamente para Rosas que estaba en aprietos económicos:

"Bien podría acordarse de su tío el sobrino millonario que me nombras —escribe a Josefa— no debe extrañar desde que la persona a quien él debe su gran fortuna bajó a la tumba sin haber hecho con tatita, a quien tanto debía, la más pequeña demostración, no diré de gratitud, ni siquiera del más pequeño recuerdo." Aludía aquí a su tía María Josefa Ezcurra, que se olvidó de Rosas en su testamento y dejó un legado importante a su sobrino, Andrés Costa Arguibel, con lo cual éste pudo adquirir una buena estancia en Navarro. [102] A medida que pasa el tiempo, y están muertas, o son demasiado viejas, las personas allegadas suyas en Buenos Aires, Manuela se siente olvidada:

"Naturalmente, ningún viviente de mi familia materna se ocupa de anoticiarme lo que allá pasa —dice a su cuñada Mercedes en 1874—, vivo ignorante de todo lo que les concierne y algunos de los pasajeros que nos visitan son los que a veces nos hacen saber ciertas ocurrencias en ella. Recién cuando Juan Manuel (Terrero) vino el año pasado, supe la muerte de mi tía Jacobita y que Dolores su hija se había casado. Así como no le di el pésame a Dolores de la muerte de su mamá, sin duda resentida no me dio parte de su casamiento. Antes mis tías, las señoras de Ezcurra, me escribían con frecuencia, pero la pobre Margarita, que era la que escribía, no está ya capaz de hacerlo y así en cuanto a conocer lo que pasa en mi familia soy una extraña. Sin embargo yo no me olvido de nadie y siempre pregunto por todos cuando viene algún amigo de esos mundos." [103]

La sociabilidad de la Gran Aldea porteña, que en esos años se estaba convirtiendo en una ciudad cosmopolita, se mantenía a través del Océano con aquellas sutilezas que la hija de don Juan Manuel sabía apreciar aunque se hubiera adaptado perfectamente a vivir en Europa e incluso a intercalar palabras inglesas en su correspondencia. Por encima de todo, ella mantiene vivo el culto por su progenitor: cuando Josefa Gómez le envía una estampa de Rosas, que considera muy aceptable, responde Manuela vivamente que le parece una caricatura casi ofensiva: "Dile a quien te la dio que el general Rosas, aunque ya cumplió los 82, sin embargo muestra su arrogante y hermosa figura. Bastante lamento que no quiera permitirnos hacernos tomar su fotografía, pero ya hemos decidido no tocar ese punto porque nadie le hará ceder. Tengo el contento de decirte que está bueno de salud, pero es de creerse su espíritu no lo está en vista de los sucesos políticos que tienen lugar en esa nuestra desgraciada y digna de mejor suerte tierra" (alude aquí la señora de Terrero a la revolución de 1874, encabezada por Mitre cuando la sucesión presidencial). [104]

Manuela estuvo presente junto a su padre en sus últimos momentos. El 12 de marzo de 1877 fue llamada de urgencia por el médico que atendía a Rosas, el cual, a los 83 años, había sido atacado de neumonía. Ella misma relató los acontecimientos, en carta a Máximo, que había viajado a Buenos Aires en esos mismos días:

"Pobre tatita, estuvo tan feliz cuando me vio llegar. Tus predicciones y las mías se cumplieron desgraciadamente, cuando le decíamos a tatita que esas salidas con humedad, en el rigor del frío, le habrían de traer una pulmonía; pero su pasión por el campo ha abreviado sus días". Moría Rosas en su ley, como un buen estanciero, y a pesar de su gravedad pudo conversar con su hija. En la madrugada del 14 de marzo, Manuela corrió junto a la cama donde agonizaba su padre y alcanzó a preguntarle: "¿Cómo te va, tatita?", a ver su mirada y ternura y escuchar: "No sé, niña. Así tu ves, Máximo mío, que sus últimas palabras y miradas fueron para mí, para su hija", concluye. [105]

Manuela podía conformarse con su destino; su adorado padre había expirado en sus brazos, reconocido a su cariño, rodeado por su afecto. La carta en que comunicaba el fallecimiento la recibió Máximo un mes después, junto con los diarios ingleses que daban cuenta de la desaparición de Rosas. El yerno de don Juan Manuel intentó hacer rezar un funeral por su alma en la Iglesia de San Ignacio, pero la ceremonia fue prohibida por el gobierno que como respuesta organizó un funeral público en la Catedral por las víctimas de la Tiranía. Los odios no se habían apagado aún, pero en julio, Terrero, tendría una buena noticia para su amada "Ita", como apodaba en la intimidad a su esposa: el juez doctor José María Rosa declaraba herederos de doña Encarnación Ezcurra a Manuela, señora de Terrero, y a Juan Manuel Ortiz de Rozas, hijo de Juan, que ya había muerto. [106]

Los Terrero vivirían muchos años más una existencia apacible. Pero ambos se sintieron llamados a rendir un último servicio a la memoria de ese padre tan querido. Fue éste la contribución a la memoria histórica de Rosas, mediante una selección cuidadosa de los papeles del archivo del ex dictador, y el diálogo con quienes, como Adolfo Saldías, estaban interesados en reconstruir la historia del federalismo rosista desde una óptica diferente a la del partido liberal triunfante en la batalla de Caseros. En esta misión contaron con auxiliares valiosos, como Antonino Reyes, que desde Montevideo colaboró en la recreación de esa otra historia de la dictadura.

Sólo en una oportunidad, en 1886, volvió Manuela a Buenos Aires, pero el clima hostil al apellido Rosas que reinaba en el país le desagradó. Se concentró entonces en la reivindicación de la obra política de su padre y en esa tarea tendría tanto éxito como en todo lo que se había propuesto a lo largo de su vida. La lectura de la *Historia de la Confederación Argentina*, de Adolfo Saldías, publicada entre 1881 y 1887, provocó su entusiasmo sincero:

"Realmente Reyes — escribió a su amigo de la juventud— esta obra de Saldías es colosal, recién estamos leyendo el primer tomo, yo en alta voz, para que mi pobre Máximo no pierda el hilo, la comprenda bien y no fatigue su cabeza. Te aseguro que las verídicas referencias a los antecedentes y hechos gloriosos de mi finado padre bien me han conmovido." Leía en voz alta, como se estilaba antes de que la radio y la televisión monopolizaran las veladas familiares, y su lectura insumía horas y horas, para no perder idea del conjunto de aquel grandioso libro. Quiso y obtuvo que los diarios y las revistas de Londres se ocuparan de él y se carteó con Saldías, al que ofreció apoyo para su búsqueda documental. [107]

Adolfo Saldías (1850/1914) que se había educado en el Buenos Aires de la Organización Nacional, y era masón y anticlerical como tantos de sus contemporáneos, no dejaba por eso de ser hijo de una familia federal: su padre había sido además muy amigo de Juan Rosas. Visitó a los Terrero en Londres y tuvo acceso a los papeles del Restaurador. De él dice con acierto Ramos Mejía que no logró desprenderse "del medio documental de la familia, es decir, todos aquellos papeles que ésta elige en los archivos públicos y privados, desechando los que puedan perjudicar al personaje." [108]

Así, entre Buenos Aires, Montevideo y la casa de Belsize Park 50, South Hampstead, donde el matrimonio Terrero pasó sus últimos años, se estableció un contacto fluido: las cartas iban y venían, planteando inquietudes, proponiendo interpretaciones, aportando documentos que invariablemente contribuían a la gloria del rosismo. Manuela pudo también desmentir afirmaciones sobre su propia actuación pública, por ejemplo, la que la recordaba arengando a las tropas de Oribe que partían a luchar contra los unitarios en 1841. "Mi finado padre, el general Rosas, jamás me hizo desempeñar un rol que no debiese o ridiculizase, tanto a mí como a él mismo" dijo; "respecto a si con mi hermano acompañamos a dicho general, no recuerdo si es cierto, 'pero sí seguro', que si lo hicimos, sería en carácter de atención y amistad, 'no en oficial', pues vuelvo a repetir, con toda verdad, lo que en una carta del 6 de noviembre: que jamás desempeñé carácter tal en caso alguno". [109]

Parte principal de esa memoria histórica que preservaban los Terrero fue la entrega del sable del general San Martín (donado por el Libertador a Rosas en señal de reconocimiento a su postura en defensa de la Independencia de la Confederación) al Museo de Buenos Aires que dirigía Adolfo Carranza. En ese sentido escribe a Saldías:

"En conocimiento de su patriótica opinión expresada en su citada y en otra, respecto al asunto que las ocupa, quedo cierta que usted aplaudirá la determinación de su amigo Máximo en donar desde ya a la 'Nación Argentina' el sable del Ilustre Libertador Don José de San Martín, teniendo para ello la aprobación mía y de nuestros hijos". [110]

Cartas dirigidas por Manuelita a su entrañable Antonino Reyes muestran cómo transcurrió la ancianidad de esta señora: "Mi vida es tan retirada que mi sociedad se limita tan sólo a la que tengo en mi casa, siempre cuidando de mi compañero querido. Mi día fijo de recepción es el domingo, pero siempre que vienen amigos entre semana y me es posible recibirlos, lo hago con más particular placer si son mis compatriotas, a quienes recibo sin etiqueta y con la urbanidad que tú sabes me es característica. Soy quien maneja esta casa, toda orden doméstica es dada por mí, y lleno los libros de los gastos sin ayuda. Por mi carácter estudio el gusto de todos, y esto, hijito, también da trabajo".

Sintética, y por mano propia, Manuela revela en estas líneas el secreto de su atractivo, y también su complacencia porque en esta última etapa de su vida, muerto el padre y ya muy anciano su esposo, puede darse el lujo de ser dueña y señora de sus actos y hasta de flirtear epistolarmente con su amigo de siempre, Antonino Reyes, como en los buenos tiempos de Palermo: "las cartas del fiel Antonino son cariñosas y zalameras —dice—, y me trasportan a la época feliz de nuestra amistad temprana en que, empezando por mi querida madre, todos tanto te queríamos y te amábamos". Expresa cuánto le gustaría verlo y abrazarlo antes de concluir sus días y bromea: "nó andes coqueteando con alguna otra prenda que me quite el lugar predilecto que con tanta picardía me haces creer que poseo en tu amistad, y al que me considero con derecho absoluto, no tan sólo por habernos ligado desde nuestros primeros años, sino porque nadie puede quererte más que yo". [111]

En carta a Mercedes, su cuñada, en 1897, además de enviar cariñosos saludos para una familia multiplicada en hijos, nietos y biznietos, la señora de Terrero lamenta no tener la esperanza de abrazarla "antes que nos llegue el final de la carrera. Dios sabe lo que dispone, pero con nosotros negarnos ese placer antes de presentarnos a su lado, es un poco severo, pero digamos lo que Santa Teresa que su Divina Voluntad sea cumplida".[112]

Manuela Rosas murió el 17 de setiembre de 1898 a los 81 años, en su casa de Belsize Park Gardens. El periódico de Hampstead, localidad donde ella había sido una vecina distinguida, publicó su nota necrológica en la que se recordaba la importancia que la extinta había tenido en su país y su papel benéfico en la historia de Sudamérica. Contaba quién había sido su padre, que su madre había muerto cuando todavía era una niña, lo que la obligó a desempeñar con mucho tacto y gracia el rol de primera dama y que sus actos caritativos contribuyeron a suavizar la regla de hierro que imponía su padre. La nota contaba un par de anécdotas que mostraban la claridad mental y el coraje de la señora, y mencionaba su amor por los caballos: era una de las mejores amazonas de un país de jinetes, y en cierta oportunidad cabalgó veinte leguas para asistir a una fiesta en la que luego bailó toda la noche.

Ferviente católica, murió después de una larga enfermedad, aunque sus últimos días fueron comparativamente tranquilos. Su cuerpo fue llevado a Priory Havertock, donde oficiaron dos sacerdotes que eran amigos suyos; después el cajón fue trasladado al cementerio de Southampton donde estaba enterrado el padre de Manuela. La acompañaron sus deudos, Máximo, Manuel y Rodrigo Terrero, con su esposa. Muchos vecinos que conocían y apreciaban a esta dama argentina participaron de la ceremonia.[113]

NOTAS

[1] José Mármol, *Manuela Rosas. Rasgos biográficos,* Montevideo, 1851, tercera edición; los *Recuerdos políticos* de Miguel Cané, redactados sobre un esquema similar, se dieron a conocer en Buenos Aires en 1852, después de la batalla de Caseros y han sido incluidos en el *Cancionero de Manuelita Rosas,* Buenos Aires, Emecé, 1942, Colección Buen Ayre. Recopilación y notas de Rodolfo Trostiné; cierto tono polémico sobre la hija de Rosas tiene la biografía de E. F. Sánchez Zinny, *Manuelita de Rosas y Ezcurra,* Buenos Aires, 1842 que dice al presentar al personaje: "Manuelita es ajena a la historia; pero la historia la arranca de la oscuridad. Es una sombra de Rosas, por Rosas existe. Y la historia de Rosas es su historia. Esa joven sin personalidad y sin pasiones, entra a la historia con la artificialidad de una actriz"; una inspiración más francamente polémica es la de Martiniano Leguizamón, "Revelaciones de un manojo de cartas" (en: *La Nación,* Buenos Aires, 6 de junio de 1926), trabajo escrito con el propósito de obstaculizar el proyecto de erigir un busto de mármol de Manuelita en Palermo pues, dice, ella insensiblemente se había connaturalizado con el frigidismo paterno.

[2] Citado por María Sáenz Quesada. "Manuelita, un mito sin polémica". (En: *Todo es Historia,* mayo de 1971, p. 27.)

[3] Ibarguren, Carlos, *Manuelita Rosas,* Buenos Aires, La Facultad, 1933, p. 11.

[4] Archivo y Museo Histórico de Luján, Cartas de Manuela Rosas a Dolores Fuentes; de las cinco cartas que allí se guardan sólo llevan fecha las del 20 y 22 de setiembre de 1834.

[5] *Un inglés. Cinco años en Buenos Aires,* p. 121.

[6] Taullard, op. cit., p. 356.

[7] Este relato fue incluido por Arturo Capdevila en *Las vísperas de Caseros,* Buenos Aires, Kapelusz, 1961, p. 37. Es una carta de Dolores Lavalle de Lavalle que evoca al Buenos Aires de su juventud en el que los negros tenían importancia numérica y cierto peso en las costumbres populares.

[8] Las referencias de Mármol a los años 1835 y 1837 están en los rasgos biográficos ya citados. En cuanto al posible noviazgo con Antonino Reyes, lo sugiere Raúl Montero Bustamante, *Ensayos. Período romántico,* Montevideo, Arduino, 1928, en el capítulo dedicado a las cartas de Manuelita a Reyes, p. 94: "Reyes, quien sin duda le inspiró un amor juvenil, compartido y acrisolado por el silencio y el sacrificio" (...).

[9] Méndez Avellaneda. "El motín de la *Lady Shore* ". (En: *Todo es Historia,* julio de 1989, p. 27.)

[10] Carta del cónsul interino Aimé Roger al ministro de Relaciones Exteriores de Francia, del 26 de junio de 1836. AGN Biblioteca Nacional, Legajo 673, p. 324.

[11] Carta de Manuela a Josefa Gómez, del 6 de octubre de 1854, Archivo Histórico de Luján.

[12] Citada por Carlos Ibarguren, *Manuelita,* p. 30.

[13] A.J.C., "Una carta de Manuela Rosas a Pedro de Angelis". (En:

Revista Nacional, Buenos Aires, 1898, tomo XXVI, p. 295.) La carta de Manuela es del 10 de noviembre de 1838. El trabajo en cuestión no llegó a publicarse; Rosas, siempre minucioso, hacía, por intermedio de su hija, indicaciones acerca del retrato de Encarnación que encontraba más apropiado; le gustaba uno que estaba en su poder e hizo litografiar Terrero para colocarlo en las esquelas de convite.

[14] Celesia, op. cit., tomo 2, p. 188.

[15] Citado por José Luis Busaniche, *Rosas visto por sus contemporáneos,* Buenos Aires, Kraft, 1955, p. 62.

[16] Citado por Busaniche, op. cit., pp. 72 y ss.

[17] Citado por Ibarguren, *Manuelita,* p. 30.

[18] Carta de Rosas a Vicente González, Palermo de San Benito, 1º de julio de 1839, reproducida por Celesia, *Rosas,* tomo 2, p. 466.

[19] Citado en *Pellegrini, su obra, su vida, su tiempo,* p. 348.

[20] Ramos Mejía, *Rosas y su tiempo,* tomo 3, p. 204.

[21] Ibarguren, *Manuelita,* p. 31.

[22] Martiniano Leguizamón, "Revelaciones de un manojo de cartas". (En: *La Nación,* Buenos Aires, 6 de junio de 1926.)

[23] Celesia, *Rosas,* tomo 2, p. 245.

[24] El relato de la propia Manuela reproducido por Busaniche, op. cit., pp. 80 y ss.

[25] Celesia, *Rosas,* tomo 2, p. 252.

[26] Carta de Juan O. de Rosas a su padre, del 8 de abril de 1842, AGN Sala 10-27-8-3.

[27] John Lynch, *Juan Manuel de Rosas,* Buenos Aires, Emecé, 1984, pp. 250/1.

[28] Battolla, op. cit., p. 261.

[29] Carta de Mandeville a Manuela Rosas, Londres, 5 de febrero de 1846. Traducción. AGN Sala 10-22-10-6.

[30] Mansilla, *Rozas,* op. cit., p. 132.

[31] Carta de Fanny Mac Donnell a Manuela Rosas, Liverpool, 24 de mayo de 1847, AGN Sala 10-22-10-6.

[32] Carta de Mandeville a Manuela Rosas, Londres, 7 de julio de 1846, AGN Sala 10-22-10-6.

[33] Reproducida en *Papeles de Rosas,* por Adolfo Saldías, tomo 1, p. 238.

[34] Carta de Mandeville a Manuela Rosas, Londres, 6 de marzo de 1847, AGN Sala 10-22-10-6.

[35] Carta de Manuela Rosas a Mandeville, borrador de respuesta, corregido por Rosas, AGN, Sala 10-22-10-6.

[36] Ibarguren, *Manuelita Rosas,* pp. 40/44, relata esta historia y reproduce la carta de Howden a Manuela, del 25 de junio de 1847, y la del 18 de julio del mismo año; en p. 49, la crónica del paseo a Santos Lugares publicada por *El Comercio del Plata.*

[37] Lynch, op. cit., p. 272.

[38] Ibarguren, *Manuelita Rosas,* p. 44, cita a Brossard; p. 45, opina que "en ese capítulo de la historia de Inglaterra y Francia en el Río de la Plata, se percibe la intervención oculta de Manuelita".

[39] Lynch, op. cit., p. 272; el tratado por el que Gran Bretaña accedió a evacuar la isla Martín García, devolver todos los buques de guerra argentinos y saludar a la bandera argentina en reconocimiento de su soberanía en el río, se firmó en noviembre de 1849 y se celebró con fiestas en las que Southern fue principal figura. Ese año crecieron la inmigración y las exportaciones británicas a la Argentina; ibídem., p. 274.

[40] Carta de Southern a Manuela Rosas, del 16 de abril de 1849, reproducida por Saldías en *Papeles de Rosas*, tomo 1, p. 321.

[41] Citado por Lynch, op. cit., p. 280.

[42] Cartas intercambiadas por Manuela Rosas y Le Prédour, reproducidas por Saldías en *Papeles de Rosas*, tomo 1, pp. 331 y ss.

[43] Carta de Guillermo Brent a Manuela Rosas, del 29 de mayo de 1849. AGN, Sala 10-22-10-6; la respuesta de Manuela, del 5 de junio de 1846, en el mismo legajo.

[44] Xavier Marmier, *Buenos Aires y Montevideo en 1850*, Buenos Aires, El Ateneo, 1948, p. 86.

[45] William Mac Cann, *Viaje a caballo por las provincias argentinas*, Buenos Aires, Solar / Hachette, 1969, p. 210.

[46] Los pedidos a Manuela Rosas de Felipe Elortondo, Adolfo Saldías, los hijos del finado Juan Miguens y otros, en AGN Sala 10-27-8-3-; en *El testamento de Rosas*, Buenos Aires, Oberón, 1957, pp. 179 y ss. Antonio Dellepiane reprodujo muchos de estos documentos.

[47] Antonino Reyes, *Memorias del edecán de Rosas*. Arregladas y redactadas por Manuel Bilbao, Buenos Aires, Americana, 1943, p. 98.

[48] Ibídem, p. 361.

[49] Arturo Capdevila, *Las vísperas de Caseros*, Buenos Aires, Kapelusz, 1961, p. 28.

[50] José Rivera Indarte, *Rosas y sus opositores*, Buenos Aires. Jackson, Grandes escritores argentinos, s/f. tomo 2, p. 179.

[51] Capdevila, op. cit., p. 32.

[52] Ibídem.

[53] Mac Cann, op. cit., p. 214.

[54] Samuel Greene Arnold, *Viaje por América del Sur. 1847/1848*, Buenos Aires, Emecé, 1951, prólogo de José Luis Busaniche, pp. 143/4, el retrato físico de Manuelita y la versión sobre su noviazgo (no menciona a Máximo Terrero por su nombre); las bromas de Rosas durante la comida en Palermo, en p. 164/5; sobre la grosería y procacidad de las bromas, dice Busaniche, p. 13 que, dirigidas a su hija, resultan "en nada inferiores a las que contadas por sus declarados enemigos, nos inspiran sospecha y desconfianza".

[55] Capdevila, op. cit., p. 25.

[56] José Mármol, *Manuela Rosas*, op. cit., passim.

[57] Miguel Cané. "Recuerdos políticos. Buenos Aires, julio de 1852". (En: *Cancionero de Manuelita Rosas*, Buenos Aires, Emecé, 1942, Colección de Buen Ayre.)

[58] Bilbao, *Tradiciones y recuerdos de Buenos Aires*, pp. 177 y ss.

[59] Battolla, op. cit., p. 280.

189

[60] Ibídem, p. 152.

[61] Ibídem, p. 180.

[62] Citado por Arturo Capdevila, op. cit., p. 28.

[63] *Cancionero de Manuelita Rosas,* Buenos Aires, Emecé, 1942, Colección del Buen Ayre. Recopilación y notas de Rodolfo Trostiné, passim.

[64] *Rosas y su hija en la quinta de Palermo,* Valparaíso, 1851, firmado por A. del C., este folleto ha sido atribuido a Juan Ramón Muñoz Cabrera, exiliado argentino que vivió en Chile y en Bolivia y fue ministro de Belzú. Agradezco el dato a Juan Isidro Quesada, que lo tomó de la *Bibliografía Boliviana* de Valentín Abecia.

[65] Mansilla, *Los siete platos de arroz con leche,* Buenos Aires, Siete Días, editorial Abril, s/f. p. 88.

[66] Mansilla.

[67] Id., *Los siete platos de arroz con leche,* p. 92.

[68] Benito Hortelano, *Memorias de... (parte argentina), 1849/1860,* Buenos Aires, Eudeba, 1873, p. 83; también en Capdevila, op. cit., pp. 60/68.

[69] Beruti, Juan Manuel, *Memorias curiosas.* (En: Biblioteca de Mayo, Senado de la Nación, Buenos Aires, 1960, tomo IV, p. 4088.)

[70] *Diario de Avisos,* Buenos Aires, 26 de agosto de 1851 (Sala de Reservados de la Biblioteca Nacional).

[71] Ibídem, 18 de setiembre de 1851.

[72] Ibídem, 2 de octubre de 1852.

[73] Antecedentes del baile en honor de Manuelita en el Coliseo; comisión organizadora formada por Rufino de Elizalde, Manuel Pérez del Cerro, Carlos Urioste y Pedro del Sar. AGN, Sala 7-3-3-12, f. 88 y ss.

[74] Sáenz Quesada, "Manuelita, un mito sin polémica", p. 13.

[75] Carta de Adeodato de Gondra a Rosas, del 29 de octubre de 1851, AGN Sala 7-3-3-12.

[76] Mansilla, *Los siete platos de arroz con leche,* p. 94. Véase también la edición completa de *Entre-Nos. Causeries de los jueves,* Buenos Aires, Jackson, s/f, Grandes Escritores Argentinos, colección dirigida por Alberto Palcos.

[77] Sáenz Quesada, *El estado rebelde,* p. 45; la presencia de ánimo de Manuela en esa circunstancia, en relación con los títulos de propiedad, fue destacada en la noticia necrológica que publicó el periódico local de Hampstead (Londres) en setiembre de 1898.

[78] Sáenz Quesada, "Manuelita, un mito sin polémica", p. 24.

[79] Testimonio reproducido por la *Revista Histórica,* Montevideo, 1967.

[80] Carta de Manuela Rosas a Josefa Gómez, del 10 de febrero de 1852, reproducida por Ibarguren en *Manuelita,* p. 73; los originales de esa correspondencia sostenida por las dos amigas entre 1852 y 1875, año en que falleció Josefa, se encuentran en el Archivo Zeballos del Museo de Luján; las copias dactilografiadas están en el AGN Sala 7-22-2-3-, Colección Doctor Ernesto H. Celesia.

[81] Citado por Sáenz Quesada, "Manuelita...", p. 26.

[82] Citado por Sáenz Quesada. "Manuelita...", p. 26.

[83] Carta de Manuela Rosas a Petrona Villegas de Cordero, Southampton 8 de junio de 1852. Reproducida por Ibarguren, *Manuelita*, p. 134.

[84] Carta de Manuela Rosas a Petrona Villegas de Cordero, Southampton, 8 de junio de 1852. Reproducida por Ibarguren, *Manuelita*, p. 135.

[85] Ibídem, p. 133.

[86] Véase la referencia que hace el propio Rosas en su testamento, reproducido por Dellepiane, *El testamento de Rosas*, p. 97, cláusula 9.

[87] El viaje a Irlanda en carta a Petronita, del 30 de octubre de 1853, escrita desde Southampton y publicada por Ibarguren, *Manuelita*, p. 141. Sobre el primer aborto que tuvo Manuela, hay un documento sin firma, apuntes de carácter familiar, en el AGN, Museo Histórico Nacional, legajo 62, nº 10.605 y en carta de Máximo a Petronita.

[88] Carta de Máximo Terrero a Petronita, del 3 de junio de 1856, en Southampton, publicada por Ibarguren, *Manuelita*, p. 147.

[89] Carta de Manuela Rosas a Francisco Plot, Londres, 4 de agosto de 1864, en la que dice que no ve con frecuencia a su padre, pues permanece en Southampton y entre otros datos afirma que desde que salió de su país no ha vuelto a poner las manos en el piano ni en la guitarra; reproducida por Ibarguren, *Manuelita*, p. 158.

[90] La referencia a los celos de Rosas, en carta de Manuela a Josefa Gómez del 4 de mayo de 1853, en Ibarguren, *Manuelita*, p. 137; ibídem, p. 96, referencias a las fotografías de los hijos; otros datos, p. 102.

[91] Carta de Manuela a Josefa Gómez, del 6 de setiembre de 1854, Original en el Museo de Luján.

[92] Ibídem, 6 de octubre de 1854.

[93] Carta de Rosas a Manuela, Southampton, 28 de abril de 1859 y del 22 de mayo de 1859; reproducidas por Celesia, *Rosas*, tomo 2, p. 535.

[94] Carta de Rosas a Manuela, del 16 de diciembre de 1853, AGN, Museo Histórico Nacional, Legajo 31.

[95] Carta de Manuela a Josefa del 5 de octubre de 1865, Ibarguren, *Manuelita*, p. 105.

[96] Carta de Manuela a Josefa Gómez del 8 de octubre de 1862, fechada en Londres; AGN Sala 7-22-2-3. Copias de los originales existentes en el Museo de Luján, Colección Celesia; la extrema afectividad de Manuelita con su padre se pone otra vez de relieve en la carta que le envía el 28 de marzo de 1866: "Así pues estaremos contigo pasado mañana, sábado, a darte la corcova y quedaremos con vos si tenés gusto y no hay inconveniente hasta el martes. Ya te harás cargo que yo sueño con la realización del viaje para comerte enterito a besos y caricias y charlar largo con vos, y tus hijos ingleses que aún no saben del viaje pues quiero sorprenderlos al último momento, se van a volver locos". La carta concluye: "Con Máximo y tus hijos Joseph y Baldomero te suplicamos nos bendigas mañana desde allí que nosotros te festejaremos desde aquí gritando sin cesar: ¡Viva San Juan Clímaco Rosas! ¡Viva! ¡Viva! ¡Viva!". Ibarguren,, *Manuelita*, p. 152.

[97] Carta ya citada del 5 de octubre de 1865 de Manuela a Josefa Gómez, Ibarguren *Manuelita,* p. 106.

[98] Carta de Manuela a Josefa Gómez, Londres, 10 de octubre de 1871. AGN, Sala 7-22-2-3, Colección Celesia. Copias de los originales existentes en Luján.

[99] Carta de Manuela a Mercedes Fuentes de Rosas, Londres, 23 de junio de 1874; publicada por Ibarguren, *Manuelita,* p. 165.

[100] Fragmentos del diario de viaje de Alejandro Baldez Rozas, 1873, reproducidos por Dellepiane, *El testamento de Rosas,* pp. 133 y ss.

[101] Carta de Manuela a Josefa Gómez, Hampstead (Londres) 7 de junio de 1861, publicada por Ibarguren, *Manuelita,* p. 93.

[102] Ibídem, p. 118. Carta de Manuela a Josefa del 7 de abril de 1869; asegura que no fue la falta de legado lo que provocó su queja, "sino el olvido absoluto que hizo, y que nadie podrá negarlo, de mi querido Tatita y de los hijos de su hermana Encarnación, todos en el destierro y la desgracia". Sin duda era real el distanciamiento ocurrido entre Juan Manuel y su cuñada, otrora incondicional suya, en la década de 1840 a que se hizo alusión en el segundo capítulo.

[103] Carta de Manuela a Mercedes Fuentes de Rosas, junio 23 de 1874, en Ibarguren, *Manuelita,* p. 164.

[104] Carta de Manuela a Josefa Gómez, Londres, 5 de noviembre de 1874, AGN Sala 7-22-2-3. Copia del original.

[105] Carta de Manuela a Máximo Terrero, del 16 de marzo de 1877, publicada por Ibarguren, *Manuelita,* p. 66; original en el AGN Sala 7.

[106] *Diario de viaje de don Máximo Terrero* (1877). Agradezco al Sr. Samuel Grinberg haberme proporcionado una fotocopia del original.

[107] Citado por Mario César Gras, *Rosas y Urquiza; sus relaciones después de Caseros,* Buenos Aires, 1948, p. 428.

[108] Ramos Mejía, *Rosas y su tiempo,* tomo 1, p. 70; la amistad entre Juan Rosas y Adolfo Saldías padre, documentada en la carta de su hijo, Juan Ortiz de Rozas y Fuentes, a Adolfo Saldías, enviándole un homenaje a Manuelita, escrito por su padre cuando era escolar; Saldías lo guardó en su archivo, AGN Sala 7-3-6-4.

[109] Gras, op. cit., p. 428; el tema, ya observado por Ramos Mejía, de la contribución de Manuelita y su esposo a la historia oficial de Rosas, merecería un estudio puntual que compare las colecciones de documentos del período que existen en distintos archivos públicos y privados.

[110] Carta de Manuela a Adolfo Saldías, del 30 de noviembre de 1896 AGN, Sala 7-3-6-4, folio 387.

[111] Citada por Raúl Montero Bustamante, *Ensayos. Período romántico,* Montevideo, Arduino, 1928, p. 91, "El ocaso de Manuelita Rosas", utiliza las cartas intercambiadas por la señora de Terrero y Antonino Reyes que estaban en poder de su descendiente, el señor Alberto Reyes Thévenet.

[112] Carta de Manuela a Mercedes Fuentes de Rosas, del 24 de agosto de 1897, escrita en el Royal Hotel de Worting; curiosamente es la única carta de las que conozco, con una cita literaria; Ibarguren, *Manuelita,* p.

70. Ese mismo año todavía se escribía la señora de Terrero con Saldías, y una carta de éste llegó a Londres en los mismos días en que falleció Manuela.

[113] *Hampstead and Highgate Express. The late Madame Terrero*, impreso enviado por Manuel Terrero, en nombre de la familia, al doctor Saldías, AGN, Saldías / Farini, legajo 179.

Reconstrucción del momento en que el sacerdote bautiza al hijo nonato de Camila O'Gorman.

El deán Felipe de Elortondo y Palacios, amigo de Josefa Gómez. Una relación ilícita no tan secreta en su tiempo.

A la izquierda, Manuelita con sus hijos "ingleses" Manuel Máximo y Rodrigo.

Máximo Terrero, marido ejemplar consagrado al cuidado de su familia y de su autoritario suegro.

Juan Bautista Ortiz de Rosas, el hijo olvidado.

El matrimonio Terrero y sus hijos junto al monumento que hicieron construir en la tumba de Rosas en Southampton.

IV. La amante

Juan Manuel de Rosas vivió rodeado de mujeres fuertes, madre, esposa, hija, hermanas y cuñadas; pero entre 1840 y 1852, época de su máximo poderío, su compañera íntima fue una oscura muchacha, María Eugenia Castro, huérfana que le había sido encomendada y que lo sirvió silenciosamente dándole numerosos hijos a los que el dictador no reconoció jamás.

Es difícil fijar los datos biográficos de esta mujer que representa otro modo de ser femenino de la sociedad criolla; nacida aproximadamente en 1823/25, falleció en 1876, un año antes que don Juan Manuel, su encumbrado amante. Era hija del coronel Juan Gregorio Castro, que conocía a Rosas por lo menos desde que había sido tasador de la estancia del Rey, adquirida por la sociedad de Rosas y Terrero en 1820. Al morir, Castro dejó a Rosas como albacea y tutor de sus hijos, Eugenia y Vicente. Su herencia era magra, reducíase a una modesta casa en el barrio de la Concepción, hacia las afueras de la ciudad, de modo que a los huérfanos sólo les quedaba someterse al destino que les propusiera su tutor: no es sabido si Vicente entró o no en el servicio de las armas, como su padre; pero Eugenia, colocada al principio en lo de la familia Olavarrieta, donde no se halló a gusto, porque hasta la servidumbre se entretenía zurrándola con ferocidad, pidió a don Juan Manuel que la cambiase de casa y éste se la llevó a la suya para que atendiera a doña Encarnación.

Así, como entenada y persona de servicio de la dueña de casa, Eugenia ocupó un lugar ambiguo en esa gran mansión; tenía 13 años, y se encontraba un escalón arriba de las chinitas y esclavillas domésticas, pero muy por debajo de las niñas de la familia Rosas y Ezcurra. Ella tendría un buen recuerdo de doña Encarnación, de la que fue enfermera durante su larga dolencia —contaba a sus hijos el gran consumo de bolsas de lino que exigía la atención de la enferma— y seguramente demostró dedicación y responsabilidad en la tarea. [1]

Es precisamente en la calidad de antigua enfermera de su esposa como justifica Rosas la donación que hace a su ex amante en el testamento que redactó en Southampton en 1862: "A Eugenia Castro, en correspondencia al cuidado con que asistió a mi esposa Encarnación, a habérmela ésta encomendado poco antes de su muerte, y a la lealtad con que me sirvió asistiéndome en mis enfermedades, se le entregarán por mi albacea, cuando mis bienes me sean devueltos, ochocientos pesos fuertes metálicos". Era este legado simbólico, puesto que Rosas no recuperaría nunca los bienes que le fueran confiscados; pero la importancia del texto es el reconocimiento de los servicios de Eugenia que ocupa, junto con Vicente, su hermano, varias cláusulas de la última voluntad del ex gobernador.

Dice también don Juan Manuel que él ha mejorado la ruinosa casita heredada por su pupila, comprando y regalándole el terreno contiguo y que se ocupó de entregarle el dinero correspondiente del condominio a Vicente, a fin de que la vivienda quedara para Eugenia. Esta recibió además 41.970 pesos que en vísperas de abandonar definitivamente el país, el 8 de febrero de 1852, Rosas depositó en manos de Juan Nepomuceno Terrero. Se entregaron en esa oportunidad a Vicente 20.000 pesos de su herencia y réditos, producto posiblemente de alquileres devengados por la casa.

Mencionaba Rosas en otro punto a la imagen de Nuestra Señora de las Mercedes que Eugenia le había enviado de regalo cuando estaba en Southampton, y que dejaba a Manuelita. Tantas menciones a la Castro, y sobre todo el cuidado que puso en arreglar sus problemas de herencia, cinco días después de la derrota de Caseros, indican que se trataba de alguien muy entrañable cuyo destino implicaba una seria responsabilidad que el ex dictador no podía delegar. [2]

Pero buena parte de sus biógrafos han pasado por alto esos detalles y optado por guardar discreto silencio sobre los amores de don Juan Manuel con su pupila. Fue Rafael Calzada, el abogado español que en 1886 patrocinó a los hijos naturales de Rosas en el juicio que éstos entablaron contra la sucesión de su padre, quien ha llamado la atención sobre el silencio de historiadores de la talla de Saldías, Pelliza y Ramos Mejía a ese respecto; no se preguntaron, dice, si Rosas mantuvo perfecta castidad siendo viudo a los 45 años de edad, aunque, según relató en sus notas autobiográficas tituladas *Cincuenta años de América*, la presencia de Eugenia y de sus hijos fuera en su época un hecho notorio para quienes frecuentaban la quinta de Palermo. Llevada a los 13 años de edad por su tutor a su casa, éste la hizo su concubina y tuvo con ella cinco hijos: Nicanora, Angela, Justina, Joaquín y Adrián, nacido este último cuando Rosas ya se encontraba en Inglaterra. [3]

La siguiente generación de historiadores incluyó el tema en sus libros. Manuel Gálvez le asignó un pequeño espacio y casi podría decirse que la relación de Rosas con la discreta Eugenia cuadraba perfectamente a la semblanza que hace este autor de don Juan Manuel, el hombre fuerte, patrón de estancia, con sus pecados y ligerezas varoniles, que hacía uso del personal femenino disponible sin preocuparse por las consecuencias de sus actos. Ibarguren le dio poca importancia; estimó que el vacío dejado por la muerte de Encarnación fue ocupado por Manuelita que "constituyó todo el hogar y llenó la vida íntima de Rosas. Fuera de ella —dice— los únicos halagos del dictador eran el trabajo y la dominación". Admite la existencia de la muchacha, y de sus hijos, y alude incluso a su físico, "agraciada, morena, vivaz y sensual; una odalisca criolla", y poco más. En cuanto a Mario César Gras, da crédito a la categórica afirmación de Rosas en su testamento: "jamás he tenido o reconocido más hijos en persona alguna, que los de Encarnación, mi esposa, y míos, Juan y Manuelita" y niega por lo tanto una descendencia natural de la figura histórica a la que tanto admira. [4]

Por su parte Mansilla explica que su tío, "por lo mismo que no era sensual debía casarse joven, y se casó, muchas mujeres, variedad, no necesitaba (...) Una mujer era para él, ya maduro, asunto de higiene, ni más ni menos". [5] Pero con estas palabras nos invita, aunque él mismo no mencione el asunto, a la cuestión de Eugenia y de su continuidad en el lecho del gobernador, pudiendo éste obtener mujeres más codiciables en tiempos de su inmenso poderío, podría llamar la atención esta preferencia por una jovencita humilde si no fueran reiteradas las alusiones de esos mismos biógrafos a la dificultad que tenía Rosas para relacionarse con mujeres de su clase aunque supiera utilizar a algunas de ellas como sus valiosas auxiliares políticas. Esta actitud que hizo que Eugenia reinara sin rivales en las habitaciones del dictador era fruto del gusto de don Juan Manuel por los medios rurales, en los que el patrón o su representante podía cohabitar con las hijas y hasta con las mujeres de los paisanos pues éstos no tenían a quién acudir para reclamar contra los abusos de poder. Mansilla explica dicha situación y agrega precisamente que el estanciero Rosas no se aprovechaba de tales derechos fácticos. Pero eso no impediría al joven hacendado, que pasaba buena parte del año en sus campos, lejos de su familia, sostener relaciones al estilo de la que más tarde mantuvo con Eugenia, historias éstas frecuentes en la campaña argentina. [6]

No es posible establecer la fecha precisa en que comenzó la larga relación amorosa entre el gobernador y su pupila, treinta años menor que él. La adolescente, una vez que entró en la casa de los Rosas, se mostró esquiva al principio, temía quizás que se reiteraran las agresiones que sufrió en lo de Olavarrieta; pero luego empezó a circular con más confianza: Encarnación la trataba bien y Rosas le tomó afecto; era su favorita para cebarle mate y hasta se divertía con el temor reverencial que su personalidad provocaba en la huérfana. Ella revivía esas escenas muchos años después, ante sus hijos, a los que relató cómo cayó por primera vez en brazos del gobernador, sin poder impedirlo, ni intentar defenderse, sugiriendo que había sido forzada en sus sentimientos.

Este relato fue incluido en el libro *La manceba de Rosas* (1932), del periodista Rafael Pineda Yáñez, fruto de las charlas del autor con doña Nicanora Rosas Castro, la que conoció cuando ella era octogenaria y vivía humildemente con su hija y un nieto en Lomas de Zamora, ganándose la vida como lavandera, pero con el aire de persona bien nacida que también se reflejaba en su conversación. [7] Es muy probable que Eugenia estuviera satisfecha de esta relación y hasta se enamorara del dueño de casa, algo codiciable para las numerosas mujeres que estaban abocadas al servicio del caserón de la calle de la Biblioteca y luego de la quinta de Palermo. Por otra parte, una versión atribuida a Manuelita Rosas, dice que Mercedes, apodada Antuca, la mayor de las hijas de Eugenia, llevaba el apellido Costa porque era hija de Sotero Costa Arguibel, sobrino muy querido de Encarnación y de su marido. Sotero la había reconocido. Fue quizá mientras vivía la mujer de Rosas, cuando Eugenia quedó embarazada por primera vez y la graciosa huérfana ya había seducido a otro de los varones de la familia antes de caer en brazos del dueño de casa. [8]

Luego vendrían los hijos cuya paternidad sí se atribuye justificadamente a Rosas, parte de los cuales entabló en 1886 un juicio contra su sucesión: Angela "el Soldadito" (1840/1882); Ermilio, que murió en la guerra del Paraguay; Joaquín, apodado "el Chileno", que era muy parecido a su padre; Nicanora "la Gallega", nacida en 1844 y que aún vivía en 1928; Justina, la más pequeña al marcharse su padre del país, y Adrián, nacido en 1852 y que nunca conoció a Rosas. [9]

Eugenia, una madre prolífica, similar en esto a misia Agustina López más que a Encarnación, cuando su embarazo estaba avanzado, se recluía en la quinta de Palermo mientras el grueso de la familia Rosas permanecía en la casa del barrio de Santo Domingo. Pero eso habrá sido en los primeros años de la relación; a medida que trascurría el tiempo y nacían nuevos hijos, el círculo íntimo del Restaurador tomó muy probablemente conocimiento de estos amores y los aceptó como se admitía todo lo que provenía del Ilustre Americano, según lo denominaban las crónicas de la época. Por otra parte, los hijos naturales, los ilegítimos y hasta los sacrílegos —hijos de sacerdotes— eran muy numerosos; si se los reconocía y educaba de acuerdo con la condición de sus padres, formaban algo así como una segunda clase de la sociedad sin que nadie se escandalizara por ello. [10]

Pero la alta jerarquía del gobernador de Buenos Aires, y la necesidad de evitar murmuraciones y riesgos adicionales a los muchos que soportaba, impusieron silencio a su vida amorosa. A tal punto llegaba el secreto en que se mantenía a Eugenia, que Rosas la apodaba "la Cautiva", en alusión al semienclaustramiento de la muchacha en sus habitaciones privadas y a sus contadas apariciones en público. Calzada menciona los paseos en coche que cada tanto hacía la pareja acompañada por su prole; dice también que Rosas sentaba a Eugenia a su mesa en la intimidad y que trataba a los pequeños como lo que eran, como hijos suyos. [11]

Eugenia cumplía una serie de funciones domésticas además de las sexuales; debía atender al dictador en sus enfermedades, que eran bastante frecuentes, pues en la década del 40, debido a su vida sedentaria y al trabajo incesante, la salud de Rosas había desmejorado. Ella probaba los alimentos que comía, le cebaba mates y preparaba los cigarros que don Juan Manuel fumaba antes de dormir. Creaba alrededor del dueño de casa una atmósfera distendida en la que la política no se entremezclaba para nada; su ignorancia y su desinterés resultaban un atractivo más de la joven amante y un elemento no desdeñable que justifica su larga hegemonía. Pineda afirma que en el dormitorio de Rosas había una mampara que separaba su cama de la de Eugenia: de noche se quitaba esa mampara cuando Rosas se retiraba a descansar. Entonces empezaba el reinado de la muchacha. Las horas muertas de la jornada trascurrían para ella en una ociosidad forzosa; sus hijos la recuerdan quitándose una hebra tras otra de su cabellera, imagen ésta digna de un serrallo oriental. [12]

La oposición a Rosas, que vigilaba estrechamente todo lo que ocurría en el gobierno de Buenos Aires y disponía de una buena información, estaba al tanto de la existencia de la amante del dictador. Incluso le hacían cargos por obligar a su hija legítima a compartir el mismo techo con su concubina y con sus hijos bastardos: "El (Rosas) hace de su barragana la primera amiga y compañera de su hija; él la hace testigo de sus orgías escandalosas", escribe José Mármol en 1850. [13] Xavier Marmier, que ha escuchado esas habladurías en Buenos Aires, dice que Rosas quiso y logró que Manuelita recibiera en la intimidad de la casa a las queridas de su padre, una tras otra, en tanto durase su valimiento, algo que ni siquiera Luis XV se hubiera atrevido a hacer: "noche a noche puede verse a Manuelita sentada con suave sonrisa entre las Cleopatras del voluptuoso Antonio, entre el capricho de la víspera y el capricho del día siguiente ". [13]

Estos párrafos y sus comparaciones históricas resultan exagerados para referirse a los moradores de Palermo de San Benito. Más proporcionados a la realidad que allí se vivía, incluso a los hábitos y horarios del dictador, son los datos que aporta el autor anónimo que desde Valparaíso se ocupó de Rosas y de su hija en 1851. Tras describir la diaria jornada dice:

"A las ocho de la mañana, después de haberse tomado unos centenares de mates, don Juan Manuel de Rosas entrega el cetro y la corona a doña Manuelita y se retira a su aposento; si duerme o no, eso es todavía un misterio que nos lo podría explicar la bella Eugenia, su sirviente, la única que después de su hija tiene la facultad de penetrar hasta él sin ser llamada. Algunas lenguas habladoras aseguran que Eugenia es la sultana de Palermo, lo que hay de cierto es que ella da a luz cada año un *Palermito* a quien doña Manuelita acaricia y obsequia como a un hermano." [14]

Sin duda en un principio debió costarle a Manuela aceptar el rol que cumplía Eugenia junto a su padre. Pero con el tiempo, según testimonian las cartas que escribió desde el exilio a sus medio hermanos, se adaptó a esta relación y hasta se encariñó con los pequeños que en alguna medida suplían la falta de hijos que era consecuencia de su soltería, forzada por el capricho paterno. En una simpática carta que ella misma dirigió a Angelita en 1864, y que fue incluida en el juicio de 1886, luego de desear que Eugenia se recupere de una enfermedad le dice:

"Salúdala con mucho cariño por nosotros y lo mismo a Mercedes, a Nicanora, a Emilio, a Joaquina y a la graciosa Justina, que últimamente se había puesto tan regalona conmigo que me tenía engañada con sus monadas tanto que por la mañana en cuanto me despertaba lo primero ordenaba era que me la trajeran a mi cuarto y allí estaba charlando conmigo sin cesar hasta que me acababa de vestir. ¡Qué mona era! Entonces tú estabas con tu madre al lado de tatita y yo era la madre de Justina. Pero no creas que la quiero más que a ti, no, a las dos las quiero iguales". [15]

De acuerdo con la versión de Pineda, la hija y la amante de Rosas no se estorbaban. El dictador había dividido lo mejor posible entre ellas las funciones que antaño competían a doña Encarnación: Manuela estaba a cargo de la tarea política, diplomática y social que se detalló en el capítulo anterior, cumplía además un rol afectivo indelegable como hija legítima y de la misma clase que su padre; Eugenia aceptaba su situación ambigua sin invadir la jurisdicción de Manuelita pues no era enredadora ni ambiciosa.[16] De modo que cuando Rosas bromeaba con sus huéspedes diciéndoles que con Manuela tenía las obligaciones pero no las satisfacciones del matrimonio, dejaba en suspenso un hecho real: que disponía también de una amante joven y sumisa. Por otra parte existía una cierta complicidad entre las dos mujeres: no convenía a ninguna que don Juan Manuel se casara por segunda vez. Esa decisión implicaría tal vez el eclipse de ambas.

Bajo el título de "Un amor imposible", Pineda se ocupa de otra posible historia amorosa del Restaurador de la que no aporta pruebas contundentes sino meras suposiciones: Rosas ya tenía una tanda de hijos con María Eugenia cuando se enamoró violentamente de una inquieta y vivaracha integrante del séquito de su hija, Juanita Sosa —bella y de esbelta figura, si nos atenemos a su daguerrotipo— la "edecanita" que siempre la acompañaba a todas sus diversiones y era la preferida de los diplomáticos y marinos extranjeros que visitaban Palermo. Fue entonces cuando Manuela se puso firme y dijo: "Tatita, si querés casarte, lo harás con María Eugenia que es la madre de tus hijos, pero no lo intentarás con ninguna otra". Rosas no se decidió, pero siempre recordaría en sus cartas del exilio a la alegre Juanita Sosa, preguntándose si se había casado, y soñando con disponer su partida a Inglaterra si aún estaba libre.[17]

La Sosa era una de las "damas de honor" de la tertulia de Manuelita que tantos y justificados temores provocaban en la oposición; de ellas se decía "que en el mejor estrado de América no se hallarán quizá personas ·más instruidas en el formulario y maneras de salón, ni más al caso para desempeñar el papel de coquetería y seducción de que están encargadas. ¿Qué extraño será pues que tantos diplomáticos viejos como Mackau, Mandeville, Hood, Le Prédour y Southern, se hayan dejado adormecer por aquellas empozoñadoras Sirenas?".[18]

Pero una cosa eran los salones donde brillaban las gracias de estas mujeres, y otra la parte más doméstica de Palermo en la que retozaban los pequeños bastardos. Rosas era mucho más tolerante con estos hijos que con los legítimos, tal vez porque su educación no le preocupaba: no valía la pena aplicar las normas de formación de las primeras familias del país a esos niños que no tendrían oportunidad de ser reconocidos y de ocupar un espacio más digno en la sociedad. Es así como Rosas aceptaba que los hijos de Eugenia lo llamaran alternativamente "señor" o "viejo de porquería" pues lo importante era que no le dijeran tatita, como Juan o Manuela. A los niños no les gustaba atender las lecciones que les impartía el capellán, y en su pereza recibían el respaldo de Rosas que les decía: "Bueno, vuélvanse, hoy es el día de San Vacanuto, algo así como el santo de las rabonas".[19]

Si Nicanora, la más parecida al padre por su fuerte carácter, se retobaba, Rosas llamaba a dos soldados y les ordenaba: "Lleven a esa gallega salvaje unitaria a que le den 500 azotes". La paliza, un simulacro realizado sobre dos cartones que protegían el trasero de la niña, era suficiente para ablandarla, y casi parecía más un rasgo de afecto, dada la tradición de castigos corporales a la que se aludió en el primer capítulo, que un rasgo de crueldad. Otras veces, las faltas se castigaban con lecturas.

La misma Nicanora relató a Pineda que "el viejo" enviaba a sus hijos menores a vigilar los amores de Máximo y de Manuelita que se veían en una salita no muy alejada del dormitorio paterno. Los traviesos chiquillos, bien aleccionados, informaban sobre los acercamientos de su media hermana con su novio, y Rosas cada tanto amagaba una penitencia para Manuelita, que roja de vergüenza protestaba su inocencia. [20]

La vida amable que llevaban Rosas, Manuela, Eugenia y sus hijos en la quinta de Palermo concluyó abruptamente el 3 de febrero de 1852. Los Castro no estuvieron entre los que embarcaron en el navío inglés, pero la relación del ex gobernador con su amante no se interrumpió de inmediato. Ella preparó el equipaje del "Patrón", y días después de la batalla, con permiso de Urquiza, retiró algunos objetos personales de Rosas de su casa de Palermo. Este se ocupaba entre tanto de arreglar la cuestión de la herencia de Eugenia antes de dejar definitivamente el país.

¿Por qué ella no acompañó a Juan Manuel a Inglaterra? "Este es uno de los puntos más oscuros en la vida de Eugenia", escribe Pineda. "Nos consta que cuando Rosas la invitó a partir con las dos criaturas aludidas —Angelita y Armindo— sus favoritos, sufrió en lo más vivo de su amor propio el repudio que aquella proposición excluyente significaba para los otros hijos de esa unión ilegítima. Y la respuesta que ella dio denota elocuentemente el efecto que ha podido producirle." ¿Era ésta una manera de dudar de la paternidad de los demás hijos?, se pregunta Pineda. Parece cosa improbable, agrega, pues, "¿quién osaría ponerle cuernos al dictador en su propia casa?". [21]

Eugenia demostraba mayor apego a los hijos que al amante y en esto se diferenciaba de doña Encarnación, siempre más identificada con su pareja que con sus hijos. Temperamento maternal, algo en el tipo de relación que ella había establecido con Rosas la muestra ocupándose de él y de sus enfermedades con ternura, pese a la diferencia de edad y a la distancia abismal que los separaba en lo social. En 1855, Rosas le reprochó no haberlo acompañado: "Si cuando quise traerte conmigo, según te lo propuse en dos muy expresivas y tiernas cartas, hubieras venido, no habrías sido tan desgraciada" [22]. De este modo la hace responsable de sus desdichas y de paso, indica que fue en 1852 cuando la extrañó y la hizo llamar, y que a partir de diciembre de ese año no contestó a las numerosas cartas que ella enviaba.

Es posible también que Eugenia, que ya tenía cerca de 30 años, no se atreviera a emprender una travesía de esa envergadura sin mayores seguridades acerca del rol que cumpliría en Southampton. Sin confianza en sus propias fuerzas, siempre dependiente de su poderoso señor, no estaba en condiciones de marchar a tierra extraña, arrastrando consigo tantos hijos. Prefirió quedarse en el país, donde gozó de cierta protección de familias amigas: los meses posteriores a la batalla de Caseros los pasó en Cañuelas en la estancia de don Mariano Cárdenas, cuya esposa era su madrina. Allí tuvo a Adrián, el menor de los hijos de Rosas —un hijo póstumo, por decir así...—. Más tarde, cuando desde Inglaterra su antiguo tutor le envió el testimonio gracias al cual pudo ocupar la casa que le había tocado en herencia, se trasladó al barrio de la Concepción. Probablemente vivió allí hasta su muerte, pues sus hijos se casaron en dicha parroquia. [23]

Entre tanto Rosas había cambiado sus hábitos. Solo y en tierra inglesa, padeciendo las "crueles amarguras" que le provocó la boda de Manuelita, sin Eugenia y por encima de todo, sin el poder y el prestigio que lo rodearan desde su infancia, se dejó arrastrar por la vida galante a la que no había sido afecto en su país. A fines del 53, a consecuencia de esas aventuras, estaba enfermo y gastando dinero en médicos y en remedios. Su hijo informó a un amigo acerca de las características del mal que padecía:

"Las potras lo han jodido pues lo han coceado y está en la cama como 15 días, pero no es cosa de cuidado aunque tiene morrocotudas llagas. Se ha juntado o ha hecho amistad mi padre con un médico, y un fondero, dos pillos de plaza y desacreditados hasta el extremo en ésa, le comen medio lado, le chupan las libras a montones y concluirán por dejarlo en la calle, me consumo de lástima al ver lo que es la vida y lo que es un hombre sin mundo y sin freno". Alberdi diría algo más tarde que en Europa se veía mal el juicio llevado por la Legislatura de Buenos Aires contra Rosas, pues éste no imitaba a otros caudillos caídos que intrigaban para recuperar su autoridad: "Se ocupa en Southampton de putas y de lo que él llama sus memorias". [24]

Pero en medio de esa nueva existencia y de la difícil adaptación a su nueva condición de proscripto, Rosas no olvidaría a Eugenia. No contestó las cartas que ella le envió en 1852, 53 y 54, pero en junio del 55 le manda una larga misiva —ya citada— y dos más breves a Angelita, la hija preferida. El tono es de reproche pues debe negar auxilios económicos a su ex amante la cual los reclama reiteradamente. De ahí que empiece la carta, como se ha visto, responsabilizándola de lo que les ocurre por no haberlo acompañado: "Así cuando lo sois (desgraciada) debes culpar solamente a tu maldita ingratitud". "Si como debo esperarlo de la justicia del gobierno, me son devueltos mis bienes, entonces podía disponer tu venida con todos tus hijos y la de Juanita Sosa, si no se ha casado, ni piensa en eso."

Todos los hijos, no algunos, como le propuso en un principio. Rosas le agradece luego el envío del escapulario de Nuestra Señora de las Mercedes y protesta porque nada le ha dicho del apero que sacó de su casa poco después del 3 de febrero y que le hace muchísima falta: "el mío que vos tienes es de una cuarta más largo que los comunes, de una cabezada a la otra. Es ése un recado muy bueno, difícil de encontrarse, ni de que se haga uno igual".

La carta concluye con saludos para Eugenia del peón Martínez, que había sido enviado a su antiguo patrón en 1853, y con nuevos saludos para la Sosa "si es que aún sigue soltera"; agrega unas bendiciones para ella y sus queridos hijos, también para Antuca, pero separadamente, como si no integrara el mismo grupo; firma "tu afectísimo paisano", una forma elegante de poner distancia con su antigua concubina.

La carta a Angelita, además de agradecerle el obsequio de un pañuelo que sigue usando en su nombre, contiene una explicación en respuesta a una pregunta de la niña que ponía de relieve la mucha confianza que ésta debía tenerle: "No me he casado porque no tengo con qué mantener una mujer, y yo con mujer con plata no quiero casarme. Por eso verás que en lo que te dicen te han engañado. Abraza en mi nombre a tu mamá y a tus hermanos (...) Memorias a Camilo y a la ingrata y desleal Juanita Sosa. Adiós mi querida 'Soldadito'. Recibe el constante cariño de tu afectísimo paisano". [25]

El apodo "Soldadito" derivaba de que Angela se disfrazaba a menudo de miliciana, con chiripá, botas, calzoncillos y el rojo birrete de los Colorados del Monte. Ella y sus hermanitos hacían maniobras bélicas, para deleite de su padre. Pero de todo esto sólo quedaba ahora el recuerdo. Eugenia tenía otro hombre que le había dado dos hijos, pero seguía pobre y para colmo de males su salud se había quebrantado. Sin embargo, mantenía el vínculo con su otrora poderoso amante y él también le correspondía:

"Una carta mía para Eugenia, la puse hace algunos meses entre un sobre para nuestra querida amiga, la señora Ignacia Gómez de Cáneva. Así procedí porque Manuelita me ha dicho muchas veces cuánto es considerada y estimada por usted aquella pobre." [26]

Es posible que Eugenia fuera por esa fecha enfermera de la madre de las Gómez. En 1870, Rosas escribía a su antigua pupila una carta breve, acompañada por tres pañuelos, uno para ella, otro para el "Soldadito" y otro para "Canora" —como siempre, mostraba predilección por sus hijas mujeres e indiferencia por los varones—. "No le mando algo bueno porque sigo pobre", agregaba. Firmaba "su afectísimo patrón". [27] El tiempo y la distancia devolvían a don Juan Manuel a la realidad de su relación con Eugenia: la de la niña pobre con el patrón.

Rosas había envejecido, pero conservaba su espléndido porte de siempre. Su afición por las mujeres, que antaño postergara en aras de otros intereses, se mantenía incólume. Tenía amistades femeninas en Southampton y en su correspondencia con Manuela aparecían temas nuevos, impensables en los tiempos en que la política y el poder absorbían todas sus horas:

"Una señora inglesa me preguntó qué hacías cuando se te caía el pelo. No sé, le contesté, pero como cuida tanto su hermoso pelo, entiendo debe ser con algún remedio bueno, se lo preguntaré. Por esto, y porque ni es la primera señora decente que me hace esta pregunta, y porque en orden a las clases comunes son muchas las que me han presentado ocasión en que poder decirles de algún remedio que yo supiera", escribe en 1858. Señoras decentes y mujeres de la clase común, el mismo lenguaje del Buenos Aires colonial se aplicaba ahora a las amistades femeninas del ex dictador argentino en el destierro. De paso, y tal vez con el propósito de darle celos, sugería a Manuela que ella no era la única presencia femenina en su vida. [28]

Cuando en 1867 Carlos H. Ohlsen, por encargo de Urquiza, visitó a Rosas, encontró cerrados los portones del *farm*, pero averiguó muchos datos curiosos sobre aquel vecino al que llamaban el "General Ross": "parece que tiene una ama de llaves que lo cuida muy atentamente y tiene reputación por allí este señor de ser muy aficionado al bello sexo, además de estar entregado a la vida de labrador, mejor dicho, a la crianza de animales". ¿Era entonces la criada inglesa Mary Ann Mills, a la que en reiteradas oportunidades menciona Rosas en su testamento, la sucesora de Eugenia? En 1869 Ohlsen repite la visita a la quinta de Rosas y deja sus impresiones, no sólo de la casita, "linda para pasar allí dos meses después de recién casado", sino también de las ninfas cuarentonas que se ocupan de don Juan Manuel. [29]

En 1876 falleció Eugenia Castro. La noticia fue comunicada por Angelita a Manuela, quien escribió a su media hermana: "A tatita le remito tu carta y estoy cierta que le habrá causado gran pesar. Siempre se acuerda del 'Soldadito' y lo mismo Máximo te recuerda como si te estuviera viendo. Concluyendo tu siempre afectísima patrona, Manuela Rosas de Terrero". Firmando así, la hija legítima se diferenciaba de la descendencia bastarda de su padre.

Eugenia desaparecía silenciosamente como había vivido, cargada de hijos, pobreza y frustraciones. Pero Angela mantuvo su relación con Manuela, según lo prueban las pocas cartas que su viudo pudo arrimar al expediente:

"Mi querido Tatita se acuerda mucho de ti, no le he querido mostrarle tu retrato, porque estoy muy cierta le causaría tristeza verte, pues le traería recuerdos de lo mucho que lo divertías con tus gracias cuando eras chiquita y su regalona (...) Por la carta que Eugenia escribió a Máximo, supimos lo enferma que había estado, y que siempre tenía mala salud. Mucho lo sentimos, y con todo corazón le deseamos que todos sus males hayan desaparecido", dice Manuela en enero de 1864, doce años antes de la muerte de Eugenia, en la misma carta en que se hace la referencia a Justina citada más arriba.

A fines del 64, Manuelita le comenta el retrato que le ha enviado "aunque estás tan cambiada siempre se descubre en tu fisonomía la gracia inolvidable de *nuestra querida negrita*. Mi querido tatita no te olvida jamás, y cuando le hablo de ti se conmueve siempre. Máximo te manda un abrazo y te aseguro que no te olvida".

Efectivamente mucho debió haber cambiado el "Soldadito" desde los días despreocupados de Palermo. Tenía 38 años y trabajaba como doméstica cuando en 1879 —dos años después de la muerte de su padre— se casó con Adrián Gaetán, de 50 años, natural del país y analfabeto. La boda tuvo lugar en la parroquia de la Concepción, donde Eugenia había tenido su modesta casita. La pareja se trasladó a Lomas de Zamora, uno de los pueblos suburbanos que estaba en pleno crecimiento. Allí murió Angela en 1882, a los 42 años, de tisis. [30] Cuatro años más tarde, al regresar Manuelita por primera vez a Buenos Aires con motivo de la devolución de los bienes que le correspondían por la herencia materna que le hizo el gobierno de la provincia, los hijos naturales de Rosas emprendieron el juicio contra ella y contra Juan Ortiz de Rozas y Fuentes, hijo de Juan, ya fallecido.

Rafael Calzada explica cómo tuvo lugar este reclamo: "Fui solicitado por doña Nicanora, doña Justina y don Adrián para que los patrocinase en la gestión de sus derechos y me presté gustoso a ellos, pues la reclamación me parecía justísima. Recuerdo que la primera, que vivía en Lomas de Zamora ganándose la vida de lavandera, tenía todo el aire de una persona bien nacida. Su conversación y sus maneras denunciaban enseguida a una persona resignada a su humilde oficio, pero que no era el que le cuadraba. En cuanto a Adrián, un pobre analfabeto que vivía también en Lomas, trabajando como pocero, era un hombre alto, de ojos azules, rubio, buen mozo, de un parecido a Rosas sorprendente, pero de modales más bien toscos. Había sido criado en el trabajo y en la pobreza. No llegué a conocer a Joaquín, que andaba por Tres Arroyos, trabajando como peón, pero sé que desde niño se le conocía por el apodo de "El chileno Rosas' ".

Calzada presentó la demanda de petición de herencia fundada en el artículo 3569 del Código Civil ante el juez Benjamín Basualdo, por la secretaría de Carlos Silveyra, en agosto de 1886, siendo representante de los herederos el procurador de su estudio, Alfredo Fernández.

Ofreció probar todos los hechos con testigos, pues había conversado con personas de aquel tiempo —entre ellas parientes muy allegados a doña Encarnación— que le dieron pleno convencimiento de que era justo el reclamo de los hijos de Eugenia. Casi todos se mostraron dispuestos a declararlo bajo juramento ante la justicia.

Calzada enumera a cinco hijos naturales: Nicanora, Angela, Justina, Joaquín y Adrián; no menciona a Mercedes ni a Ermilio, que ya había muerto. Aporta cuatro cartas como prueba de que Rosas, sin decirse padre por naturales escrúpulos si se atiende a lo delicado de la situación y a su carácter taimado y receloso, trataba paternalmente a sus hijos, les enviaba algún dinero y regalos y se dirigía a Eugenia con ternura. Si bien no reconocía categóricamente su paternidad, ésta resultaba presumible con toda evidencia. En cuanto a llamarse patrón de Eugenia, "bien sabemos que el dictador se consideró siempre el patrón de todos los nacidos en este suelo y que fue patrón verdadero de Eugenia desde el día que entró en su casa para servir a su finada esposa". [31]

Un segundo juicio contra esta misma sucesión se iniciaba en setiembre de 1886 con la presentación de Adrián Gaetán, el viudo de Angelita, que confería poder especial a Eugenio Márquez en la petición de derechos que le correspondían por su finada esposa. Llevaba como testigos a don Francisco Plot —que era amigo de los Rosas— y a Ladislao Bamville. Sostenía en la demanda que Angela Rosas había sido habida por Rosas en sus relaciones ilícitas con Eugenia Castro, con la que vivía públicamente y como si fuera su legítima esposa, hecho que era notorio; agregaba que una vez fijada la residencia de Rosas en Southampton, mantuvo correspondencia constante con Angelita, lo mismo que Manuela Rosas de Terrero, su cariñosa hermana. "Existen todavía muchas personas a quienes consta la vida íntima que el ex dictador hacía con doña Eugenia Castro y con los hijos que en ésta había tenido, dándoles el mismo lugar que a su hija legítima doña Manuela."

Seis cartas autógrafas se incorporaron a este expediente. A las que cita Calzada, se agregaron las tres piezas enviadas por la señora de Terrero desde Londres y que Angela conservaba en su poder "aunque no con el cuidado que se requería por creer que nunca tendría necesidad de hacer uso de ellas porque no llegaría el caso de que le fueran desconocidos sus derechos de hija natural por los demás herederos". [32]

La causa despertó el interés de la prensa, siempre curiosa en lo que hacía a la intimidad del Tirano, como se lo llamaba generalmente. Pero un año más tarde el juzgado se declaraba incompetente, sin especial consideración en costas por no existir temeridad ni mala fe por parte del actor. Hacía lugar a lo alegado por la familia Terrero: el juzgado era incompetente, pues la jurisdicción sobre la sucesión correspondía al último domicilio del difunto; Rosas no tenía siquiera bienes en la República Argentina porque los suyos habían sido declarados propiedad del Estado en la década de 1850. Aunque el representante de Gaetán argumentó que Máximo Terrero tenía domicilio legal en el país y una cuantiosa fortuna, el reclamo no fue atendido. El caso de la prueba no llegó nunca, explica Calzada; ni él se sentía con ánimos para ir a litigar a Inglaterra, ni los interesados, pobres de solemnidad, dieron un paso más para hacer efectivos sus derechos. [33]

Ante el fallo se produjo nuevamente el silencio y los hijos de Eugenia volvieron al anonimato y a la pobreza. Mientras tanto, ¿qué había ocurrido con Juanita Sosa? Ella era otra de las personas del círculo de Palermo que mantenía relación con los exiliados. Rosas la mencionó muchas veces en sus cartas y le escribía con cierta regularidad. Manuela y Máximo no la habían olvidado: cuando nació Manuel, el mayor de sus hijos, le hicieron conocer la novedad recordando que Juana "se reía como loca" ante la idea de ver a Manuela con un Terrerito a cuestas.

Pues bien, en 1878, cuando Rosas ya había muerto y el matrimonio Terrero envejecía pacíficamente en Londres, Juanita Sosa se hallaba internada en el Hospital Nacional de Alienadas. Dolores Lavalle de Lavalle, que había sido designada inspectora de esa institución dependiente de la Sociedad de Beneficencia, relató en carta a Capdevila que entre las mil enfermas que allí se encontraban había una que le resultaba muy simpática por la cultura de sus maneras; conservaba rastros de la belleza que se conocía había tenido en su juventud:

"Era de estatura pequeña, facciones finas y unos grandes ojos negros de mirada muy triste, que llamaban la atención. Pregunté su nombre y me dijeron 'Se llama Juana Sosa, y ha sido muy amiga de Manuela Rosas con quien pasaba largas temporadas en Palermo'. Es una loca muy tranquila, nunca tiene accesos de locura y su única manía es transformarse en estatua, lo que hace perfectamente. Desde que supe esto me interesé más por aquella desgraciada pensando: ¡Pobre infeliz! ¡Qué habrá visto en Palermo y qué habrá pasado por ella hasta perder la razón!

"En los días de visita al Hospital siempre la buscaba para hablarla, lo que era inútil si la encontraba transformada en estatua, porque no hablaba una palabra, ni se movía durante horas enteras hasta que el cansancio la rendía. Estas estatuas probablemente las copiaba de láminas que antes había visto, y si quería imitar un militar (Rosas tal vez) se ponía unas grandes charreteras de papel que cortaba de los diarios.

"Mi inspección en el Hospital duró tres años, y cuando un año después pregunté por ella, se me contestó que había fallecido repentinamente al hacer su última estatua".[34]

Con su muerte se cerraba un capítulo de la historia de la corte de Palermo, la de una mujer educada y bella, cuya extraña vivacidad, sin duda su principal atractivo, que más tarde derivó en locura, sedujo y atrapó al gobernador. El no la olvidaría.[35] Pero prefirió compartir la intimidad de sus días gloriosos con la dulce, discreta y sencilla Eugenia, la compañera confiable por excelencia.

NOTAS

[1] Dellepiane, *El testamento de Rosas*, p. 22, hace la referencia al coronel Juan Gregorio Castro, antiguo protegido de don Juan Manuel; sobre la enfermedad de Encarnación, véase Rafael Pineda Yáñez, *Cómo fue la vida amorosa de Rosas*, Buenos Aires, Plus Ultra, 1972, pp. 73 y ss. La obra, llamada originariamente *La manceba de Rosas*, contiene datos que fueron contados al autor por Nicanora Castro, la hija de Eugenia, pero entremezclados con otros relatos menos creíbles y de difícil comprobación.

[2] Dellepiane, *El testamento de Rosas*, p. 97.

[3] Rafael Calzada, *Cincuenta años de América; notas autobiográficas*, Buenos Aires, 1926, Obras Completas, tomo IV, vol. 1, p. 327.

[4] Manuel Gálvez, *Vida de don Juan Manuel de Rosas*, Buenos Aires, El Ateneo, 1940, p. 506; Ibarguren, *Juan Manuel de Rosas*, pp. 228 y 293; Mario César Gras, *Rosas y Urquiza*, p. 396.

[5] Mansilla, *Rozas*, p. 56.

[6] Ibídem, p. 66.

[7] Pineda Yáñez, op. cit., p. 82.

[8] Agradezco a don José María Massini Ezcurra la síntesis de una carta de Manuela Rosas de Terrero que él tuvo oportunidad de consultar y que formaba parte del archivo de la familia Terrero Stegmann, en la que hay referencias a la reclamación de Eugenia Castro. Dice que hacía trabajos de sirvienta y manda una planilla en la que figuran pagos de 50 pesos. Enumera a sus hijos: Mercedes Costa, que fue reconocida por Sotero Costa, Angela, fallecida, casada con Adrián Gaetán, Ermilio, fallecido soltero, Joaquín, el chileno, Nicanora, casada con Palacios (con Galíndez, dice Pineda), Justina y Adrián. Manuelita dice que no sabe quiénes son los padres de los tres últimos.

[9] Calzada, op. cit., p. 327

[10] "Diario de Ignacio Núñez", por Juan Isidro Quesada. (En: *Todo es Historia*, noviembre de 1990.)

[11] Calzada, op. cit., pp. 326 y ss.

[12] Pineda Yáñez, op. cit., pp. 130/133.

[13] José Mármol, *Rasgos biográficos de Manuela Rosas*; Xavier Marmier, *Buenos Aires y Montevideo en 1850*, p. 86.

[14] *Rosas y su hija en la quinta de Palermo*, Valparaíso, 1851, p. 15.

[15] Carta de Manuela Rosas de Terrero a Angelita. Londres, 23 de enero de 1864. Citada en el expediente de Don Adrián Gaetán contra la sucesión de don Juan Manuel de Rosas sobre petición de herencia, AGN. Tribunales, legajo 8105, año 1886.

16 Pineda Yáñez, op. cit., p. 120.

17 Ibídem, p. 137.

18 *Rosas y su hija en la quinta de Palermo.*

19 Pineda Yáñez, op. cit., pp. 116 y ss. y p. 127.

20 Ibídem., p. 133.

21 Ibídem., p. 153.

22 Ibídem., p. 174.

23 Ibídem., p. 151.

24 Cartas citadas por Celesia, *Rosas*, tomo 2, p. 370.

25 Pineda Yáñez, p. 174, reproduce esta carta que también puede leerse en la obra de Calzada, pp. 330/334.

26 Rosas, *Cartas del exilio*, p. 109; carta de Rosas a Josefa Gómez del 6 de diciembre de 1868.

27 Pineda Yáñez, op. cit., p. 178.

28 Carta de Rosas a Manuelita, Southampton, 22 de noviembre de 1858. AGN Sala 7-3-3-13.

29 Carta de Ohlsen a Urquiza, del 15 de octubre de 1867, reproducida por Mario César Gras, op. cit., p. 325; más datos en pp. 329 y 341.

30 Véase el expediente ya citado de Adrián Gaetán contra la sucesión de Rosas. Las cartas de la señora de Terrero a Angelita están citadas en la demanda, pero no figuran los originales.

31 Calzada, op. cit., p. 334. No he podido localizar en el Archivo General de la Nación el legajo correspondiente al juicio que patrocinó Calzada en el que posiblemente se encuentren los originales de las cartas citadas.

32 Adrián Gaetán contra la sucesión de Rosas, op. cit. Se solicitaba librar oficio judicial al párroco de la Merced para verificar si Angela había sido bautizada en la Parroquia de la Catedral entre 1838 y 1842. No había pues demasiada precisión acerca de la fecha del bautismo que incluso se remontaba a los tiempos en que estaba viva la esposa de Rosas.

33 Calzada, op. cit., pp. 334 y ss.

34 Capdevila, *Las vísperas de Caseros*, p. 41.

35 Juana Sosa, bautizada en Buenos Aires en diciembre de 1826, era hija natural de don Hilario Sosa y de Juana Olmos. Pasaba largas temporadas en Palermo. Juan Méndez Avellaneda publicó en *Todo es Historia* (abril de 1991, p. 50), una noticia sobre el mal trato sufrido por María Sosa, sirvienta que acompañaba a Juanita en la casa del Restaurador y que fue azotada, engrillada y puesta en el cepo durante meses por haberse atrevido a recibir de noche en su habitación a un sirviente del gobernador. Una prueba más de la doble moral que allí imperaba.

216

AÑO DE 1886

Entre otras cosas dice Manuelita me [en]car-
ga que conserve nuestros retratos con
placer, también yo lo tengo muy cerca en tener
el tuyo, y aunque estos han cambiado, siempre
se descubre en tu fisonomía la gracia inolvidable de nuestra querida negrita. Ah! querida
totita no te olvido jamás, y cuando le hablé, se lo
comunicaré siempre" "Maximo te manda un
abrazo, y te aseguro que no te olvida aún".

     La tercera carta que acompaño
bajo el n.º 6, es fechada en Londres en 7 dic.
23 de 1876. Entre otras cosas refiriéndose a
Manuela de Rosas de Terrero a la última carta que
había recibido de Angela Castro en la que le noti-
ciaba de la muerte de D.ª Eugenia, dice "A
totita le remití tu carta, y estoy cierta que la
muerte de Eugenia le habrá causado gran pesar.
Siempre se acuerda del Soldadito, y lo mismo
Maximo te recuerda como si te estuviera viendo".
Concluyendo tu siempre afectísima prima Manuela de Rosas de Terrero -

     De todas estas referen-
cias que he sacado de las seis cartas autógrafas que acompaño, y las partidas de matrimonio y defunción de Angela Rosas legí-

Foja del expediente del juicio entablado por Adrián Gaetan, viudo de Angela, el Soldadito, contra la sucesión de Rosas.

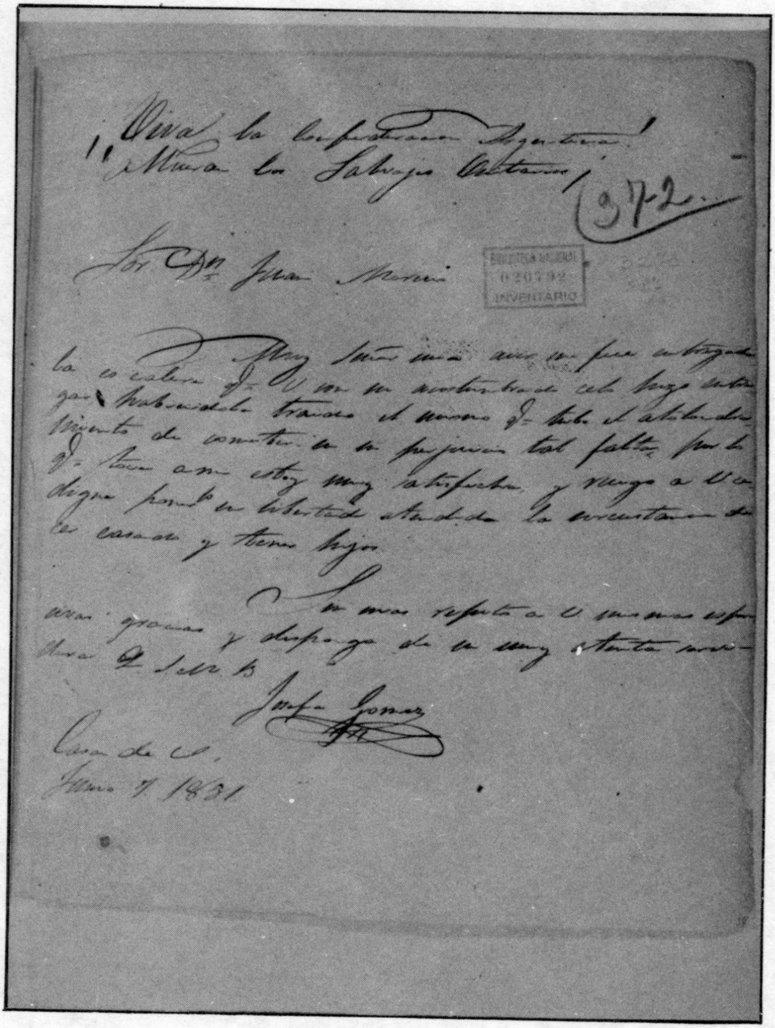
¡Viva la Confederación Argentina!
¡Mueran los Salvajes Unitarios!

372.

Sor. Dn. Juan Moreno

Josefa Gómez

Casa de V.
Junio 7 1851.

Carta de Josefa Gómez dirigida al Jefe de Policía en 1851.

V. La amiga

Cuando estaba exiliado Rosas no interrumpió su relación preferencial con las mujeres. Siendo gobernador había confiado en ellas como colaboradoras y activistas, pero también como custodios de su intimidad. Alejado definitivamente de su patria, una señora porteña, doña Josefa Gómez, se convirtió en su corresponsal. A ella reservó el ex dictador el cuidado de intereses económicos de importancia: la recaudación de fondos entre sus parientes, amigos y ex funcionarios de su gobierno para aliviar sus estrecheces y hasta le pidió que intercediera por él ante el general Urquiza. Paralelamente a la gestión de esos asuntos, Rosas encomendó a Josefa (Pepita), una suerte de legado espiritual gracias al cual la posteridad conocería aspectos de su actuación pública y también su punto de vista frente a los hombres y a los acontecimientos que conmovían a la Europa de entonces: la Comuna de París, el surgimiento de los sindicatos británicos, el rol del Papado en la Iglesia, etc., etc.

En el curso de esta correspondencia, sostenida con admirable continuidad entre 1853 y 1875, año en que falleció Pepita, don Juan Manuel expresaría algunas ideas sobre el rol de la mujer en la política que pueden considerarse sorprendentes para quien tenía una concepción tan autoritaria del poder:

"Pienso también —escribía en 1867— que si de las mujeres han nacido los hombres, también ellas pueden contribuir a la felicidad de la Naciones nacientes, que por su inexperiencia cometen los errores de la juventud, que es mejor sean modificados por las manos suaves de las Madres que por la aspereza de los preceptores". [1]

Estima José Raed, el editor de estas *Cartas del exilio*, que fue el papel desempeñado por la Gómez, más independiente de la presión de Rosas de lo que fueron Encarnación o Manuelita, lo que hizo comprender al ex dictador que la mujer puede ser una contribución magnífica a la felicidad de las naciones y esto le parece un paso positivo de quien, cuando fue gobierno, anuló la Sociedad de Beneficencia, la entidad creada por Rivadavia que dio injerencia a las señoras de la alta sociedad porteña en cuestiones asistenciales y educativas. [2] Pero este reconocimiento tardío no era una revisión de la concepción conservadora de Rosas en la política y en la economía: expresaba más bien desconfianza hacia tantos varones que lo habían rodeado en sus días de gloria y luego lo abandonaron a su suerte, mientras la parte femenina del grupo federal, e incluso de su propia familia, le había sido más fiel y más sensible a sus dificultades económicas. Este Rosas de la vejez vuelve a confiar en la madre como elemento conservador por excelencia. En otro párrafo de esa misma carta, don Juan Manuel expresa su desdén por tantos jóvenes inexpertos que conducen a su país y que "cometen un grande error cuando no dan los lugares distinguidos (que corresponden) a los mayores de edad, con dignidad honrosa, servicios y saber". [3]

Entre las mujeres de Buenos Aires que fueron más consecuentes con el ex gobernador, y le dieron apoyo y consuelo en los años de la derrota, Josefa Gómez ocupa, pues, un relevante lugar. Los historiadores de la época de Rosas, simpatizantes o críticos de su trayectoria, coinciden en admirar la constancia con que esta señora sostuvo la causa del Restaurador en tiempos en que todo lo que oliera a rosismo era anatematizado por la política oficial. Con razón le escribía Justo José de Urquiza que el motivo principal por el que se hallaba dispuesto a ayudar a Rosas, era por "el interés que usted toma por el amigo en desgracia", mientras se preguntaba qué se habían hecho los amigos del general Rosas a quienes colmara de fortuna en su época. [4]

Así, aureolada por su desinteresada amistad, y como puente entre dos figuras cumbres de la historia argentina, Rosas y Urquiza, se coloca Pepita Gómez en la historiografía de la época federal. Su actuación pública, generalmente elogiada, resulta de interés no sólo por su propia relevancia sino porque resulta un buen ejemplo de cómo ha sido elaborada la memoria del pasado por los historiadores. Dice Manuel Gálvez: "La figura de esta mujer excepcional ocupará un puesto de primer plano en las relaciones entre Rosas y Urquiza". Y Mario César Gras afirma que si Octavio Amadeo, autor de *Vidas argentinas*, se hubiera tomado el trabajo de buscar en los archivos, no hubiera escrito que Rosas, que ocupó mediante el terror las almas de sus conciudadanos, al exiliarse no dejó la nostalgia de su recuerdo, pues la conducta de Josefa Gómez, como la de su amigo el rico hacendado José María Roxas y Patrón, muestran que logró dejar en sus almas un sólido recuerdo y que incluso en la adversidad, y a pura pérdida, y sin reparar en sacrificios, le dieron su respaldo. [5] Hasta Sánchez Zinny, tan adverso a Rosas en su biografía de Manuelita, reconoce que padre e hija pudieron experimentar "la profunda abnegación de esa mujer maravillosa, sin un renunciamiento, sin una falla, sin enturbiar jamás el purísimo cristal de la más hermosa y leal de las amistades y cuya memoria, debía aureolar todo a su alrededor, con la luz sublime de su alma exquisita, acrisolando en el corazón de sus amigos, su propia belleza moral". [6]

Pepita fue la auténtica embajadora de Rosas en Buenos Aires, pero sus datos biográficos se han ignorado hasta ahora. Sólo Mario César Gras se preocupó por reunir antecedentes de esta señora, interrogando a gente del antiguo Buenos Aires. "Su biografía es desconocida —afirma— y su reconstrucción, a tanta distancia de los sucesos de que fue actora, resulta poco menos que imposible. La vulgaridad de su apellido impide una pesquisa a través de familiares suyos, que seguramente existirán, pero que es difícil identificar. Mi deseo de llenar así este vacío de la historia se ha visto así malogrado", pero a través de testimonios de amigos y parientes del Restaurador, familias de Ortiz de Rozas, Terrero y Cordero, pudo ofrecer los siguientes datos:

Josefa Gómez pertenecía a una antigua familia de origen uruguayo, radicada en Buenos Aires y emparentada con los generales Servando y Leandro Gómez —este último defensor heroico de Paysandú—; era algo mayor que Manuela Rosas, morocha, de ojos negros y vivaces, bastante instruida para la época y el medio, bien considerada en la sociedad, aunque su pública adhesión a Rosas le produjo cierto aislamiento. Era soltera, y la Pepita a la que alude constantemente no era su hija, sino su sobrina, a quien había criado como hija, dándole el trato de tal al quedar huérfana. Vivía en su propia casa de la calle Potosí, con su madre y otros parientes, y era dueña del importante establecimiento rural Las Encadenadas, situado en el partido de Las Mulitas (hoy 25 de Mayo), de otro campo en Gualeguaychú y de otro más en el departamento de Río Negro (R.O. del Uruguay).

Esta mujer de temperamento enérgico y varonil, continúa Gras, administraba personalmente sus bienes y pasaba largas temporadas en la estancia. Nunca ocultó, ni aun en los tiempos de la completa hegemonía del partido liberal en Buenos Aires, su simpatía por Rosas. "He visitado a la señora doña Pepita Gómez —escribe Roxas y Patrón a don Juan Manuel en 1865—. No la conocía sino de nombre. Es una federala exaltada, *enragé*, hablamos bastante de V.E. y varias veces le asomaron lágrimas a los ojos. No permite que se hable mal de V.E. delante de ella. Se bate con el más pintado."[7]

En los momentos culminantes de la fobia antimazorquera en Buenos Aires, Josefa había sido agredida por la opinión liberal ultra. Así sucedió en 1856, cuando fracasó la invasión de Jerónimo Costa al Estado rebelde. Mercedes Rozas de Rivera, la hermana preferida del Restaurador, sufrió amenazas e insultos por parte de los jóvenes que acaudillaban los hijos de Florencio Varela. "A la pobre Pepa Gómez le tocaban a degüello y le gritaban horrores", narra Mercedes, dando cuenta de las represalias que se tomaron contra los elementos federales de la ciudad y de la bravía respuesta que ella había sabido dar a hechos que mostraban que el espíritu de' la guerra civil seguía intacto en la capital segregada.[8]

Gracias a documentos que existen en el Archivo General de la Nación, he podido establecer con fidelidad quién fue doña Josefa Gómez, la amiga intelectual de Juan Manuel de Rosas. El interés de esta biografía femenina reside en que ella permite atisbar aspectos poco conocidos de la vida íntima del círculo que rodeaba a Rosas en Palermo, y asimismo, del comportamiento de ciertos grupos de la sociedad porteña a mediados del siglo XIX, que incluye tanto a laicos como a sectores del clero local. Los ribetes cuasi novelescos de esta historia explican por qué resultaba tan difícil indagar acerca de esa gran amiga de Rosas.

Había nacido en Buenos Aires y era hija de Juan Simón Gómez y de Mercedes Perrín, casados en 1802. Josefa contrajo matrimonio con Antonio Elías Olivera, de quien no tuvo hijos. En la década de 1840 había enviudado, y realizó el trámite legal necesario para adoptar una niña, Juana Josefa, a la que daría el apellido de su marido, Olivera. Su madre se opuso a la adopción, que afectaba sus propios intereses, pero no pudo evitarla. Desde esa época, y hasta su muerte, en 1875, Josefa vivió en la calle

Defensa 123, y no en la casa familiar de la calle Potosí como sostiene Gras. Compartía esa vivienda con su propietario, el canónigo Elortondo.

Don Felipe de Elortondo y Palacios (1802-1867), deán de la Catedral, director de la Biblioteca Pública (1837-1852), legislador y personaje destacado del clero porteño, hijo de un comerciante vasco y de una dama de antiguo linaje criollo, también consideraba a Juana Josefa (Pepita) como su hija adoptiva y en alguna oportunidad la llamó hija suya. [9] En su casa la viuda de Olivera se desempeñaba como ama de llaves. Ambos frecuentaban la quinta de Palermo y recurrían al gobernador y a su hija cuando necesitaban apoyo. Así lo hace el canónigo en setiembre de 1848; le escribe a Manuela, usándola como intermediaria ante Rosas:

"Esta carta pondrá en manos de usted ·a mi hija adoptiva, Juana Josefa. Creo que algo sabrá usted del aprecio que profeso a esta niña. Si en esto puede haber exceso, yo confieso mi responsabilidad. Mi amor se aumenta por instantes, y el deseo de su felicidad me ocupa sin intermesión (sic). Pero juzgo que no se la amaría realmente, si no pensase en su porvenir. Yo quiero bajar al sepulcro con la confianza de que se lo dejo asegurado.

"Mis bienes patrimoniales son ya de ella. También lo será todo lo que se encuentre al tiempo de mi muerte y me pertenezca. Me falta que aquellos bienes queden en tal disposición que puedan darle una subsistencia medianamente cómoda y segura, cualesquiera sean las eventualidades del tiempo y de los acontecimientos.

"Esto es lo que me propongo con las modificaciones que pienso hacer en la casa de mi propiedad. Mas para eso, me es indispensable realizar el boleto de tierras que el Exmo. Señor Gobernador se dignó despacharme como a empleado público.

"Aquí entra Señorita mi súplica. Con confianza se la dirijo porque no dudo que el asunto que la motiva

224

encontrará una completa simpatía en un corazón tan sencillo y noble como el suyo.

"Quiero, pues, rogar a usted que cuando le sea posible, y en la oportunidad que su prudencia y discreción le sugiera, se interese con el Exmo. Señor su Padre", etc., etc. [10]

En el tono cortesano que era de rigor, el canónigo buscaba la anuencia oficial para realizar las reformas que harían de la casa que había heredado de su madre, en la calle Defensa, una vivienda moderna con negocios a la calle (los alquileres se pagaban bien en esa zona elegante de la ciudad). Para ello debía cambiar por dinero el boleto en tierras que había recibido del Estado, por voluntad del gobernador, como recompensa a sus servicios políticos. La carta está fechada a fines de setiembre de 1848, pocas semanas después del fusilamiento de Camila O'Gorman y del sacerdote Uladislao Gutiérrez, ocurrido en agosto. Ellos habían sido encontrados culpables de escándalo público y ajusticiados para dar satisfacción "a la religión y a las leyes y para impedir la consiguiente desmoralización, libertinaje y desorden en la sociedad".

Elortondo había tenido que ver con el caso O'Gorman. Temeroso de incurrir en la ira del gobernador porque demoró en denunciar la fuga de los amantes, deslindó responsabilidades: él no había recomendado a Gutiérrez para el curato del Socorro, la culpa era del señor obispo. [11] En cuanto a Rosas, que había dejado en claro que él no era un niño para escandalizarse con los pecados de los clérigos, no vaciló en hacer aplicar el peso de una ley medieval y absurda, con el agravante de que Camila estaba embarazada, para dar ejemplo de orden y de moralidad. Pero, ¿a qué ejemplo moral se refería cuando en su propia casa de Palermo imperaba una gran libertad de costumbres, como se vio en el anterior capítulo, y hasta los sacerdotes que formaban parte de su círculo vivían amancebados?

Los emigrados, que estaban al tanto del doble mensaje moral que trasmitía el gobernador en sus exigencias públicas y su conducta privada, lo indujeron a buscar un chivo expiatorio en Camila y Uladislao. En 1849, pocos meses después del fusilamiento de Santos Lugares, se preguntaba Sarmiento si había sido el celo llevado al fanatismo por la religión y la moral lo que había motivado aquel exceso de rigor. Más bien, suponía, Rosas aprovechó la oportunidad para aterrorizar a una sociedad que empezaba a relajar su disciplina política, puesto que él "en su sociedad íntima de Palermo, admite a la barragana de un sacerdote, del señor Elortondo, bibliotecario, sirviendo este hecho de base a mil bromas cínicas de su contertulio". [12]

En *Rosas y su tiempo*, Ramos Mejía hace mención de "ciertos clérigos galantes y algunos de mundanas aunque discretas costumbres, que respetando severamente el candor de las niñas solteras solían insinuarse en su corazón para insinuar predilecciones imprudentes que rozaban la política (...) Muchos de ellos estaban emparentados con las principales casas, federales y unitarias". Muy veladamente se refiere luego a "algunos tipos de singulares galanteadores que cambiaban su adhesión y entusiasmo político por aquella parte de tolerancia que el espíritu volteriano y travieso de don Juan Manuel solía brindar cuando le convenía usar de los vicios y las debilidades ajenas". [13]

Como Rosas no ignoraba los amores de Elortondo, le exigía fidelidad absoluta y lo utilizaba como principal informante en cuestiones eclesiásticas. Esto pudo verificarse cuando en enero de 1851 el delegado apostólico Ludovico Besi desembarcó con gran pompa en Buenos Aires con el propósito de estrechar las relaciones entre la Iglesia local y la Santa Sede romana. Besi mostró mucho disgusto por la condición cuasi cismática del clero porteño, comprobó su escasa moral y su dependencia del gobierno civil. Informó a Roma acerca de la conducta del deán Elortondo —a su ama de llaves la apodan "la canonesa", dijo, y además, él es el correveidile de Palermo—; se sentía, "circundado por mil espías" que noche a noche consignaban a Rosas una puntual memoria de sus actos y dichos, de todo paso que daba y de las visitas que recibía. [14]

No se equivocaba: en el archivo de Rosas se guardan los documentos en los que Elortondo daba cuenta al gobernador de las andanzas del delegado papal, de su presencia en el Colegio de Huérfanas, o en lo del canónigo García y de la forma en que se había expresado en relación con el problema de la intervención de la autoridad política en la elección del obispo de la diócesis. "He ofrecido a S.E. que nada le he de reservar de lo que crea que es necesario o cuando menos conveniente que V.E. sepa", afirmaba el deán, ratificando que su lealtad era primero con el poder político y sólo en segundo término con el Papa. [15]

En cuanto a la "canonesa", es decir, Pepita Gómez, ella tenía bastante autoridad para efectuar reclamos ante el jefe de policía, pidiendo el castigo o la libertad de quien la hubiera perjudicado; su presencia en Palermo era frecuente, en la tertulia de Manuela y en las alegres cabalgatas que allí se organizaban. Pero no era íntima amiga de la hija del gobernador; no se tuteaba con ella pese a la poca diferencia de edad y Manuela no conocía a la madre de la Gómez, aunque sí a su hermana, Ignacia Gómez de Cáneva, con la que también mantuvo relación epistolar durante el exilio. [16]

Al día siguiente de la derrota de Rosas en Caseros, Josefa se apresuró a confirmar su fidelidad y solidaridad con el vencido. Manuela supo agradecérselo con palabras sinceras que escribió desde el *Centaur*, en la rada de Buenos Aires, y apenas llegó a Plymouth en las Islas Británicas. "En la adversidad las amigas como usted son un bálsamo consolador", le decía. "Tatita jamás dudó de su amistad (...) Cuando leo sus cartas me imagino que estoy hablando con usted. Su lenguaje es tan claro como ha sido usted constante y cariñosa amiga." [17]

En esta larga e ininterrumpida correspondencia entre Josefa, Rosas y su hija, hay recuerdos afectuosos para don Felipe Elortondo; al principio, con bien justificada incertidumbre, porque el deán había sido de los primeros en saludar y homenajear a Urquiza en Palermo y obtener así que se lo mantuviera en sus dignidades eclesiásticas: "Si usted cree que no será desagradable al señor canónigo Palacios mis recuerdos, sírvase manifestárselo", escribe Rosas en 1854. En los saludos casi nunca se olvida, además de don Felipe, a Pepita, la hija supuestamente adoptiva de esta pareja, y más tarde, cuando en 1857 Juana Josefa contrajo matrimonio con Adolfo Barrenechea, a su esposo, hacendado en el partido de La Matanza. [18]

Otra persona muy mencionada en estas cartas es Dalmacio Vélez Sarsfield, gran amigo de Felipe y de Josefa: "A la llegada del paquete no dejo de ir a lo de su amiga doña Pepa y regularmente veo letra de usted. Hablamos de los tiempos pasados; le cuento mil mentiras de usted respecto de mí: se enoja, me burla, se ríe y acabamos tristemente dudando si la volveremos a ver o no", le dice Vélez a Manuela en 1854, cuando aún no se habían enfriado sus relaciones con los Rosas, debido a la actitud que el jurista cordobés adoptó en 1857, cuando la Legislatura inició el juicio contra Rosas. [19]

Josefa, en cambio, mantendría su relación con el autor del Código Civil, pero de todos modos su posición era, como se ha visto, mucho más expuesta a las agresiones de los miembros exaltados del partido liberal que no le perdonaban su reconocido rosismo. Su relación con Manuela y su padre se profundizó a medida que el tiempo pasaba, y a medida que los proscriptos precisaban de los servicios de alguien siempre dispuesto a ayudarlos y a solidarizarse con ellos de mil maneras.

Las dos mujeres empezaron a tutearse. Las visitas a amigos y parientes se hicieron cada vez más frecuentes, y mientras Ignacia Gómez de Cáneva visitaba en Iglaterra a los Rosas, Josefa conocía a la familia Terrero, mantenía su amistad con Mercedes Rosas y ejercía cierta protección sobre Eugenia Castro, como se vio en el capítulo anterior. Pero en las cartas que intercambió con Manuelita abundan referencias a preocupaciones clásicamente femeninas, al estado físico de las dos señoras que empiezan a engordar y a envejecer, a recomendaciones para mejorar y conservar la salud. En ese sentido, la señora de Terrero aconsejó a Pepita que llevara una vida más sana. Ella que había sido una de las primeras jinetes del país en los tiempos en que frecuentaba Palermo, no podía abandonar el ejercicio físico por completo: "Si no te hubieses apoltronado antes de tiempo y hubieses continuado dando tus paseos a caballo, no estarías tan gruesa y tu salud se habría conservado mejor", le dice en 1866 cuando ya se cuentan catorce años desde su separación y no saben si tendrán el placer de abrazarse y acariciarse mutuamente. [20]

En cada cumpleaños los retratos de los amigos más queridos ocupan el lugar de honor en casa de los Terrero, de ahí la importancia que tiene el envío de fotografías de ellas y de sus familias. Mientras Manuelita le hace conocer a sus "ingleses", Pepa le manda el retrato de su hija, Pepita, "una real moza que tiene toda la razón en llamarse linda", dirá la señora de Terrero que posteriormente admirará las gracias de María, la niña adoptada por el matrimonio Barrenechea.

Como Manuela conoce el espíritu inquieto de su amiga, los sinsabores que atraviesa y la manera en que esto influye en su constitución sanguínea, le recomienda tomar alguna tisana que le adelgace la sangre y caminar mucho como se estila en Inglaterra. Cuando la epidemia de 1868 amenaza a Buenos Aires, se alegra porque Josefa, siempre decidida y emprendedora, se cuenta entre las primeras en alejarse de la ciudad para evitar el contagio. Otro punto de coincidencia entre la Gómez y los Rosas es el amor por la vida rural. Josefa manejaba personalmente su estancia de Las Encadenadas en el partido de

Las Mulitas. Entre octubre y diciembre vigilaba la esquila (los lanares eran la principal riqueza de los hacendados argentinos hacia 1860) y a menudo su estadía se prolongaba varios meses más. [21]

La señora de Terrero encarga a su diligente amiga algunas misiones delicadas, por ejemplo, visitar a las ancianas tías Ezcurra, Margarita y Juanita, para sugerirles, lo más discretamente posible, que en sus testamentos se acuerden de los hijos de su hermana Encarnación tan injustamente desprovistos de sus bienes por razones políticas. Las gestiones habrían dado fruto, pues en 1869 Manuela se anoticia de las disposiciones temporales "que conforme a tus justas indicaciones" practicaron las dos damas. Algunos años después, también será Pepita la responsable de rescatar dos prendas muy entrañables que habían pertenecido a doña Encarnación, unos zarcillos de oro y una caja, y de intentar disuadir a la tía Juanita de que dejara como heredero suyo a un muchacho paraguayo al que había recogido; la tía estaba haciendo el ridículo. [22]

El fallecimiento del deán Elortondo en agosto de 1867 dio lugar a que Manuela expresara su pesar. Se apresuró a escribirle a Josefa por la pérdida "de tu mejor amigo y a quien con tanta razón lloras sin consuelo (...) Así vamos viendo desaparecer tanto ser querido, Pepita, hasta que nos llegue el turno de pagar también nosotros el tributo a que nuestra existencia está sujeta. Quiera el cielo que se cumpla el mío antes que pasar por el tormento de ver desaparecer a mis tan amado padre, Esposo e hijos. ¡Dios mío! ¡Dios mío! Tened piedad de mí. A otra cosa hijita". Siempre tolerante, la señora de Terrero comparaba el dolor de su amiga por la pérdida del canónigo con el que le ocasionaría a ella la desaparición de sus seres más queridos. [23]

Elortondo había muerto luego de una breve enfermedad. Como era todo un personaje del clero porteño, la prensa católica lo elogió en estos términos: "Algún día, la historia, iluminando su nombre, lo legará a la posteridad como modelo del sacerdote cristiano". [24] Pero la testamentaría del deán se complicó por su situación familiar: vivía en la casa de la calle Defensa, rodeado de imágenes de santos y de libros piadosos, en compañía de Josefa, que administraba el hogar; de la hija adoptiva de ambos, Pepita, y de su esposo; de otro niño adoptivo, Felipe, y de algunas personas de servicio. Al morir, no había testado en favor de su hija, según se lo había propuesto en 1848, cuando le escribió a Manuelita, y esto daría lugar a un conflicto de intereses que se sumó a otros incidentes contra su sucesión.

En diciembre de 1851, precisamente poco antes de la batalla de Caseros que tantas cosas cambió en Buenos Aires, el canónigo había testado en favor de su alma y encargado a uno de sus primos que fuera el comisario de su "testamento largo". En el lenguaje de la época esto quería decir que todos sus bienes se aplicarían al rezo de misas o a limosnas por el bien de su alma y de la de sus padres. Correspondía al albacea determinar la forma en que se encargarían dichos rezos, pero cuando los sacerdotes amigos del muerto revisaron sus cajones, seguramente por reclamo de las Gómez y Olivera, hallaron una disposición manuscrita que modificaba en parte la última voluntad otorgada en el 51: la niña Juana Josefa Olivera de Barrenechea quedaba como heredera usufructuaria de la casa materna —Defensa 133— con la condición de que la madre, doña Josefa, mantendría la administración de ésta "en el mismo orden en que hoy la tiene". Muertas ellas sin sucesión, la casa se vendería en beneficio de su alma, pero aún había una cláusula que protegía a Adolfo, el yerno, y un legado de mil pesos anuales para Pepita, que recibía, además, la cama del muerto y los retratos de sus padres: "Espero del amor que debe tenerme que los tratará como si yo mismo los tuviese", escribía el deán de su puño y letra. [25]

Esta disposición, fechada en 1863, provocó un asunto

que se ventiló en los Tribunales, pues mientras los albaceas, que eran sacerdotes, se atenían a la voluntad expresada en primer término por Elortondo, "las dos honestas ancianas que desde hace años tiene el deán a su servicio", según dirían discretamente los primeros documentos del caso, se mostraron muy decididas a hacer valer sus derechos y a seguir cobrando los jugosos alquileres de la casa que habitaban.

El pleito se inicia formalmente en setiembre de 1867 cuando la señora de Barrenechea confiere poder general a su madre, Josefa Gómez, para que en su nombre entienda en todas las instancias. Ella demostrará entonces la tenacidad singular que, como es sabido, aplicó a la defensa de los intereses de Rosas: se niega al desalojo que ordena el juez en primera instancia, apela, argumenta que su hija es dueña de la finca por una antigua donación inter vivos y que ambas disponen de la vivienda desde veinte años antes de la muerte del canónigo; que las reformas que se hicieron en la casa desde sus cimientos fueron pagadas con su dinero, etc., etc. Los albaceas advierten que la maniobra consiste en entablar distintas acciones para mantener la posesión indefinidamente; dicen que la posesión es precaria, pues las dos señoras entraron en la casa por simple consentimiento del dueño. Sólo en el archivo de Rosas, allá en la lejana Inglaterra, se guardaba el testimonio de don Felipe sobre el dinero que había pagado las mentadas reformas. Y, seguramente, allí también se conocía el origen de los campos en el partido de Las Mulitas, pero estos secretos estaban a buen recaudo. Nadie por otra parte osaba afirmar que el derecho de Juana Josefa provenía de su condición de hija del deán, aunque éste, en una única oportunidad, hubiera reconocido a la niña como su hija, a la que nada podía negar. [26]

Pepa Gómez de Olivera falleció repentinamente de un ataque al corazón el 14 de mayo de 1875, a los 63 años de edad y sin recibir los sacramentos debido al carácter súbito de su muerte, en la misma casa de la calle Defensa a la que había entrado, treinta años antes, con el clásico subterfugio de ama de llaves del poderoso dignatario eclesiástico don Felipe de Elortondo y Palacios. Su testamento, otorgado en 1868, era claro y prolijo: dejaba el grueso de su patrimonio, la estancia de Las Encadenadas, y la parte de la casa que finalmente le correspondiera en el juicio, a Juana Josefa; había legados especiales para su nieta María, y para una sirvienta de mucha confianza; también para su hermano Juan Gregorio Gómez y para los hijos de Luis, que ya había fallecido. [27]

Hasta el día de su muerte Josefa se carteó con los Rosas. Su correspondencia con Manuela, según se ha visto, giraba en torno de intereses económicos y de intimidades domésticas, pero con don Juan Manuel el espectro de temas se ampliaba considerablemente: Pepita no es sólo la gestora de la ayuda pecuniaria que sostiene al ex gobernador en sus últimos y difíciles años, sino también su confidente en asuntos de política nacional y extranjera y en lo que hace a la historia de la Confederación Argentina durante su hegemonía. Ella se convierte así en una suerte de intermediaria entre el destacado hombre público en el exilio y sus compatriotas, pero además oficia de hilo conductor entre el pasado histórico y las preguntas que se podrían formular desde el presente. Mario César Gras y José Raed utilizaron esas cartas para importantes publicaciones, y a esto debe agregarse su indudable vinculación con Saldías: el testamento de Pepita se registró en la escribanía del padre del primer historiador que revisó la época de Rosas.

La amistad entre don Juan Manuel y Josefa se comprende asimismo desde otra perspectiva: ella era una mujer práctica, voluntariosa, trabajadora y cuidadosa de sus bienes. Rosas valoraba y respetaba a ese tipo femenino, más aún cuando demostraba ser, como Pepa, una diestra administradora de estancias y en lo político una defensora tenaz del orden conservador. De algún modo, esta dama representaba el rostro femenino del poder, frío, pragmático, seguro.

En noviembre de 1863 Rosas se empobreció a tal punto que debió abandonar su casa en la ciudad de Southampton y retirarse a la chacra de los alrededores; decidió entonces encomendar a su gran amiga una delicada misión: hacer llegar a manos de Urquiza una carta en la que solicitaba ayuda económica, cualquiera fuese la cantidad que pudiera acordarle, "pues creo que debo hasta a mi patria, no perdonar medio alguno permitido a un hombre de mi clase para no parecer ante el extranjero en estado de indigencia, quien nada hizo por merecerla".

Explicaba Rosas a Pepita las razones por las que la había elegido: "He preferido a usted para su entrega por la amistad y confianza que me merece, por su lealtad, por la finura de su benevolencia y por la capacidad y acierto con que no dudo se ha de ocupar en este tan importante servicio para mí". [28]

Ella recibió con júbilo el encargo que le permitía superar definitivamente su ambigua condición social: ya no era la "canonesa" como la apodaba la maledicencia porteña, ni sería objeto de las pesadas bromas que Rosas le hacía en Palermo: ahora era la persona de confianza del ex gobernador a la cual recurría en "uno de los hechos más penosos de su vida". Lamentaba en su respuesta no estar en condiciones de ayudarlo personalmente "como lo haría sin hacerme esperar, si tuviera la mitad de la fotuna de a quienes usted hizo ricos o del mismo general Urquiza. Y agregaba: "mucho favorece usted mi pobre inteligencia cuando somete a ella el examen y aprobación de la carta que usted dirige al general Urquiza".

Diligente, Josefa se puso en contacto con el caudillo entrerriano; insistió ante la esposa de Urquiza, Dolores Costa, explicándole que se trataba del "pedido de un amigo desterrado en patria extranjera, mi señor amigo, el general Rosas" y por último, en cumplimiento de su misión, viajó al palacio San José a entregar personalmente la carta, permaneció allí siete días y conversó largamente del tema con el propio Urquiza. Según escribió Pepita a Rosas, pudo escuchar de los propios labios del vencedor de la batalla de Caseros una autocrítica —difícilmente creíble— por su gran error y crimen en haber dado por tierra con el gobierno de don Juan Manuel y una serie de reflexiones sobre la ingratitud de los hombres y de los pueblos. En lo material, Urquiza se comprometió por escrito a contribuir con mil libras anuales para el sostenimiento de Rosas que se harían efectivas a través de la firma Dickson, que tenía agentes en Buenos Aires.

Rosas respondió emocionado ante la generosidad de quien lo había derrocado, consciente además de que las cartas que ellos intercambiaban formaban parte ya del "registro de páginas ilustres pertenecientes a la historia". Su agradecimiento se hacía extensivo a Pepita. Manuela le escribió a su vez: "Como hija, como amiga y como semejante, mi admiración y reconocimiento para ti no tienen límites, pues lo real es que la elevación de tu alma y heroico tesón en obsequio de la justicia, son dones raros en nuestra miserable vida".

Pero, explica Mario César Gras, de no haber sido por Pepita, mujer tenaz y decidida, las cosas hubieran quedado ahí, pues Urquiza demoró el cumplimiento de su palabra. [29] Sea porque de este modo mantenía en vilo a su antiguo adversario, o porque, para desempeñar bien su rol de caudillo, se comprometía con demasiados auxilios económicos, o porque hubo quienes se entrometieron en el asunto, lo cierto es que el pago se demoró inexplicablemente, para desesperación de Rosas, que había hecho gastos extraordinarios dando por descontada la recepción del dinero prometido.

Padre e hija hicieron de Josefa su paño de lágrimas y ella, infatigable, procuró averiguar qué estaba ocurriendo: chocó con la indiferencia de Dolores Costa, supuso que "alguna mano perversa" había impedido que el dinero llegara a destino, sospechó del barón de Mauá que en un principio había sido encargado de la operación, y la había desatendido "como buen canalla brasilero", y escribió insistente a Urquiza; hizo, de paso, un gran elogio de la señora de Terrero: "algún día verá la luz pública un gran libro sobre esa argentina que no sabe aborrecer pues nunca tuvo para nuestros enemigos políticos una palabra agria". Recomendó a Urquiza influir sobre el presidente Mitre para que éste a su vez indujera al gobernador de Buenos Aires, Mariano Saavedra, a fin de que desembargara los bienes de Manuelita. Y por fin halló un aliado seguro: el padre Domingo Ereño, cura de Concepción del Uruguay y federal entusiasta que había sido capellán del ejército de Oribe cuando el sitio de Montevideo. Con esta colaboración finalmente fueron entregadas las mil libras, única contribución, según ha demostrado Gras, enviada por Urquiza a Southampton.[30]

El testimonio de los afanes de la Gómez por lograr el envío del giro está en el archivo de Urquiza; son muchas las cartas escritas con ese mismo objeto, pero también, a través de otros documentos, parecería que Josefa era informante de Urquiza en Buenos Aires y que parte de su correspondencia, más allá del problema de Rosas, la enviaba con seudónimo o de manera anónima.[31] Pepita integraba sin duda el círculo federal que había considerado a Urquiza como el jefe político que sucedía a Rosas, pero que paulatinamente, a medida que se definía la política del gobernador de Entre Ríos y su alianza con el presidente Mitre, se iría alejando de él hasta calificarlo por último de traidor. Precisamente, cuando esta alianza se hace evidente, el 2 de junio de 1865, Josefa escribe a Urquiza:

"Usted puede disponer siempre sin reserva de su constante amiga siempre en el camino del honor y sin ofrecerle sacrificios indignos que usted mismo rechazaría con indignación, al verme apostatar de mis principios por galantear el error de un amigo que estimo muy de veras aunque marchemos encontradamente; al fin de la jornada nos encontraremos frente a frente de la justicia de Dios que vela por el decoro y la dignidad, independientemente de su pueblo".[32]

Así concluía la parte sustancial de la relación triangular entre Josefa, Rosas y Urquiza. A partir de entonces, el afán de don Juan Manuel por conseguir recursos se centraría más bien en sus amigos, parientes y antiguos colaboradores, algunos de los cuales, como José María Roxas y Patrón, o la familia de Juan Nepomuceno Terrero, enviaron regularmente dinero a Southampton, sin olvidos ni reticencias. Pero correspondió a Pepita la responsabilidad de visitar una por una a las personas que Rosas le indicaba en sus cartas, registrar las sumas con las que se habían comprometido y hacérselas llegar. En ese empeño, viajó a Montevideo y se encontró con Mateo García de Zúñiga, de la acaudalada familia de estancieros amiga de los Ortiz de Rozas; visitó también a Pedro Ximeno, el ex capitán del puerto de Buenos Aires que había ganado mucho dinero en su función; trató a Carlos Orne y a Antonino Reyes. Sólo Orne la rechazó e incluso sospechó de la limpieza de sus intenciones, suponiendo que la carta de Rosas era apócrifa y que ella quería hacerse de algunas libras. "Miserables, mi leal probidad no recibe mancha con ese lodo que no me alcanza", exclama la Gómez, que atribuye a Diógenes Urquiza haber derramado la semilla de la duda en el corazón de Orne.

Pero la dama no se amilanó. Sabía que los Rosas la querían y apreciaban como a un miembro de la familia. Íntimamente comparaba su propia generosidad con sus ilustres amigos en desgracia con la de tantos antiguos rosistas que se habían pasado a la causa de los vencedores. Ella también había recibido favores del ex gobernador, "pero no en beneficio mío —aclara— todos en bien de los desleales salvajes unitarios". Y comparaba los sinsabores de Rosas con los que padeció Napoleón cuando los

generales y mariscales a los que había colmado de riquezas se entibiaron y por último propendieron a su caída.
Sin duda el concepto del Estado que tenía doña Josefa se
reducía a un sistema primitivo de lealtades y favores que
se dispensaban mutuamente gobernantes y gobernados.
Ella, por su nobleza de alma, se hallaba ahora en primera
fila para servir a quien la recibiera en Palermo cuando
estaba en la cúspide de su poderío y pese a que la situación irregular de Pepita era pública y notoria. 33

En materia de fidelidades, una mirada a la lista de contribuyentes redactada por el mismo Rosas sugiere que
había más mujeres que varones entre quienes aún se
mantenían leales al Restaurador en la distante Buenos
Aires. Fuera de ciertos rechazos abruptos, como el de
doña Estanislada Arana de Anchorena, que se negó a
reconocer servicios hechos por Rosas a su familia cuando
administraba campos de don Nicolás, su finado marido,
varias señoras viudas de rosistas prominentes mostraron
comprensión ante las dificultades económicas que atravesaba el proscripto. Así lo hicieron la viuda de Facundo
Quiroga, doña Petrona V. de Vela, y Josefina H. de
Ramírez, lo mismo que Margarita y Juanita de Ezcurra y
Petrona Ezcurra de Urquiola, que se manifestó muy conmovida. Entre las desagradecidas, Rosas señaló temporariamente a la íntima amiga de Manuelita, Petrona Villegas de Cordero, hija de su gran amigo don Justo Villegas,
y a Ignacia Gómez, la hermana de Josefa. 34

También lo preocupaba la frialdad de algunas de sus
hermanas y cuñadas. Gregoria Rozas, la mayor de la familia a la que "frecuentemente recuerdo con sentimientos
de ternura, aprecio y honor", no se anotó en las listas de
personas que auxiliaban a don Juan Manuel. Tampoco lo
había hecho doña María Josefa Ezcurra, según se dijo en
otro capítulo; ella ni siquiera había pagado la deuda que
Rosas sentía que aún le debía porque la ayudó cuando
estaba pobre; doña Andrea Rozas de Saguí se había ido a
la tumba dejando como heredero a un sobrino y a una

niña adoptada. Y así sucesivamente. Ni hablar de Gervasio, que más bien había parecido aliviado que contristado con la partida de su omnipotente hermano luego de la derrota del 3 de febrero de 1852. [35]

Pero más allá de ser su brazo derecho en materia financiera, Josefa Gómez tendría el rol de hacerle a Rosas una suerte de gran reportaje para la historia. Como una periodista *avant la lettre* ella contribuiría a escribir la biografía del Restaurador. Por su intermedio, sabemos, por ejemplo, la plena responsabilidad de Rosas en el fusilamiento de Camila O'Gorman y de Uladislao Gutiérrez. La pregunta, formulada en 1869, tendía a librar de responsabilidad en el trágico hecho a Dalmacio Vélez Sarsfield, el gran amigo de Pepita: "Cuando presidía el gobierno provincial bonaerense encargado de las relaciones exteriores y con la suma del poder por la ley goberné según conciencia. Soy pues el único responsable de todos mis actos, de mis hechos buenos como los malos, de mis errores y de mis aciertos", afirmaba el ex dictador, en gesto de supremo orgullo, como si la historia del país hubiera pendido sólo de su voluntad exclusiva y excluyente. [36]

Habían pasado más de veinte años desde el fusilamiento de los amantes en Santos Lugares y el asunto provocaba todavía un estremecimiento de horror en la sociedad argentina y enlodaba a sus posibles instigadores, como Vélez o Lorenzo Torres. Pero Josefa Gómez, la barragana del deán, no parecía sentir otra cosa que una natural curiosidad acerca del episodio del 48: mujer pragmática y nada romántica, había sabido protegerse mediante una relación privilegiada con el poder, sin trasgredir abiertamente las normas morales de la época, como lo hiciera la apasionada Camila. Y una de esas normas era la de impedir que se hicieran públicos los vicios privados del grupo gobernante, fuera éste civil o eclesiástico. En la penumbra se admitía todo, o casi todo; a plena luz era muy diferente.

El diálogo histórico entre doña Josefa y don Juan Manuel incluía muchos otros asuntos. A veces se detenía en el análisis de las grandes figuras contemporáneas: en mayo de 1870 Pepa relató a Rosas con lujo de detalles el asesinato de Urquiza y los sentimientos contradictorios que esta muerte suscitó en su ánimo. Por un lado, lealtad y amistad hacia el caudillo entrerriano, por otro "como mujer patriota y de partido, no pude menos como ahora digo a usted que exclamar: ¡La justicia de Dios se ha cumplido, los traidores y parricidas tienen que morir trágicamente! No siempre se puede jugar impunemente con la vida de los pueblos y de los hombres, sin que éstos se levanten protestando contra el traidor vendido al extranjero".

Ella era contraria a la actitud del gobierno nacional que responsabilizó a Ricardo López Jordán por este crimen y decretó la intervención federal a la provincia de Entre Ríos usando el arma que le daba la Constitución al Poder Ejecutivo para imponer el orden en el interior del país. "Si fuese un hombre de ellos batirían palmas por la muerte de Urquiza, como las batieron cuando don Juan Lavalle fusiló de su orden al benemérito coronel Dorrego", afirmó Pepa, conmovida ante la lucha que se avecinaba, y en la que, a la postre, resultaría destruido el único ejército provincial en condición de competir con las fuerzas nacionales. [37]

Rosas tampoco era partidario de la intervención federal, y así seguía el intercambio de noticias y de opiniones sobre asuntos públicos. También le interesaba al ex gobernador, que no había olvidado su experiencia de estanciero, lo que ocurría en los campos de Pepita, las pérdidas frecuentes de ovejas (3.000 murieron en el verano de 1870, como consecuencia de tormentas que castigaron la región); otras, le recrimina algunas actitudes, por ejemplo, haber entregado al doctor Vélez la carta en que hacía la célebre afirmación sobre Camila, porque él la había escrito "de cualquier modo, sin reparos de nin-

240

gún género", confiado en "nuestra fina y noble amistad e impulsado por el deseo de complacer a usted al contestar a sus reiteradas preguntas". A veces se disgusta porque la Gómez hace circular otras misivas y en otras oportunidades desciende a un tono más íntimo, recomienda recetas para sus mutuas dolencias, o la felicita porque aún permanece soltera (pasando por alto que ella misma se reconocía viuda de Olivera). [38]

Los hechos contemporáneos que ocurren en Gran Bretaña son interpretados por Rosas exclusivamente desde su experiencia en la política rioplatense. Cuando en 1870 el gobierno de Su Majestad adopta medidas durísimas en relación con lo que ocurre en Irlanda, Rosas siente que así se justifica el acierto del partido federal argentino cuando lo invistió con la suma del poder. "Si la Gran Bretaña hubiera hecho lo mismo, ha muchos años, no se habría encontrado hoy en la dura necesidad indispensable y urgente de hacerlo", opina. [39]

El paso del tiempo no había hecho más que profundizar el conservadurismo de don Juan Manuel, aprendido en la niñez en el hogar de los Ortiz de Rozas, en la capital virreinal, y en las estancias de la frontera sureña. Episodios resonantes como los de la Comuna de París (1871) lo ratificaron en sus temores sobre los peligros relativos a la Sociedad Internacional de Trabajadores de los que ya había apercibido a su amigo, Lord Palmerston. Le horrorizaban determinados postulados de la Internacional, sobre todo el de abolición del derecho a la herencia. Tampoco estaba de acuerdo con que el Concilio Vaticano(1871) tratara el dogma de la infalibilidad papal, pues la discusión de asuntos tan sagrados debía dejarse para tiempos tranquilos (tal como él lo había propuesto en la Confederación Argentina cada vez que los gobernadores intentaban ponerse de acuerdo sobre la organización constitucional), y esto lo llevaba a reflexionar sobre los sacerdotes que en su país habían sido sus contrarios políticos.

"Estas naciones siguen bajando en la marcha bien equivocada de que ya no poco hemos escrito", afirma Rosas, y recomienda para frenar la anarquía en Francia, que ha entrado en la Tercera República, que el designado por gran mayoría para la presidencia sea robustecido por ley con la suma del poder, a imitación de lo hecho en Buenos Aires en 1829. Disgustado ante las "inauditas insolencias de la Internacional", sostiene que "cuando hasta en las clases vulgares desaparece cada día más el respeto al orden, a las leyes y el temor a las penas eternas, solamente los poderes extraordinarios son los únicos en hacer respetar los mandamientos de Dios". [40]

El hijo de misia Agustina López se estremecía ante el avance del socialismo y sólo creía en el sistema republicano cuando se ejercitaba, como él lo había hecho, dictatorialmente. Desde Buenos Aires, Josefa le informa que incluso allí se movilizaban grupos de trabajadores nucleados en la Sociedad Tipográfica Bonaerense (1871). Un año después, el tema eran los asesinatos en Tandil, llamados los "crímenes de Tata Dios", sublevaciones populares de inspiración arcaica que darían lugar a una serie de reflexiones de Rosas. Estas abarcaban incluso cuestiones educativas: criticaba el plan presentado por el rector Juan María Gutiérrez para la Universidad de Buenos Aires bajo el principio de enseñanza "compulsoria y libre" que producirá solamente anarquía en las ideas de los hombres porque es perjudicial enseñar a las clases pobres. Este conservadurismo extremo lo lleva a lamentar que en el Imperio Británico se autorizaran *meetings* —reuniones públicas— y a proponer un golpe de Estado, encabezado por Su Santidad Pio Nono, a fin de evitar el indiferentismo y la multiplicidad de sectas. [41]

También Josefa compartía ese disgusto por la marcha de la modernidad, la preocupaba, por ejemplo, el exceso de extranjeros que habitaban en Buenos Aires. Entre las últimas cuestiones que abordó con su amigo, estaba la de los derechos argentinos sobre la Patagonia y el Estrecho, el Cabo de Hornos y las costas sobre los dos océanos, es decir, al problema limítrofe con Chile que era una de las preocupaciones del gobierno del presidente Sarmiento. Don Juan Manuel demostró en esa oportunidad su impecable información y seguro criterio. El anciano exiliado recordaba con precisión que los documentos pertinentes se encontraban en el Archivo General y en el del Ministerio de Relaciones Exteriores. Su lucidez y claridad en la materia contrastaba con su dificultad para comprender los cambios que se estaban produciendo en la sociedad europea y rioplatense. [42]

Tenía cerca de ochenta años y seguía carteándose con Pepita, que lo interrogaba sobre los grandes hechos de los que había sido protagonista. ¿Cómo se desarrolló la entrevista entre Rosas y Lavalle en 1829? Juan Manuel aclaraba la cuestión y luego comentaba el proyecto de la Gómez: ella quería vender sus ganados, arrendar el campo y dar un paseo en abril o mayo de 1875 por esos países, si Dios quiere, "para tener el placer de visitar a sus queridos amigos antes de bajar a la tumba".

Juan Manuel se opone; el campo le parece lo mejor de mayo a setiembre para conservar la salud, no un paseo por tierras extrañas. "¿Y adónde podría ir usted que estuviera con más comodidad, confianza y sosiego que a su propia casa? Mis padres, personas de la mejor salud, acortaron sus días por la venta que hicieron de sus estancias y retiro a la ciudad. No olvide que los arrendatarios en los campos perjudican su valor, por lo que cuesta echarlos; y si son de chacras mucho más, por los intrusos que permiten, lo difícil que es echar o hacer desalojar a unos y a otros, y lo que hacen desmerecer el campo, las malezas que nacen en los rastrojos." Por otra parte, el viaje resultaría costoso e incómodo. "Estos paseos son buenos para los jóvenes —insiste— no para las personas de edad que necesitan cuidados y ser bien asistidas." Pepita precisaría por lo menos dos criadas que supieran el idioma de esas naciones; una sola podría enfermarse, "y entonces, ¿quién cuidaría de usted?". Puntilloso y previsor como siempre, le recomienda no olvidar "cómo es hoy el servicio de asistencia y de criados en estos países, que en el día ha llegado al extremo de una insolencia insoportable".

En estas cartas últimas a Pepita, Rosas recuperaba en plenitud su pasión por las cosas del campo argentino, y sus cuidados de muchacho, cuando con el apoyo incondicional de Encarnación se instaló en Los Cerrillos y convirtió esas tierras incultas en un establecimiento modelo. Se explayaba también sobre sus achaques con más confianza que con su propia hija: "Manuelita no siempre sabe cuál es el indudable estado de mi salud. Aunque me escribe con muchísima frecuencia, solamente le contesto pocas veces, en cada año, cuando el asunto lo precisa, pues mis ocupaciones no me permiten más. Y jamás le hablo de mi salud, ni a persona alguna". 43

En cuanto a Josefa, sorprende su extraña lucidez al proponerse viajar para abrazar a los Rosas antes de partir definitivamente, pues falleció en mayo del 75 y es probable que ya sintiera los síntomas del mal del que murió en forma repentina.

Las últimas cartas intercambiadas por los dos amigos tratan simbólicamente de un asunto eclesiástico relativo a la expulsión de los jesuitas decretada por Rosas. El arzobispo de Buenos Aires, monseñor Federico Aneiros, había recordado este hecho. Pepita, que no estaba de acuerdo pues suponía que era una crítica injusta al gobierno del ex gobernador, aunque se tratara de un hecho rigurosamente histórico, escribió al prelado reclamando explicaciones, se indignó con la respuesta y luego se comunicó con Rosas, exaltada como siempre. 44

El 20 de abril del 74, don Juan Manuel le contestó. Manifestó desconfianza por ese arzobispo modernizador que había restablecido los vínculos entre la Iglesia argentina y la Santa Sede, tan descuidados en los tiempos en que el deán Elortondo era personaje prominente del clero porteño. "El señor arzobispo Aneiros no se hubiera atrevido a tanto, decía, si el gobierno hubiera, y mucho tiempo ha, contenido sus escandalosas y funestas propagandas de doctrinas anárquicas, y esto sin tomar en cuenta sus injusticias al inventar cargos contra el Jefe Supremo de una administración, que tantos y tan distinguidos servicios rindió a la Iglesia, a su clero secular, al regular, a la religión de la República Argentina y a la Cristiandad, consagrándole un respeto y una protección sin ejemplo."[45]

La carta en que se hacían consideraciones de esta naturaleza no llegó a su destinataria: Josefa había muerto el 14 de mayo. Rosas falleció dos años después; su estupenda fortaleza física le había permitido también sobrevivir a su esposa Encarnación, y a Eugenia, la amante treinta años menor que él. Sólo Manuela, entre las mujeres próximas a su vida, enterró a este hombre poderoso.

NOTAS

[1] Rosas, *Cartas del exilio*, p. 87.
[2] Ibídem, p. 88.
[3] Ibídem, p. 87.
[4] Citada por Gras, *Rosas y Urquiza*, p. 322.
[5] Ibídem, p. 161.
[6] Citado por Gras, p. 159.
[7] Ibídem, p. 160
[8] Citado por Gras, p. 172.
[9] AGN, Tribunales. Sucesiones, testamentaría del deán Felipe Elortondo y Palacios, cura rector del Sagrario de la Iglesia Catedral, Secretario de la Curia Eclesiástica de este Obispado, Honorable representante de esta provincia y encargado de la Biblioteca de esta ciudad, natural y vecino de Buenos Aires, hijo de Blas José Elortondo y de doña Manuela de Palacios y Galán. Legajo 5599 y 5601. Agradezco a Juan M. Méndez Avellaneda haberme informado acerca del contenido de esta sucesión en lo que respecta al vínculo entre el canónigo y Josefa Gómez.
[10] Carta de Felipe Elortondo a Manuela Rosas del 26 de setiembre de 1848. AGN Sala 10-27-8-3. Reproducida por Antonio Dellepiane en *El testamento de Rosas*, p. 182.
[11] Nazareno Miguel Adami, "Poder y sexualidad: el caso de Camila O'Gorman". (En: *Todo es Historia*, noviembre de 1990, p. 12.)

12 Sarmiento, D.F. *Obras de...*, París, Belin Hermanos, 1909, tomo VI, *Política argentina*, 1841-1851, p. 219.

13 Ramos Mejía, *Rosas y su tiempo*, tomo 3, p. 207.

14 Citado por Cayetano Bruno, *Historia de la Iglesia en la Argentina*, Buenos Aires, Don Bosco, vol. X, pp. 180 y ss.

15 Carta de Felipe Elortondo a Rosas, 11 de mayo, Mes de América de 1851, AGN Sala 7-3-3-12, folio 67.

16 De Josefa Gómez a Juan Moreno (jefe de policía) carta del 7 de junio de 1851: "Ayer me fue entregada la escalera que usted con su acostumbrado celo hizo entregar, habiéndole traído el mismo que tuvo el atolondramiento de cometer en su perjuicio tal falta, por lo que hace a mí estoy muy satisfecha y ruego a usted se digne ponerle en libertad atendido la circunstancia de ser casado y con hijos". AGN, Biblioteca Nacional. Legajo 226.

17 Cartas reproducidas por Ibarguren, *Manuelita Rosas*, pp. 73/76.

18 Ibarguren trascribe erróneamente el apellido del esposo de Juana Josefa como Barnechea; la de Rosas a Pepita citada es del 4 de julio de 1854 y está reproducida por Read en Rosas, *Cartas del exilio*, p. 36.

19 Carta de Dalmacio Vélez a Manuela Rosas, del 1º de marzo de 1854, AGN Sala 7-3-3-13. Colección Farini.

20 Carta de Manuelita a Josefa Gómez del 7 de agosto de 1866. AGN Sala 7-22-2-3. En carta del 8 de abril de 1865, Manuela dice que recuerda bien la estancia de Barrenechea "pues cuando yo era niña galopaba frecuentemente desde San Martín hasta allí".

21 Correspondencia citada, passim.

22 Carta de Manuelita a Josefa, del 18 de diciembre de 1874 y del 4 de mayo de 1875; Pepita no llegó a recibir esta última, pues falleció a mediados de mayo. AGN, 7-22-2-3.

23 Carta de Manuelita a Josefa del 7 de febrero de 1868, en la que le indica su nueva dirección: Belsize Park Gardens, Hampstead. AGN 7-22-2-3.

24 Citado por Cutolo, *Diccionario biográfico*.

25 AGN, Tribunales, Legajo 5601, folio 23; apuntes que pueden considerarse su última voluntad, del 4 de octubre de 1863, de puño y letra de Elortondo; f. 34: la niña Juana es legataria y no heredera de la casa, Josefa Gómez sería heredera usufructuaria de la finca si sobreviviese a la niña.

26 Este reconocimiento se encuentra en el *Incidente* que promueve don Ramón García, cura de San Pedro Telmo, contra la testamentaría de Felipe Elortondo (Legajo 5601). Se trata de diez mil pesos que el canónigo fallecido le ha pedido prestados; explica que esto sucedió "en medio de las frecuentes necesidades de dinero, que es notorio sentía el finado Elortondo no para satisfacer propios intereses sino para socorrer y aliviar la miseria de los extraños". A continuación, adjunta las cartas escritas por el deán, en las que le pide dinero para atender las penurias de Adolfo Barrenechea, que como estanciero ha sido perjudicado por la seca.

27 Testamentaría de Josefa Gómez de Olivera. Registrada en la

escribanía de D. Adolfo Saldías el 8 de octubre de 1868. AGN. Sucesiones, Legajo 6077.

[28] Gras, op. cit., pp. 279 y 277 y ss.

[29] Ibídem, p. 287.

[30] Ibídem, pp. 277 y ss.

[31] Agradezco esta referencia a Juan Isidro Quesada.

[32] Carta reproducida por Gras, op. cit., p. 306. La correspondencia entre Urquiza y la señora Gómez no concluyó en esa fecha. En abril de 1868 el gobernador de Entre Ríos respondía a cartas del 16, 18 y 19 de abril que le había enviado Pepita que estaba gestionando otros asuntos, en este caso, en favor de su constante amigo, el doctor Vélez: "He de hacer porque el doctor Vélez Sarsfield alcance la posesión (sic) que merecen sus talentos, para que sean bien aprovechados en el servicio de la patria", le dice. En junio, la respuesta de Urquiza hace referencia a su frustrada candidatura a la presidencia de la República. Museo de Luján. Cartas de Urquiza a Josefa Gómez.

[33] Véanse las cartas reproducidas por Gras, op. cit., p. 323. También la carta que le dirige Carlos Ohlsen a Josefa Gómez, Buenos Aires, 6 de junio de 1871, por expresa indicación de los Terrero, en la que le socilita insista ante Vélez Sarsfield para tocarlo en el asunto del reclamo de las propiedades confiscadas a Rosas. Archivo de Luján. Cartas a Josefa Gómez.

[34] El extenso memorial dirigido por Rosas a Carlos Ohlsen el 31 de diciembre de 1871 en el que se incluyen estas precisiones, reproducido por Gras, op. cit., pp. 386 y ss. Más tarde, Petronita Villegas de Cordero reanudó sus pagos; éstos dependían en ciertos casos, como el de Petrona Ezcurra de Urquiola, de lo que le producían algunos alquileres. Cuando la finca se desalquilaba, la señora debía suspender temporariamente su ayuda. Véase la carta de la señora de Urquiola a Josefa Gómez del 26 de abril de 1875 disculpándose porque no puede por ahora enviarle nada a Don Juan Manuel. Museo de Luján. Cartas a Josefa Gómez.

[35] En el documento ya citado que dirige Rosas a Ohlsen. En cuanto a los sentimientos de Gervasio Rozas, pueden deducirse de la lectura de la carta que envía a su hermana, Mariquita R. de Baldez, el 11 de agosto de 1853: "Por aquí lo pasamos bien, tan lejos de la política como de las intrigas, nuestra posición es excepcional (...) No estamos en febrero de 1852. Cualquier cosa que hiciésemos entonces para nuestra propia defensa, sería interpretada como hecha a la causa de entonces, pero eso ya pasó, es viejo, nadie se lo acuerda, hoy no es así". Museo Histórico Nacional, *Catálogo de documentos del...*, Buenos Aires, 1952, tomo 1, p. 400.

[36] Rosas, *Cartas del exilio*, p. 134.

[37] Gras, op. cit., pp. 275 y ss.; p. 378, referencias de Rosas al tema en carta a Federico Terrero.

[38] Rosas, *Cartas del exilio*, passim.

[39] Ibídem.

[40] Ibídem, p. 166.

41 Ibídem, p. 170.

42 Ibídem, p. 177.

43 Ibídem, p. 186.

44 Carta de Federico Aneiros a Josefa Gómez del 18 de marzo de 1875; dice, entre otros conceptos: "No acostumbro ser injusto, ni lo sería con el Sr. Rosas, y es la primera persona a quien oigo negar que hubiese expulsado a los jesuitas" (Museo de Luján, Cartas a Josefa Gómez).

45 Rosas, *Cartas del exilio*, p. 190.

Indice Bibliográfico

FUENTES
Archivo General de la Nación, Buenos Aires
Sala 10. División Nacional. Sección Gobierno, Secretaría de Rosas.
Sala 7. Documentación donada y adquirida:
   Archivo Adolfo Saldías / Juan Farini
   Archivo de Justo José de Urquiza
   Colección Ernesto H. Celesia
   Colección Mario César Gras.
Museo Histórico Nacional.
Biblioteca Nacional:
   Archives du Ministère des Affaires Etrangères. Correspondance des agents diplomatiques français a l'étranger. 1830/1836.
Tribunales. Sucesiones.

Archivo "Estanislao S. Zeballos" del Complejo Museográfico "Enrique Udaondo" (Luján)
Documentos relativos a Juan Manuel de Rosas.

Archivo del Museo Mitre
Documentos relativos a Juan Manuel de Rosas.

Archivos particulares
Del señor Juan Isidro Quesada.

MEMORIAS, COMPILACIONES DOCUMENTALES, PERIODICOS Y OBRAS CONTEMPORANEAS

A. del C., *Rosas y su hija en la quinta de Palermo*, Valparaíso, 1851.
A.J.C., "Una carta de Manuela Rosas a Pedro de Angelis" (En: *Revista Nacional*. Buenos Aires, 1898, tomo XXVI, p. 295.)

Arnold, Samuel Greene, *Viaje por América del Sur. 1847/1848.* Buenos Aires, Emecé, 1951; prólogo de José Luis Busaniche.

Bilbao, Manuel, *Historia de Rosas.* Buenos Aires, Anaconda, s/f. Tomo único, precedido de un estudio psicológico de José M. Ramos Mejía.

Bilbao, Manuel, *Tradiciones y recuerdos de Buenos Aires.* Buenos Aires, Librería del Colegio, 1934.

Busaniche, José Luis, *Rosas visto por sus contemporáneos.* Buenos Aires, Kraft, 1955.

Calzada, Rafael, *Cincuenta años de América; notas autobiográficas.* Buenos Aires, 1926. Obras Completas, tomo IV, vol. 1.

Cancionero de Manuelita Rosas. Buenos Aires, Emecé, 1942. Colección del Buen Ayre, recopilación y notas de Rodolfo Trostiné.

Cané, Miguel, "Recuerdos políticos". (En: *Cancionero de Manuelita Rosas,* op. cit.)

Conde Montero, M., *Doña Encarnación Ezcurra de Rosas. Correspondencia inédita.* Separata de la *Revista Argentina de Ciencias Políticas,* año XIV, tomo XXVII, nº 149.

Correa Luna, Carlos, "Las elecciones de 1833 y el testimonio de los comicios. Carta inédita de Don Juan Manuel y de doña Encarnación Ezcurra". (En: *La Prensa,* Buenos Aires, 1º de enero de 1934.)

Correa Luna, Carlos, "Rosas, las facultades extraordinarias y el peligro decembrista en 1831. Carta inédita de doña Encarnación Ezcurra del 11 de julio de 1831". (En: *La Prensa,* Buenos Aires, 7 de octubre de 1932.)

Diario de Avisos. Buenos Aires, 1851.

Diario de la Tarde. Buenos Aires, 1851.

El Defensor de los Derechos del Pueblo. Buenos Aires, 1833.

El Iris, Buenos Aires, 1833.

Gutiérrez, Eduardo, *Don Juan Manuel de Rosas. Dramas del terror.* Buenos Aires, Imprenta de la Patria Argentina, 1882.

Hortelano, Benito, *Memorias de... (parte argentina). 1849/1860.* Buenos Aires, Eudeba, 1973.

Iriarte, Tomás de, *Memorias de... Luchas de unitarios, federales y mazorqueros.* Buenos Aires, Sociedad Impresora Americana, 1947.

La Gaceta Mercantil. Buenos Aires, 1838, 1845.

Leguizamón, Martiniano, "Revelaciones de un manojo de cartas". (En: *La Nación,* Buenos Aires, 6 de junio de 1926.)

Mac Cann, William, *Viaje a caballo por las provincias argentinas.* Buenos Aires, Solar /Hachette, 1969.

Marmier, Xavier, *Buenos Aires y Montevideo en 1850.* Buenos Aires, El Ateneo, 1948.

Mansilla, Lucio V., *Mis memorias*. Buenos Aires, Eudeba, 1966.

Mansilla, Lucio V., *Rozas; ensayo histórico psicológico*. Buenos Aires, La Cultura Argentina, 1925.

Mansilla, Lucio V., *Entre -Nos. Causeries de los jueves*. Buenos Aires, Jackson, s/f. Grandes Escritores Argentinos. Colección dirigida por Alberto Palcos.

Mármol, José, *Manuela Rosas. Rasgos biográficos*. Montevideo, 1851.

Mármol, José, *Amalia*.

Montero Bustamante, Raúl, *Ensayos, período romántico*. Montevideo, Arduino, 1928.

Museo Histórico Nacional, *Catálogo de documentos del...* Buenos Aires, 1952, tomo 1.

Núñez, Ignacio, "Memorias de..." (fragmentos inéditos de sus "Memorias" publicados por Juan Isidro Quesada en la revista *Todo es Historia*, noviembre de 1990).

Reyes, Antonino, *Memorias del edecán de Rosas*, arregladas y redactadas por Manuel Bilbao. Buenos Aires, Americana, 1943.

Rivera Indarte, José, *Tablas de sangre. Rosas y sus opositores*. Buenos Aires, Jackson, s/f.

Rosas, Juan Manuel de, *Cartas del exilio*. Buenos Aires, Rodolfo Alonso, 1974, selección, prólogo y notas de José Raed.

Rosas, *Papeles de...*, publicados con una introducción de Adolfo Saldías. La Plata, 190?, dos vol.

Sánchez, Mariquita, *Cartas de...*, editadas por Clara Vilaseca. Buenos Aires, Peuser, 1952.

Sarmiento, Domingo Faustino, *Obras de....* París, Belin Hermanos, 1909, tomo VI, *Política Argentina*.

Un inglés. Cinco años en Buenos Aires. 1820/1825. Buenos Aires, Solar / Hachette, 1962.

Wilde, José Antonio, *Buenos Aires desde setenta años atrás*. Buenos Aires, Espasa Calpe, 1944.

Battolla, Octavio C., *La sociedad de antaño*. Buenos Aires, Mooloney, 1907.

Bruno, Cayetano, *Historia de la Iglesia en la Argentina*. Buenos Aires, Don Bosco, 1975, diez volúmenes.

Calvo, Carlos, *Nobiliario del antiguo virreinato del Río de la Plata*. Buenos Aires, La Facultad, 1938, seis volúmenes.

Capdevila, Arturo, *Las vísperas de Caseros*. Buenos Aires, Agencia Central de Librería, 1922.

Capdevila, Rafael Darío, *Pedro Rosas y Belgrano; el hijo del General*. Tapalqué, Ediciones Patria, 1972.

Celesia, Ernesto H., *Rosas, aportes para su historia*. Goncourt, 1968, dos vol.

Chávez, Fermín, *Rosas; su iconografía*. Buenos Aires, Oriente, 1970.

Dellepiane, Antonio, *Rosas en el destierro*. Buenos Aires, 1936.

Dellepiane, Antonio, *El testamento de Rosas; La hija del dictador. Algunos documentos significativos*. Buenos Aires, Oberón, 1957.

Ezcurra, Marcos de, "Doña María Josefa de Ezcurra (biografía y fábula)". (En: *Revista de Derecho, Historia y Letras*. Buenos Aires, 1915, año XVII, tomo 51, p. 50.)

Ezcurra, Marcos de, "Encarnación Ezcurra de Rosas ". (En: *Ensayos y Rumbos*, Revista de la Asociación Lacordaire. Buenos Aires, número 5, año XVII.)

Ezcurra Medrano, A., "Juan Ignacio de Ezcurra". (En: *Hombres de Mayo*, Revista del Instituto Argentino de Ciencias Genealógicas, Buenos Aires, 1961.)

Gálvez, Manuel, *Vida de don Juan Manuel de Rosas*. Buenos Aires, El Ateneo, 1940.

Gras, Mario César, *Rosas y Urquiza; sus relaciones después de Caseros*. Buenos Aires, 1948.

Halperin Donghi, Tulio, *Revolución y guerra; formación de una élite dirigente en la Argentina criolla.* Buenos Aires, Siglo XXI, 1972.

Ibarguren, Carlos, *Manuelita Rosas.* Buenos Aires, La Facultad, 1933.

Ibarguren, Carlos, *Juan Manuel de Rosas; su vida, su drama, su tiempo.* Buenos Aires, Theoría, 1983.

Irazusta, Julio, "José María Ramos Mejía y el *Rosas y su tiempo*". (En: *Historiografía Rioplatense,* Instituto Bibliográfico Antonio Zinny, Buenos Aires, 1982.)

Larroca, Jorge, "Recuerdo biográfico de la ilustre Heroína Argentina doña Encarnación Ezcurra de Rosas". (En: *Historiografía Rioplatense,* Buenos Aires, 1982.)

Lynch, John, *Juan Manuel de Rosas. 1829/1852.* Buenos Aires, Emecé, 1984.

Méndez Avellaneda, Juan M., "El motín de la *Lady Shore*". (En: *Todo es Historia,* julio de 1989.)

Pellegrini, C. H.; su obra, su vida, su tiempo; prólogo de Alejo González Caraño; notas biográficas de Elena Sansinena Elizalde; epílogo de Carlos Ibarguren. Buenos Aires, Amigos del Arte, 1946.

Pineda Yáñez, Rafael, *Cómo fue la vida amorosa de Rosas.* Buenos Aires, Plus Ultra, 1972.

Ramos Mejía, José María, *Las neurosis de los hombres célebres en la historia argentina.* Buenos Aires, Sudamericana.

Ramos Mejía, José María, *Rosas y su tiempo.* Buenos Aires, Jackson, s/f., cuatro volúmenes.

Sáenz Quesada, María, "Manuelita, un mito sin polémica". (En: *Todo es Historia,* mayo de 1971.)

Sáenz Quesada, María, "Encarnación Ezcurra y los Restauradores". (En: *Todo es Historia,* Buenos Aires, febrero de 1970.)

Sáenz Quesada, María, *El Estado rebelde. Buenos Aires entre 1850/1860.* Buenos Aires, Editorial de Belgrano, 1982.

Saldías, Adolfo, *Historia de la Confederación Argentina.* Buenos Aires, Editorial Americana, 1945, nueve volúmenes.

Sánchez Zinny, E.F., *Manuelita de Rosas y Ezcurra: verdad y leyenda de su vida.* Buenos Aires, 1942.

Zinny, Antonio, *Historia de los gobernadores de las provincias argentinas.* Buenos Aires, Vaccaro, 1920.

Referencias iconográficas

Agustina López de Osornio. Litografía sobre un dibujo de C.E. Pellegrini (Museo "Brigadier General Cornelio de Saavedra").

Rincón de López. Acuarela atribuida a P. Pueyrredón (Complejo Museográfico Enrique Udaondo).

Juan Manuel de Rosas niño. Oleo sobre tela c. 1806. Presunta obra de artista inglés (Complejo Museográfico Enrique Udaondo).

Agustina y su hijo Lucio V. Acuarela de C.E. Pellegrini (Museo Histórico Nacional).

Mercedes Rosas de Rivera (Archivo General de la Nación).

Retrato al óleo del general Rosas y de su mujer. Anónimo (Complejo Museográfico Enrique Udaondo).

Candombe federal. Oleo de Martín Boneo (Museo Histórico Nacional).

Juan Manuel de Rosas en la gobernación. Caricatura de la época (Archivo General de la Nación).

María Josefa Ezcurra de Ezcurra. Oleo de Fernando García del Molino, 1849 (Complejo Museográfico Enrique Udaondo).

Palermo de San Benito, 1850. Acuarela de Carlos Sívori (Museo Histórico Nacional).

Manuelita a caballo. En el Album de estampas y acuarelas de Fernando García del Molino, 1845 (Complejo Museográfico Enrique Udaondo).

Manuelita Rosas. Oleo de Prilidiano Pueyrredón (Academia Nacional de Bellas Artes).

Juana Sosa. Daguerrotipo coloreado c. 1855 (Museo Histórico Nacional).

Bautismo del hijo nonato de Camila O'Gorman. Dibujo de Baldasarre Verazzi, 1860 (Archivo General de la Nación).

Canónigo Felipe Elortondo y Palacios (Archivo General de la Nación).

Manuela Rosas de Terrero y sus hijos Manuel Máximo y Rodrigo. Fotografía (Museo Histórico "Brigadier General Cornelio de Saavedra").

Máximo Terrero. Fotógrafo: Debenham, Londres (Archivo General de la Nación).

Juan Bautista Ortiz de Rosas. Oleo pintado en Londres, de autor anónimo (Museo Histórico "Brigadier General Cornelio de Saavedra").

Fotografía tomada en Southampton hacia 1890 (Archivo General de la Nación).

MATERIAL FOTOGRAFICO:

Agradecemos especialmente el asesoramiento gráfico de Carmen Piaggio y la colaboración brindada por Diana Klug, Olga de Sánchez de la Vega y Angela Aguilar López del Museo Histórico Nacional; María Teresa T. de Silvano, Rosa Blotto, Jorge Lucciani, Viviana Noutary, Nelly Quintana y Gladys Marín del Complejo Museográfico Enrique Udaondo; Alejandra Ticak y Claudio Abruzzese del Archivo General de la Nación y Alberto Piñeyro, Marta Vilar, Magdalena Benard y José Strafase del Museo Histórico "Bragadier General Cornelio de Saavedra".

Indice

Esta edición
se terminó de imprimir en
Compañía Impresora Argentina
Alsina 2049, Buenos Aires
en el mes de septiembre de 1991.